零基础学股票投资
——从入门到精通

吴国平　著

SPM 南方传媒 | 广东经济出版社
·广州·

图书在版编目（CIP）数据

零基础学股票投资：从入门到精通 / 吴国平著 . —广州：广东经济出版社，2023. 8（2025. 9 重印）
ISBN 978-7-5454-8579-0

Ⅰ. ①零…　Ⅱ. ①吴…　Ⅲ. ①股票投资—基本知识　Ⅳ. ① F830.91

中国版本图书馆 CIP 数据核字（2022）第 214472 号

责任编辑：周伊凌　刘雨曦
责任技编：陆俊帆
责任校对：刘紫娟

零基础学股票投资：从入门到精通
LINGJICHU XUE GUPIAO TOUZI：CONG RUMEN DAO JINGTONG
出版发行：广东经济出版社（广州市水荫路 11 号 11 ～ 12 楼）
印　　刷：佛山市迎高彩印有限公司
（佛山市顺德区陈村镇广隆工业区兴业七路 9 号）

开　　本：787 毫米 ×1092 毫米　1/16　　**印　　张：**14.75
版　　次：2023 年 8 月第 1 版　　**印　　次：**2025 年 9 月第 2 次
书　　号：ISBN 978-7-5454-8579-0　　**字　　数：**303 千字
定　　价：68.00 元

发行电话：（020）87393830　　编辑邮箱：624578963@qq.com
广东经济出版社常年法律顾问：胡志海律师　法务电话：（020）37603025
如发现印装质量问题，请与本社联系，本社负责调换

目　　录 CONTENTS

第一章

股票初识

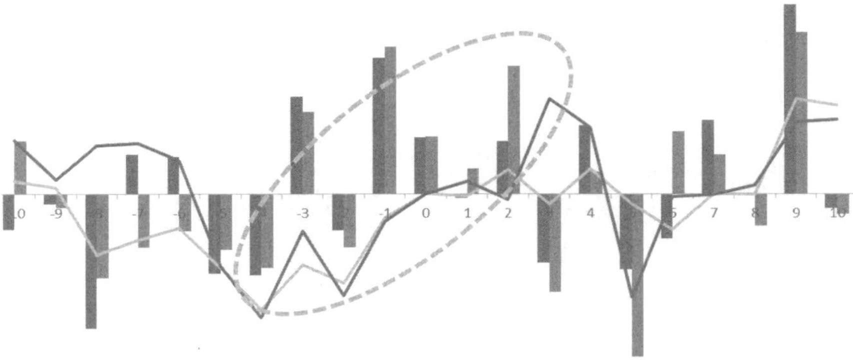

导读

很多新手学习炒股的时候，会遇到以下几种问题：

- 为什么我一卖出它就涨了？
- 什么时候该买？什么时候该卖？
- 我手中的股票被套牢了该怎么办？
- 什么是优质股票？
- 这些数据代表着什么？

普通投资者在股市不同阶段的心态如图1-1所示。

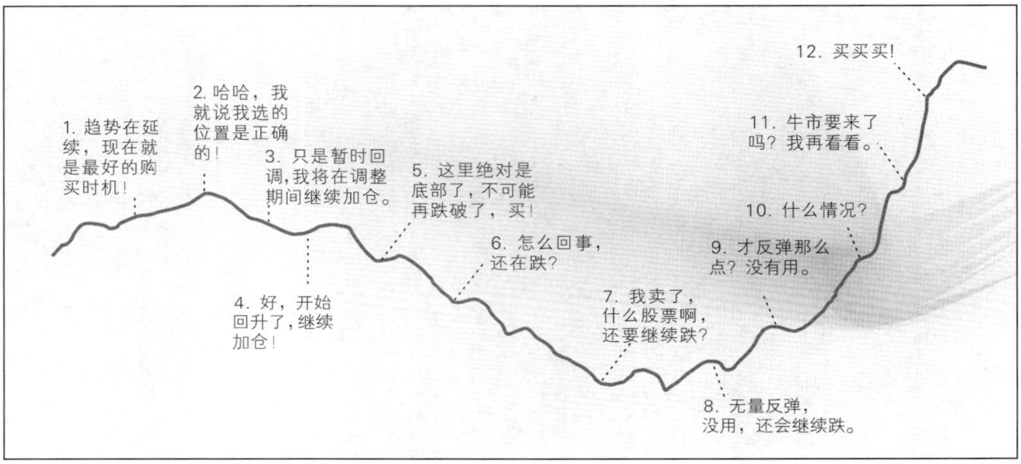

图 1-1　普通投资者在股市不同阶段的心态

我们该如何去避免这些问题？我觉得想要成为一个成功的投资者，要具备以下几个要素：

- 成熟的投资理念：具有系统性和独立思考能力，客观看待市场规律；
- 深度的解析公司能力：重视公司基本面的分析；
- 严谨的技术分析能力：研判技术与市场趋势；
- 强大的风险承受能力和纠错能力：接受失败，理性总结；
- 良好的心态：胜不骄败不馁，不随意跟风，独立思考。

在本章节，笔者将用通俗易懂的语言，让大家对股票有一个系统而清晰的认知。

第一节 证券和证券市场

一、证券

证券是多种经济权益凭证的统称，也指专门的种类产品，是用来证明券票持有人享有的某种特定权益的法律凭证，包括股票、债券、本票、汇票、支票、保险单、存款单、借据、提货单等各种票证单据。

那么证券如何分类呢？

（一）从广义上，按照是否能给持有者带来收益，证券可以分为无价证券和有价证券两大类

1. 无价证券

无价证券，是指不能给持有者带来收益的证券，包括凭证证券和所有权证券。凭证证券又称证据证券，是指专门证明某种事实的文件，如借据、收据、票证等，一般不具有市场流通性。所有权证券，是指证明持证人为某种权利的合法所有者的证券，如土地所有权证书等。

2. 有价证券

有价证券的本质仍然是一种交易契约或合同，不过与其他证券的不同之处在于有价证券具有以下特征：任何有价证券都有一定的面值，本身都有价格，都可以自由转让，都能在将来给其持有人带来一定的收益。

有价证券通常简称为证券，是一种具有一定票面金额，证明持券人有权按期取得一定收益，并可自由转让和买卖的所有权或债权证书。主要形式有股票和债券两大类，其中债券按发行主体划分，又可分为政府债券、金融债券、公司（企业）债券。

有价证券本身并没有价值，只是由于它能为持有者带来一定的股息或利息收入，而且可以在证券市场上自由买卖和流通，因此具有流通价值。有价证券可以按不同的标准进行不同分类。按发行主体不同可以划分为政府证券、金融证券和公司证券。按上市与否可以

分为上市证券和非上市证券。

（二）按证券所载内容可以分为货币证券、资本证券和货物（商品）证券三大类

1. 货币证券

货币证券是指可以用来代替货币使用的有价证券，是商业信用工具。主要用于企业之间的商品交易、劳务报酬的支付和债权债务的清算等，常见的货币证券有期票、汇票、本票、支票等。

2. 资本证券

资本证券是指把资本投入企业或把资本贷给企业或国家的一种书面证明文件，主要包括股权证券（所有权证券）和债权证券，如各种股票、债券等。

3. 货物（商品）证券

货物（商品）证券是货物提取权的证明，它证明证券持有人可以凭证券提取该证券上所列明的货物，常见的有栈单、运货证书、提货单等。

二、证券市场

证券市场是股票、债券等有价证券发行和交易的场所。证券市场是市场经济发展到一定阶段的产物，是为解决资本供求矛盾和流动性问题而产生的市场。

（一）证券市场的特征

证券市场具有以下三个显著特征：

1. 证券市场是价值直接交换的场所。
2. 证券市场是财产权利直接交换的场所。
3. 证券市场是风险直接交换的场所。

（二）证券市场的基本功能

1. 筹资/投资功能

证券市场的筹资/投资功能一方面为资金需求者提供了通过发行证券筹集资金的机会，另一方面为资金供给者提供了投资对象。筹资和投资是证券市场基本功能不可分割的两个方面，忽视其中任何一个方面都会导致市场出现严重缺陷。

2. 定价功能

证券的价格是证券市场上证券供求双方共同作用的结果。

3. 资本配置功能

证券市场的资本配置功能是指通过证券价格引导资本的流动，从而实现资本的合理配置。

（三）证券市场参与者

证券市场参与者包括：证券发行人、证券投资人、证券市场中介机构、自律性组织、证券监管机构。

1. 证券发行人

证券发行人是指为筹措资金而发行债券、股票等证券的发行主体。它包括企业（公司）、政府和政府机构。

（1）企业（公司）

企业的组织形式可分为独资制、合伙制和公司制。现代公司主要有无限公司、有限公司、股份有限公司、两合公司和股份两合公司几种形式。

西方国家能够发行证券的金融机构，一般是股份公司，所以将金融机构发行的证券归类为公司证券。而我国和日本则把金融机构发行的债券定义为金融债券，从而突出金融机构作为证券市场发行主体的地位。但股份制金融机构发行的股票并没有被定义为金融证券，而是被归类为一般的公司股票。

（2）政府和政府机构

随着国家干预经济理论的兴起，政府（中央政府和地方政府）及中央政府直属机构已成为证券发行的重要主体之一，但政府发行的证券品种仅限于债券。

由于中央政府拥有税收、货币发行等特权，通常情况下，中央政府债券不存在违约风险，因此这类证券被视为“无风险证券”，相对应的证券收益率被称为“无风险利率”，“无风险利率”是金融市场上最重要的价格指标。

中央银行作为证券发行主体，主要涉及两类证券：一类是中央银行股票，另一类是中央银行出于调控货币供给量的目的而发行的特殊债券。

2. 证券投资人

证券投资人分为机构投资者和个人投资者。

（1）机构投资者包括政府机构、金融机构、企业和事业法人、各类基金。

①政府机构。政府机构参与证券投资的目的主要是为了调剂资金余缺和进行宏观调

控。各级政府及政府机构出现资金剩余时，可通过购买政府债券、金融债券投资于证券市场。

②金融机构。参与证券投资的金融机构包括证券经营机构、银行业金融机构、保险公司、保险资产管理公司、合格境外机构投资者（QFII）、主权财富基金以及其他金融机构。

③企业和事业法人。企业可以用自己的积累资金或闲置资金进行证券投资。各类企业可参与股票配售，也可投资股票二级市场；事业法人可用自有资金和有权自行支配的预算外资金进行证券投资。

④各类基金。基金性质的机构投资者包括证券投资基金、社保基金、企业年金和社会公益基金。在一般国家，社保基金分为两个层次：一是国家以社会保障税等形式征收的全国性基金，二是由企业定期向员工支付并委托基金公司管理的企业年金。

（2）个人投资者是指以自然人身份从事证券买卖的投资者。

3. 证券市场中介机构

证券市场中介机构可分为证券公司、证券登记结算机构和证券服务机构。

（1）证券公司。专门从事有价证券买卖的法人企业。

（2）证券登记结算机构。证券交易中提供集中的登记、托管与结算服务的专门机构。根据《中华人民共和国证券法》（以下简称《证券法》）规定，证券登记结算机构是不以营利为目的的法人。

（3）证券服务机构。依法设立的从事证券服务业务的法人机构，主要包括证券投资咨询公司、会计师事务所、资产评估机构、律师事务所和证券信用评级机构等。

4. 自律性组织

自律性组织分为证券交易所和证券业协会。

（1）证券交易所。为证券集中交易提供场所和设施，组织和监督证券交易，实行自律管理的法人。

（2）证券业协会。证券业的自律性组织，是社会团体法人。证券业协会的权力机构为全体会员组成的会员大会。根据《证券法》的规定，证券公司应当加入证券业协会。

5. 证券监管机构

在我国，证券监管机构是指中国证券监督管理委员会（以下简称“中国证监会”）及其派出机构，是国务院直属的证券管理监督机构，依法对证券市场进行集中、统一管理。

三、证券交易所

证券交易所是依据国家有关法律，经政府证券主管机关批准设立的集中进行证券交易的有形场所。我国有五个证券交易所，分别是北京证券交易所、上海证券交易所、深圳证券交易所、香港证券交易所、台湾证券交易所。

北京证券交易所，简称为北交所。于2021年9月3日注册成立，是经国务院批准设立的我国第一家公司制证券交易所，受中国证监会监督管理。经营范围为依法为证券集中交易提供场所和设施、组织和监督证券交易以及证券市场管理服务等业务。

上海证券交易所，简称为上交所。成立于1990年11月26日，同年12月19日开业，是不以营利为目的的法人，归中国证监会直接管理。秉承“法制、监管、自律、规范”的八字方针，上海证券交易所致力于创造透明、开放、安全、高效的市场环境，切实保护投资者权益。其主要职能包括：提供证券交易的场所和设施；制定证券交易所的业务规则；接受上市申请，安排证券上市；组织、监督证券交易；对会员、上市公司进行监管；管理和公布市场信息。

深圳证券交易所，简称为深交所。成立于1990年12月1日，1991年7月3日正式营业，是实行自律管理的法人，由中国证监会直接监督管理。深圳证券交易所致力于多层次证券市场的建设，努力创造公开、公平、公正的市场环境。主要职能包括：提供证券交易的场所和设施；制定证券交易所的业务规则；接受上市申请、安排证券上市；组织、监督证券交易；对会员和上市公司进行监管；管理和公布市场信息；以及中国证监会许可的其他职能。

香港证券交易所，简称为港交所。港交所是世界主要的交易所集团之一，业务范围包括股票、大宗商品、衍生产品、定息及货币产品。香港交易所是全球领先的新股融资中心，也是香港唯一的证券及衍生产品交易所和结算所营运机构，为国际投资者提供进入亚洲最活跃市场的渠道。香港的证券交易历史悠久，最早的证券交易可以追溯至1866年。香港第一家证券交易所——香港股票经纪协会于1891年成立。

台湾证券交易所，简称为台证所或台交所。为主掌台湾股票上市公司交易市场（即集中市场）的商业机构，也是台湾地区唯一的证券交易所。台湾证券交易所于1961年10月23日正式被批准成立，1962年2月9日起正式对外营业。

第二节　股票和股票市场

一、什么是股票

股票是股份公司发行的所有权凭证，也是股份公司为筹集资金而发行给各个股东作为持股凭证并借以取得股息和红利的一种有价证券。通俗地讲：某公司没钱运转了，老板以100万元的价格将公司卖给你，并找来一张纸作为凭据，说以后可能会有人以200万元的价格从你手上买走这张凭据，这张凭据就是股票。每股股票都代表股东拥有企业一个基本单位的所有权。每家上市公司都会发行股票。股票具有以下特征：

（一）收益性

股东凭其持有的股票，有权从公司领取股息或红利，获取投资收益。股息或红利的大小，主要取决于公司的盈利水平和公司的盈利分配政策。股票的收益性还表现在投资者可以获得价差收入或实现资产保值、增值。通过低价买入和高价卖出股票，投资者可以赚取价差利润。

（二） 流通性

股票是一种有价证券，可作为抵押品，并可随时在股票市场上通过转让卖出而换成现金，因而成为一种流通性很强的流动资产和融资工具。

（三）风险性

股票可以让投资者获取一定的投资收益，但投资收益的不确定性又使股票投资具有较大的风险，预期收益越高风险就越大。发行股票公司的经营状况欠佳甚至破产、股市的大幅度波动和投资者自身的决策失误，都可能给投资者带来不同程度的风险。

（四）波动性

股票市场价格的上下波动即股市的波动性。影响股市波动的因素很多，包括国内外影响较大的事件（如政治、经济等）、公司经营、行业发展等。

二、股票和储蓄的区别

股票投资和储蓄存款这两种行为在形式上均表现为：货币所有人将一定的资金交付给股份公司或银行机构，并获取相应的利益。但两者在本质上是不同的。

（一）性质不同

股票投资和储蓄存款都是建立在某种信用基础上的，但股票是以资本信用为基础，体现着股份公司与股票投资者因股票投资行为所形成的权利与义务的关系；储蓄存款则是一种银行信用，它所建立的是银行与储蓄者之间的借贷性债务债权关系。

（二）股票持有者与银行存款人的法律地位和权利内容不同

股票持有者处于股份公司股东的地位，依法有权参与股份公司的经营决策，并对股份公司的经营风险承担相应的责任；而银行存款人的存款行为相当于向银行放贷，处于银行债权人的地位，其债权的内容仅限于定期收回本金和获取利息，不能参与债务人的经营管理活动，对其经营状况也不负任何责任。

（三）投资增值的效果不同

股票和存款储蓄都可以使货币增值，但货币增值范围的多少是不同的。股票是持有者向股份公司的直接投资，投资者的投资收益来自股份公司根据盈利情况派发的股息和红利。这一收益可能很高，也可能根本就没有，它受股份公司当年经营业绩的影响，处于经常性的变动之中。而储蓄存款是通过货币的储蓄职能来获取货币的增值，即存款利息。这一回报率是和银行事先约定好的固定值，不受银行经营状况的影响。

（四）存续时间与转让条件不同

股票是无期的，只要股票发行公司存在，股东不能要求退股以收回本金，但可以进行买卖和转让；储蓄存款一般是有固定期限的，存款到期时存款人收回本金和利息。普通的储蓄存款不能转让，但大额可转让储蓄存单除外。

（五）风险不同

股票投资的回报率可能很高，但高回报率必然伴随着高风险。银行作为整个国民经济的重要金融支柱，其地位一般来说是稳固的，很少会衰落到破产的危险境地。尽管银行存款的利息收入普遍低于股票的股息与红利收益，但它是可靠的，而且存款人存款后也不必像买入股票后那样投入精力去经常关注它的变化。

三、我国上市公司的股票类型

（一）A股、B股、H股、N股、S股

依据股票的上市地点和所面对投资者的不同，我国上市公司的股票分为A股、B股、H股、N股和S股。

1. A股

A股的正式名称是人民币普通股票。它是由我国境内公司发行，在境内上市，以人民币标明面值，供境内机构、组织或个人（2013年4月1日起境内港澳台居民可开A股账户）以人民币认购和交易的无纸化、非实物普通股股票。它的交易方式为“T+1”，并且限制涨跌幅（10%）。

主要有以下特点：

（1）在我国境内发行，只允许本国投资者以人民币认购。

（2）在公司发行的流通股中占最大比重，且流通性较好。但多数公司的A股并不是公司发行最多的股票，因为我国的上市公司除了发行A股外，多数还有非流通的国家股或国有法人股等。

2. B股

B股的正式名称是人民币特种股票。它是以人民币标明面值，以外币认购和买卖，在中国境内（上海、深圳）证券交易所上市交易的外资股票。2001年2月19日前仅限外国投资者买卖，此后，B股市场对国内投资者开放。

3. H股

H股也称国企股，指注册地在内地，上市地在香港的中资企业股票（因“香港”的英文为Hong Kong而得名H股）。H股为实物股票，实行“T+0”交割制度，无涨跌幅限制。中国内地机构投资者和个人投资者均可以投资H股，但内地个人投资者证券账户和资金账户之和需超过50万元。

4. N股

N股指在中国大陆注册，在纽约证券交易所上市的外资股票。但在我国股市中，当股票名称前出现了N字，表示这只股是当日新上市的股票［字母N是英语new（新的）的缩写］。看到N字头的股票时，投资者除了知道它是新股，还应意识到这只股票的股价当日在市场上是不受10%涨跌幅限制的。

5. S股

S股指主要生产或者经营等核心业务在中国大陆，企业的注册地在内地，且在新加坡证券交易所上市挂牌的企业股票。

（二）国家股、法人股、社会公众股、外资股

1. 国家股

国家股是指有权代表国家投资的部门或机构以国有资产向公司投资形成的股份，包括公司现有国有资产投资形成的股份。国家股的股权所有者是国家，由国有资产管理机构或其授权单位、主管部门行使国有资产的所有权职能。

我国国家股的构成，从资金来源看，主要包括三部分：

（1）国有企业由国家计划投资所形成的固定资产，国拨流动资金和各种专用拨款；

（2）各级政府的财政部门、经济主管部门对企业投资所形成的股份；

（3）原有行政性公司的资金所形成的企业固定资产。

国家股的股权可以转让，但转让应符合国家的有关规定。

2. 法人股

法人股是指企业法人或具有法人资格的事业单位和社会团体以其依法可支配的资产投入公司形成的股份。如果是具有法人资格的国有企业、事业及其他单位以其依法占用的法人资产向独立于自己的股份公司出资形成或依法定程序取得的股份，可称为国有法人股。

目前，在我国上市公司的股权结构中，法人股平均占20%左右。根据法人股认购的对象，可将法人股进一步分为境内发起法人股、外资法人股和募集法人股三类。

3. 社会公众股

《证券法》规定，社会募集公司申请股票上市的条件之一，是向社会公开发行的股份达到公司股份总数的25%以上。公司股本总额超过4亿元的，向社会公开发行股份的比例为10%以上。

我国国家股和法人股目前还不能上市交易。国家股东和法人股东要转让股权，可以在法律许可的范围内，经证券主管部门批准，与合格的机构投资者签订转让协议，一次性

完成大宗股权的转移。由于国家股和法人股占总股本的比重平均超过70%，在大多数情况下，要取得一家上市公司的控制股权，收购方需要从原国家股东和法人股东手中协议受让大宗股权。除少量公司职工股、内部职工股及转配股上市流通受一定限制外，绝大部分的社会公众股都可以上市流通交易。

4. 外资股

（1）境内上市外资股

这类股票被称为B股。B股采取记名股票形式，以人民币标明股票面值，以外币认购买卖，在境内证券交易所上市交易。

境内居民个人可以用现汇存款、外币现钞存款以及从境外汇入的外汇资金从事B股交易，但不允许使用外币现钞。境内居民个人所购B股不得向境外转托管。公司向境内上市外资股股东支付股利及其他款项时，以人民币计价和宣布，以外币支付。

（2）境外上市外资股

在境外上市时，可以采取境外存股凭证形式或者股票的其他派生形式。境外上市外资股主要由H股、N股、S股等构成。

（三）蓝筹股和红筹股

1. 蓝筹股

稳定的现金股利政策对公司现金流管理有较高的要求，通常将那些经营业绩较好，具有稳定且较高的现金股利支付的公司股票称为“蓝筹股”。蓝筹股多指长期稳定增长的、大型的传统工业股及金融股。

蓝筹股有很多，可以分为一线蓝筹股、二线蓝筹股、绩优蓝筹股、大盘蓝筹股。

（1）一线蓝筹股

蓝筹股的一、二线并没有明确的界定，而且有些人认为的一线蓝筹股，在另一些人眼中却属于二线。一般来讲，公认的一线蓝筹股，是指业绩稳定、流股盘和总股本较大，也就是权重较大的个股，这类股一般来讲价位不是太高，但群众基础好。这类个股主要有：工商银行、中国石化、贵州茅台、民生银行、万科A、平安银行、五粮液、浦发银行、保利发展、山东黄金、大秦铁路等。

（2）二线蓝筹股

A股市场中一般所说的二线蓝筹股，是指在市值、行业地位以及知名度上略逊于以上所指的一线蓝筹公司，是相对于几只一线蓝筹股而言的。比如海螺水泥、万华化学、三一重工、葛洲坝、广汇能源、中联重科、格力电器、海尔智家、美的电器、ST易购、云南白药、张裕A、中兴通讯等，其实这些公司也是行业内部响当当的龙头企业（如果单从行业内部来看，它们又是各自行业的一线蓝筹公司）。

（3）绩优蓝筹股

绩优蓝筹股是因对比而从蓝筹股中衍生出的词，其中的“绩优”体现在业绩表现排行，绩优蓝筹股是以往业内已经公认业绩优良、红利优厚、保持稳定增长的公司股票，是优中选优的个股。

（4）大盘蓝筹股

大盘股是指股本和市值较大的上市公司，但又不是所有大盘股都能够被称为蓝筹股，因此要给大盘蓝筹股定一个确切的标准比较困难。从各国的经验来看，那些市值较大、业绩稳定、在行业内居于龙头地位并能对所在证券市场起到相当大影响的公司——比如中国香港的长实、和黄，美国的IBM，英国的劳合社等，才能担当“大盘蓝筹股”的美誉。中国大陆的大盘蓝筹股也有一些，如工商银行、中国石油、中国石化。

2. 红筹股

红筹股是指在中国境外注册，在香港上市的中资控股和主要业务在中国大陆的股票。这一概念诞生于20世纪90年代初期的香港股票市场。

在红筹回归的发行方式方面，主要包括以下三种回归路径：联通模式、CDR模式（发行存托凭证）、直接发行A股模式。联通模式是采用分拆子公司的方式在国内上市，这种双重结构容易导致公司在管理方面出现问题，也不符合目前整体上市的思路。CDR模式则适用于真正的外资公司，采用CDR模式将涉及外汇管制；如果同时所涉环节较多，不如直接发行A股简单；托管和存托业务将使主要市场利益流入外资金融机构。

（四）ST股和*ST股

1998年4月22日，沪深交易所宣布，将对财务状况或其他状况出现异常的上市公司股票交易进行特别处理（special treatment），由于“特别处理”股票在简称前冠以“ST”，因此这类股票称为ST股。

如果哪只股票的名字前加有“ST”，就是给市场一个警示——该股票存在投资风险，但这种股票风险大收益也大，如果加有“*ST”那么就表示该股票有退市风险，公司向证监会提交的财务报告显示连续3年亏损，就有退市的风险。

所谓“财务状况异常”是指以下几种情况：

1. 最近两个会计年度的审计结果显示的净利润为负值。

2. 最近一个会计年度的审计结果显示其股东权益低于注册资本。也就是说，如果一家上市公司连续两年亏损或每股净资产低于股票面值，就要予以特别处理。

3. 注册会计师对最近一个会计年度的财务报表出具无法表示意见或否定意见的审计报告。

4. 最近一个会计年度经审计的股东权益扣除注册会计师、有关部门不予确认的部分，低于注册资本。

5. 最近一份经审计的财务报表对上年度利润进行调整，导致连续两个会计年度亏损。

6. 经交易所或中国证监会认定为财务状况异常的。具体交易规则如下：

（1）股票报价日涨跌幅限制为涨幅5%，跌幅5%；

（2）股票名称改为原股票名前加“ST”，例如“ST钢管”；

（3）上市公司的中期报告必须经过审计。

由于对ST股票实行日涨跌幅度的限制为5%，庄家的刻意炒作也在一定程度上得到抑制。投资者对于特别处理的股票也要区别对待。有些ST股主要是经营性亏损，那么在短期内很难通过加强管理扭亏为盈。有些ST股是由于特殊原因造成的亏损，或者有些ST股正在进行资产重组，则这些股票往往潜力巨大。需要指出，特别处理并不是对上市公司进行处罚，而只是对上市公司所处状况的一种客观揭示，其目的在于向投资者提示其市场风险，引导投资者进行理性投资，如果公司异常状况消除，就能恢复正常交易。

四、股票市场

（一）概念

股票市场可以分为一级市场和二级市场，其中一级市场称为股票发行市场，二级市场称为股票交易市场。

股票市场是股票流通的场所，也可以指对已发行的股票进行买卖和转让的场所。股票的交易都是通过股票市场来实现的，股票交易市场通常被称为证券交易所。

（二）地位

股票市场是上市公司筹集资金的主要途径之一。随着商品经济的发展，公司的规模越来越大，需要大量的长期资本。单靠公司自身的资本化积累，是很难满足生产发展需求的，所以必须从外部筹集资金。

公司筹集长期资本一般有三种方式：一是向银行借贷，二是发行公司债券，三是发行股票。前两种方式的利息较高，并且有时间限制，这不仅增加了公司的经营成本，而且使公司的资本难以稳定，因而具有很大的局限性。而利用发行股票的方式来筹集资金，则无须还本付息，只需在利润中划拨一部分出来支付股息或红利即可。这三种筹资方式综合比较起来，发行股票的方式无疑是最符合经济原则的，对公司来说也是最有利的。所以通过发行股票来筹集资本就成为发展大企业经济的一种重要形式，因而股票交易在整个证券交易中占有相当重要的地位。

股票市场的变化与整个市场经济的发展是密切相关的，股票市场在市场经济中始终发挥着经济状况“晴雨表”的作用。

（三）巴菲特是如何在股票市场上赚钱的

中国石油在港交所发行的股票，2003年股价是1.7元/股，巴菲特看好它，在当时以4.88亿美元的价格买入了中国石油23.4亿股股票。5年后，中国石油经过良好的发展，得到了市场的高度认可，市场认为中国石油目前股价值13.5元/股，如果巴菲特以当时市场价卖出所持有的中国石油的所有股票，那巴菲特将获得40亿美元，税前投资收益为35.12亿美元，这一投资的收益率为7.3倍（不包含其他分红收益）（图1–2）。

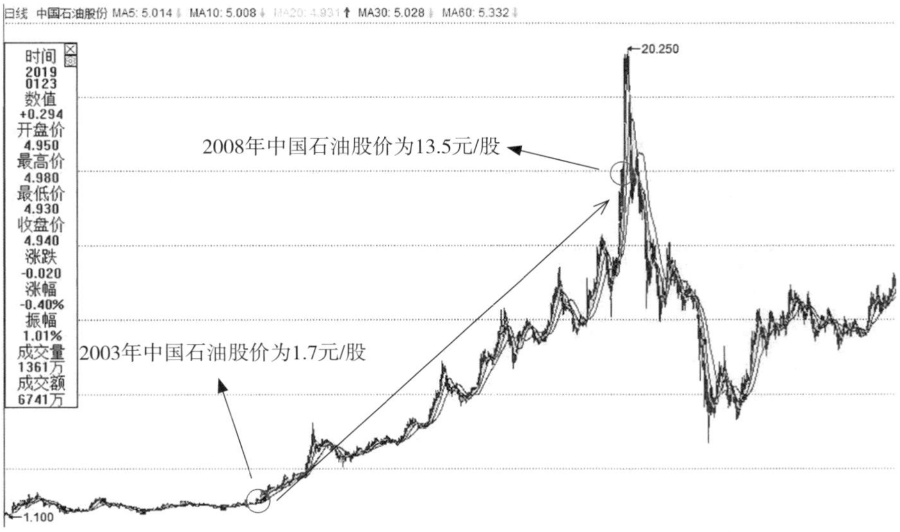

图 1–2　中国石油股价在 2003 年至 2008 年涨势迅猛

如果算上其他收益，巴菲特5年可能获得接近10倍的收益。如果你努力提升自我，能够在二级流通市场里把握到类似的机会，复利、复利再复利，可能你就是下一个巴菲特。

第三节　股票价格指数

股票价格指数（stock index）是描述股票市场总体价格水平变化的指标。它是通过选取一组有代表性的股票，再把它们的价格加权平均进行一定的计算得到的。各种指数具体的股票选取和计算方法是不同的，比如我国最常用的有上证指数、深证指数、创业板指数、中小板指数等。

对于具体某一种股票的价格变化，投资者容易了解；而对于多种股票的价格变化，投资者要逐一了解，既不容易，也不胜其烦。为了适应这种情况和需要，一些金融服务机构借助自己的业务知识和熟悉市场的优势，编制出股票价格指数，作为市场价格变动的指标。投资者根据股票价格指数可以检验自己投资的效果，并用以预测股票市场的动向。新闻界、公司老板们也会以此为参考指标，观察、预测经济发展形势。

这种股票指数，也就是表明股票行市变动情况的价格平均数。编制股票指数，通常以某年某月为基期，以这个基期的股票价格作为100，用以后各时期的股票价格和基期价格比较，计算出升降的百分比，就是该时期的股票指数。投资者根据指数的升降，可以判断出股票价格的变动趋势，并且为了能实时地向投资者反映股市的动向，所有的股市几乎是在股价变化的同时即时公布股票价格指数。

一、国内常见的股票价格指数

（一）上海证券综合指数

上海证券综合指数简称“上证综指（SH000001）”，反映了上海证券交易所上市股票价格的变动情况，自1991年7月15日起正式发布。该股票指数的样本为所有在上海证券交易所挂牌上市的股票，包括A股和B股，其中新上市的股票在挂牌的第二天被纳入股票指数的计算范围。

该股票指数的权数为上市公司的总股本。由于我国上市公司的股票有流通股和非流通股之分，其流通量与总股本并不一致，所以总股本较大的股票对股票指数的影响较大，上证指数常常就成为机构大户造市的工具，使股票指数的走势与大部分股票的涨跌相背离。

（二）深证综合指数和深圳成分股指数

1. 深证综合指数

深证综合指数是深圳证券交易所编制的，以深圳证券交易所挂牌上市的全部股票为计算范围，以发行量为权数的加权综合股价指数。

2. 深证成分股指数

深证成分股指数是深圳证券交易所编制的一种成分股指数，是从上市的所有股票中抽取具有市场代表性的40家上市公司股票作为计算对象，并以流通股为权数计算得出的加权股价指数，综合反映深圳证券交易所上市A、B股的股价走势。

现深圳证券交易所并存着两个股票指数，一个是老指数——深证综合指数，一个是当前的深证成分股指数。从近几年来的运行态势来看，两个指数间的区别并不是特别明显。

（三）常见指数

国内常见的股票价格指数如图1–3所示。

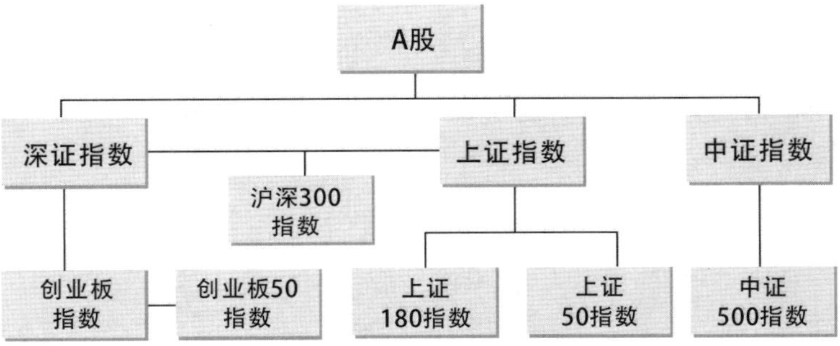

图 1–3　国内常见股票价格指数

1. 沪深300指数

沪深300指数由上海证券交易所和深圳证券交易所于2005年4月8日联合发布，能够反映沪、深300指数编制目标和运行状况，并能够作为投资业绩的评价标准，它为指数化投资和指数衍生品的创新提供了基础条件。

上海和深圳两个市场均有独立的综合指数和成分指数，这些指数在投资者中有较高的认同度，但市场缺乏反映两地市场整体走势的跨市场指数。沪深300指数的推出切合了市场需求，适应了投资者结构的变化，为市场增加了一项用于观察市场走势的指标，也进一步为市场产品创新提供了条件。

2. 创业板指数

深圳证券交易所为了更全面地反映创业板市场情况，向投资者提供更多可交易的指数产品和金融衍生工具的标的物，推进指数基金产品发展以及丰富证券市场产品品种，于2010年6月1日起正式编制和发布了创业板指数。该指数的编制参照深证成分股指数和深证100指数的编制方法和国际惯例（包括全收益指数和纯价格指数）。

创业板指数充分体现深圳市场的创新、创业特色，以创业板市场市值大、流动性好的100家公司为样本，是创业板市场的标尺和产品指数。创业板指数刻画了中国战略性新兴产业和创新创业企业，其中高新技术企业在指数中占比超过九成，战略性新兴产业占比超过八成。

3. 上证180指数

上证180指数是在原上证30指数编制方案的基础上做进一步完善后形成的，以沪市证券为样本空间，选择经营状况良好、无违法违规事件、财务报告无重大问题、股票价格无明显异常波动或市场操纵的公司，并按照中证一级行业的自由流通市值比例分配样本只数，在行业内选取综合排名最靠前的180只证券作为样本，旨在建立一个反映上海证券市场的概貌和运行状况、能够作为投资评价尺度及金融衍生产品基础的基准指数。

4. 上证50指数

上证50指数以上证180指数样本为样本空间，挑选上海证券市场规模大、流动性好、最具代表性的50只证券作为样本，综合反映上海证券市场最具市场影响力的一批龙头企业的整体表现。

5. 中证500指数

中证500指数是中证指数有限公司所开发指数中的一种，其样本空间内的股票是由全部A股中剔除沪深300指数成分股及总市值排名前300名的股票后，总市值排名靠前的500只股票组成，综合反映中国A股市场中一批中小市值公司的股票价格表现。

除此之外，还有更多有趣的行业板块指数分类，比如说想要投资5G板块，就有相关的5G指数，打开5G指数就会看到很多该板块的股票，所有关于5G的股票组合成了一个指数或者组合成一个板块。再比如文化传媒，有文化传媒板块或文化传媒指数，这些分类在一般的免费软件里面都有，想投资什么类型的行业，就重点关注该类型的指数或板块。

二、股票指数的作用与意义

股票指数是由证券交易所或金融服务机构编制，表明股票行市变动的一种供参考的指示数字，该指数用以表示整个市场的股票价格总趋势及涨跌幅度。

对国家管理部门来讲，股票指数是反映国家未来经济状况的“晴雨表”；对机构投资者来讲，股票指数是投入多少，给客户带来多少回报的预测参考指标；对普通投资者来讲，股票指数是目前投资者是否愿意投资股市的参考指标。

三、全球有影响力的几种股票价格指数

全球还有很多有影响力的股票价格指数，像美国的道琼斯工业平均指数、纳斯达克综合指数、标准·普尔股票价格指数，日本的日经平均股价指数，我国香港的恒生指数，英国的伦敦金融时报100指数，德国的DAX指数等（图1–4）。

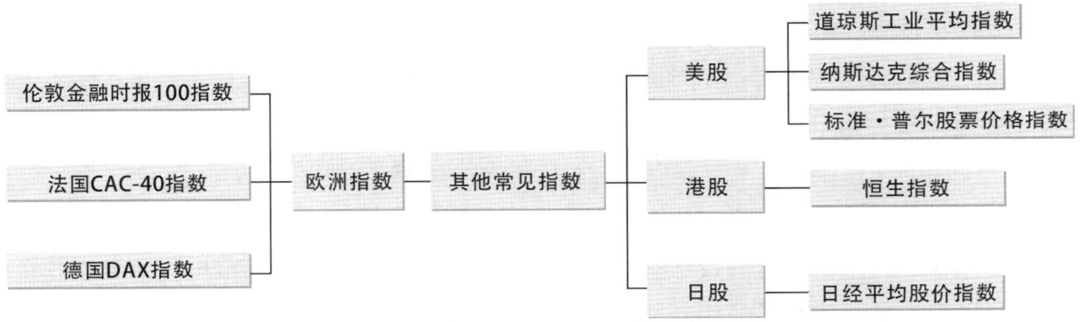

图 1–4 全球有影响力的股票价格指数

（一）道琼斯工业平均指数

道琼斯工业平均指数（Dow Jones Industrial Average，DJIA，简称“道指”）是由《华尔街日报》和道琼斯公司创建者查尔斯·亨利·道创造的道琼斯指数四组中的第一组。“道指”是历史最悠久的美国市场指数之一。

时至今日，“道指”包括美国30家最大和最知名的上市公司。名称中的“工业”更多来自历史，现在的30家构成企业里大部分与重工业无关。由于补偿股票分割和其他调整的效果，它当前只是加权平均数，并不代表成分股价值的平均数。

（二）纳斯达克综合指数

纳斯达克综合指数是反映纳斯达克证券市场行情变化的股票价格平均指数，基本指数为100。纳斯达克的上市公司涵盖所有新技术行业，包括软件、计算机、电信、生物技术、零售和批发贸易等。主要由美国的数百家发展迅速的先进技术、电信和生物等领域的公司

组成，包括微软、英特尔、美国在线、雅虎这些家喻户晓的高科技公司，因而成为美国“新经济”的代名词。微软公司便是在纳斯达克证券市场上市并获得成功的。

纳斯达克综合指数是代表各工业门类的市场价值变化的“晴雨表”。因此，纳斯达克综合指数相比标准·普尔股票价格指数、“道指”（仅包括30家上市公司）更具有综合性。目前，纳斯达克综合指数包括5000多家公司，由于具备广泛的基础，它已成为最有影响力的证券市场指数之一。

（三）标准·普尔股票价格指数

除了道琼斯股票价格指数外，标准·普尔股票价格指数在美国的影响力也很大，它是美国最大的证券研究机构——标准·普尔公司于1923年开始编制并发表的股票价格指数。最初采选了230种股票，编制两种股票价格指数，到1957年范围扩大到500种股票，有95种组合，其中最重要的四种组合分别是工业股票组、铁路股票组、公用事业股票组和500种股票混合组，以500种采样股票通过加权平均综合计算得出指数。开市时间内每半小时公布一次，并发表在该公司主办的《展望》刊物上，许多报纸每天会登载它的最高、最低及收盘价指数，美国的《商业周刊》每期也会公布标准·普尔混合指数。

标准·普尔公司股票价格指数以1941年至1943年抽样股票的平均市价为基期，以上市股票数为权数，按基期进行加权计算，其基点数为10。以当前的股票市场价格乘以股票市场上发行的股票数量为分子，用基期的股票市场价格乘以基期股票数为分母，相除之数再乘以10就是股票价格指数。由于该指数是根据纽约证券交易所上市的绝大多数普通股票的价格计算而得，能够灵活地对认购新股权、股份分红和股票分割等引起的价格变动做出调节，指数数值较精确，并且具有很好的连续性，所以往往比“道指”更具有代表性。

从1976年7月1日开始，标准·普尔股票价格指数改为400种工业股票、20种运输业股票、40种公用事业股票和40种金融业股票。几十年来，虽然有股票更迭，但始终保持为500种，其成分股有90％在纽约证券交易所上市，其中也包括一些在别的交易所和店头市场交易的股票，所以它的代表性比“道指”更广泛，更能真实地反映股票市价变动的实际情况。对比来看，“道指”对股价的短期走势具有一定的敏感性，而标准·普尔股票价格指数用于分析股价的长期走势较为可靠。从对股票市场价格分析研究的角度来看，一些银行的证券专家和经济学家偏向采用标准·普尔股票价格指数，而从实用的角度，大多数证券公司和投资者则喜欢采用“道指”。

（四）日经平均股价指数

日经平均股价指数是由日本经济新闻社从1950年9月开始编制并公布的，反映日本股票市场价格变动的股票价格指数。

最初是根据东京证券交易所第一市场上市的225家公司的股票算出修正平均股价，当时称为“东证修正平均股价”。1975年5月1日，日本经济新闻社向道琼斯公司买进商标，采用美国道琼斯公司的修正法计算，这种股票指数也就改为“日经道琼斯平均股价”。在双方合同期满10年时的1985年5月1日，两家商议将名称改为“日经平均股价指数”（简称“日经指数”）。

按计算对象的采样数目不同，该指数分为两种：一种是日经225种平均股价，另一种是日经500种平均股价。

日经225种平均股价所选样本均为在东京证券交易所第一市场上市的股票，样本选定后原则上不再更改。1981年定位制造业、建筑业、水产业、矿业、商业、路运及海运、金融保险业、不动产业、仓库业、电力和煤气、服务业。日经225种平均股价指数从1950年一直延续至今，其连续性及可比性较好，因而成为考察和分析日本股票市场长期演变及动态的常用和可靠指标。

日经500种平均股价是从1982年1月4日起开始编制的。由于其采样包括500种股票，其代表性相对更广泛，但它的样本是不固定的，每年4月份要根据上市公司的经营状况、成交量和成交金额、市价总值等因素对样本进行更换。

（五）恒生指数

香港恒生指数是香港股票市场上历史最久、影响最大的股票价格指数，由香港恒生银行于1969年11月24日开始发布。

恒生指数是从香港500多家上市公司中挑选出33家有代表性且经济实力雄厚的大公司股票作为成分股，分四大类：金融业股票（4种）、公用事业股票（6种）、地产业股票（9种）、其他工商业（包括航空和酒店）股票（14种）。这些股票占香港股票市值的63.8%，因该股票指数涉及了香港的多个行业，所以具有较强的代表性。

恒生指数的编制以1964年7月31日为基期，因为这一天香港股市运行正常，成交值均匀，可反映整个香港股市的基本情况，基点确定为100点。其计算公式如下：

$$CI（现时指数）=\frac{\sum[P(t)\times IS\times FAF\times CF]}{\sum[P(t-1)\times IS\times FAF\times CF]}\times YCI$$

· P（t）：现时股价　　· FAF：流通系数

· P（t−1）：上日收市股价　　· CF：比重上限系数

· IS：已发行股票数量　　· YCI：上日收市指数

由于恒生指数所选择的基期适当，不论股票市场狂升、猛跌，还是处于正常交易水平，恒生指数基本能反映整个股市的活动情况。

恒生指数自1969年发布以来已经过多次调整。由于1980年8月香港当局通过立法，将香港证券交易所、远东交易所、金银证券交易所和九龙证券所合并为香港联合证券交易所，在当前的香港股票市场上，只有恒生指数与新产生的香港指数并存，香港的其他股票价格指数均不复存在。

（六）伦敦金融时报100指数

伦敦金融时报100指数（或伦敦金融时报100种股价指数），简称为富时100指数，创立于1984年1月3日，是以伦敦证券交易所上市的规模排名前100的100家公司股票作为成分股。该指数是英国经济的“晴雨表”，也是欧洲重要的股票指数之一。相关的股票指数包括富时250指数（除了上述100家外接下来的250家规模较大的公司的股票指数）和富时350指数（富时100和富时250指数的结合）。

（七）法国CAC–40指数

法国CAC–40指数是由巴黎证券交易所（PSE）以在法国上市的公司Top40的股价来编制的股价指数，基期为1987年底。该指数从1988年6月5日开始发布，反映法国证券市场的价格波动。

较新的CAC–General指数由100只法国股票构成，使用更广泛，但CAC–40指数仍被视为基准指数。两种指数均以市值加权计算。CAC–40是法国国际期货交易所（MATIF）和巴黎期权交易所（MONEP）指数期权和期货的标的。

（八）德国DAX指数

德国DAX指数（又称Xetra DAX，一般也称之为法兰克福DAX指数）是由德意志交易所集团（Deutsche Börse Group）推出的一个蓝筹股指数。该指数中包含30家主要的德国公司。德国DAX指数在全欧洲是与伦敦金融时报100指数齐名的重要证券指数，也是世界证券市场中的重要指数之一。

德国DAX指数于1988年7月1日起开始正式交易，基准点为1000点。指数以“整体回报法”进行计算，即在考虑公司股价的同时，也考虑预期的股息回报。

德国DAX指数是德国最受重视的股价指数，但该指数仅由30种蓝筹股组成，因范围过窄而被认为不适合作为股市整体表现的指标。德国DAX指数与美国标准·普尔股票价格指数、伦敦金融时报100股价指数及法国CAC–40指数一样是以市值加权的股价平均指数，而不是简单的股价平均指数。

与其他指数不同的是，德国DAX指数试图反映德国股市的总收益情况，而其他指数只反映市场价格的变化。德国DAX指数考虑到股息收入，名义上将所有股息收入（按成分股的比重）再投资在股票上。如此，即便德国股票价格没有变动，德国DAX指数仍可能因股息收入而上涨。德国DAX指数的期货和期权合约在欧洲期货交易所（EUREX）挂牌买卖。

该指数通过Xetra交易系统进行交易，因此其交易方式不同于传统的公开交易方式，而是采用电子交易的方式，便于进行全球交易。

第四节　怎样办理股票委托交易

一、股票委托交易

股票委托交易，指投资者在与证券经纪商建立经纪关系后，即可在证券营业部办理委托买卖。委托买卖是指证券经纪商接受投资者委托，代理投资者买卖证券，从中收取佣金的交易行为。

委托买卖股票的方式有：

（一）柜台递单委托

需要带上自己的身份证和账户卡，到开设资金账户的证券营业部柜台填写买进或卖出股票的委托书，然后由柜台的工作人员审核后执行。

（二）电脑自动委托

在证券营业部大厅里的电脑上亲自输入买进或卖出股票的代码、数量和价格，由电脑来执行你的委托指令。

（三）电话自动委托

用电话拨通你开设资金账户的证券营业部柜台的电话自动委托系统，用电话上的数字和符号键输入你想买进或卖出股票的代码、数量和价格，从而完成委托。

（四）远程终端委托

通过与证券柜台电脑系统联网的远程终端或互联网下达买进或卖出指令。

委托时必须使用交易密码或证券账户。需要注意的是，在我国证券交易中的合法委托是当日有效的限价委托。我国股民向证券商下达的委托指令必须指明：

1. 股东姓名；

2. 资金卡号；

3. 买入（或卖出）；

4. 上海（或深圳）；

5. 股票名称；

6. 股票代码；

7. 委托价格；

8. 委托数量。

这一委托只在下达委托的当日有效。股票的简称通常为三到四个汉字，股票的代码为六位数，委托买卖时股票的代码和简称一定要一致。

二、办理股票委托交易的程序

（一）顾客填写委托单

填写代理买入或卖出有价证券委托单。委托单上包括委托人（投资者）姓名，股票代号，委托人想买入或卖出的股票名称、数量、价格，委托有效期限等内容。

委托的价格形式有2种：

1. 市价委托，即按市场价格买进或卖出股票。

2. 限价委托，即按委托人提出的价格条件买进或卖出股票。

从1992年2月起上海证券交易所已取消市价委托形式，一律采用限价委托形式。在委托期限方面，当日有效指从委托之时起至当日营业终止时间内有效；5日内有效指从委托之日起至第5个营业日（含委托当日）内有效。

（二）证券商受理

受托机构外柜台人员根据委托人填写的委托单，有关要素（如姓名有没有漏填、股票账户号码有没有填错等）经审核无误后，办理受托手续，并按照价格优先、时间优先的顺序将委托人的股票账号和委托购买股票的品种、数量、价格等指令通过电话、电脑专线或传真等方式传输给其在证券交易所内经纪人。

（三）进行场内竞价

证券商场内经纪人接到买卖股票指令后，即根据委托人的要求和交易近况，以最有利委托人并能够成交的价格进行申报竞价。证券商在交易所的申报竞价方式主要有3种：

1. 口头申报竞价；

2. 填单申报竞价；

3. 计算机终端申报竞价。

目前上海证券交易所是采取计算机终端申报竞价方式，即证券商通过计算机系统进行股票交易。交易程序主要分申报输入、撮合成交、成交信息反馈三部分：

1. 申报输入

证券商将买卖指令输入计算机终端并通过计算机的联机系统，将申报指令传给交易所，交易所的电脑主机接到申报指令后，发出已接受的通知，并由证券商打印买卖申报回报单。

2. 撮合成交

证交所电脑主机按价格优先、时间优先的程序进行自动配对。

3. 成交信息反馈

一旦交易所电脑主机处理成交，就立即向成交双方的证券商发出信号通知成交成果，成交双方必须立即至中介人经纪人处在场内成交单上签盖印章，并取回回执联，场内竞价结束。

成交后电脑自动过户。目前上海证券交易所的电脑主机在自动配对成交的同时，也自动进行过户，即将卖出方的原股东股票划到买入方新股东名下，省却了以前过户中手工操作的许多烦琐手续。

然后进行清算交割。当场内竞价结束后，首先在证券交易所内进行一级清算交割，即证券交易的中介人依据场内成交单将证券商之间买卖股票的种类数量和价款分别予以轧抵，其应收、应付的股票和差额在事先约定的时间内，在证券商的清算账户上进行划拨，办理交割。其次，场内经纪人把当日委托买卖成交的情况用电脑或传真告知各自的证券商，打印出交割凭单。最后，各证券商的柜台人员根据成交通知单，通知各自的委托人，让其凭本人身份证、股票账户和委托买入或卖出时的委托单凭证前来办理清算交割手续，即二级清算交割。

（四）查单和撤单委托

股民下达买卖股票的委托指令后，在当日不知是否成交，可以按照委托单的合同号进行查询，如果发现买卖委托没有及时成交，或有一部分没有成交，想取消委托指令时，可以进行撤单委托。撤单委托要根据买卖委托单的合同操作，并交纳一定的撤单费。股民如果不想撤销没有成交的委托单，也可以持单在盘内，所持的委托申报当日有效，第二天自动作废。

三、集合竞价和连续竞价

在上海证券交易所和深圳证券交易所，产生股票价格的方式有两种，一是开盘时的集合竞价，二是开盘后的连续竞价。（注意：深交所的收盘价是最后3分钟进行集合竞价产生的。）

A股集合竞价是在9:15～9:25把所有单子放一起，到9:25价格才会显示出来，即开盘价。9:15～9:20是可以撤单的，这就是大家平时在9:20前看到涨停开始集合竞价但到了开盘价时变为负的原因。9:20～9:25则不可以撤单。

我国股票市场竞价是以“价格优先、时间优先”的原则来排列买卖有效委托，以“不高于买价，不低于卖价”的原则成交。

（一）集合竞价

集合竞价是将数笔委托报价或一时段内的全部委托报价集中在一起，根据不高于申买价和不低于申卖价的原则产生一个成交价格，且在这个价格下成交的股票数量最大，并将这个价格作为全部成交委托的交易价格。集合竞价的基本过程如下：

设股票G在开盘前分别有6笔买入委托和5笔卖出委托，根据价格优先的原则，按买入价格由高至低和卖出价格由低至高的顺序将其分别排列，如表1–1所示：

表1–1 股票G在开盘前买入和卖出委托情况

序号	委托买入价（元/股）	数量（手）	序号	委托卖出价（元/股）	数量（手）
1	3.80	2	1	3.52	5
2	3.76	6	2	3.57	1
3	3.65	4	3	3.60	2
4	3.60	7	4	3.65	6
5	3.54	6	5	3.70	6
6	3.45	3	—	—	—

按不高于申买价和不低于申卖价的原则，首先可成交第一笔，即3.80元/股买入委托和3.52元/股的卖出委托，若要同时符合申买者和申卖者的意愿，其成交价格必须在3.52元/股与3.80元/股之间，但具体价格要视以后的成交情况而定。对委托成交后其他的委托排序如表1–2所示：

表1-2　股票G在成交第一笔后买入和卖出委托情况

序号	委托买入价（元/股）	数量（手）	序号	委托卖出价（元/股）	数量（手）
1	—	—	1	3.52	3
2	3.76	6	2	3.57	1
3	3.65	4	3	3.60	2
4	3.60	7	4	3.65	6
5	3.54	6	5	3.70	6
6	3.45	3	—	—	—

第一笔成交情况：由于卖出委托的数量多于买入委托，按交易规则，序号1的买入委托2手全部成交，序号1的卖出委托还剩余3手。

第二笔成交情况：序号2的买入委托价格为不高于3.76元/股，数量为6手。在卖出委托中，序号1～3的委托的数量正好为6手，其价格意愿也符合要求，正好成交，其成交价格在3.60～3.76元/股的范围内，成交数量为6手。应注意的是，第二笔成交价格的范围是在第一笔成交价格的范围之内，且区间要小一些。第二笔成交后剩下的委托情况如表1–3所示：

表1-3　股票G在成交第二笔后买入和卖出委托情况

序号	委托买入价（元/股）	数量（手）	序号	委托卖出价（元/股）	数量（手）
3	3.65	4	—	—	—
4	3.60	7	4	3.65	6
5	3.54	6	5	3.70	6
6	3.45	3	—	—	—

第三笔成交情况：序号3的买入委托其价格要求不超过3.65元/股，而卖出委托序号4的委托价格符合要求，这样序号3的买入委托与序号4的卖出委托就正好配对成交，其价格为3.65元/股，因卖出委托数量大于买入委托数量，故序号4的卖出委托仅成交了4手。第三笔成交后的委托情况如表1–4所示：

表1-4 股票G在成交第三笔后买入和卖出委托情况

序号	委托买入价（元/股）	数量（手）	序号	委托卖出价（元/股）	数量（手）
4	3.60	7	4	3.65	2
5	3.54	6	5	3.70	6
6	3.45	3	—	—	—

完成以上三笔委托后，因最高买入价为3.60元/股，而最低卖出价为3.65元/股，买入价与卖出价之间再没有相交部分，所以这一次的集合竞价就已完成，最后一笔的成交价就为集合竞价的平均价格。剩下的其他委托将自动进入开盘后的连续竞价。

在以上过程中，通过一次次配对，成交的价格范围逐渐缩小，而成交的数量逐渐增大，直到最后确定一个具体的成交价格，并使成交量达到最大。在最后一笔配对中，如果买入价和卖出价不相等，其成交价就取两者的平均值。

在这次的集合竞价中，三笔委托共成交了12手，成交价格为3.65元/股，按照规定，这次成交的所有委托无论是买入还是卖出，其成交价都定为3.65元/股，交易所发布的股票G的开盘价就为3.65元/股，成交量12手。

当股票的申买价低而申卖价高而导致没有股票成交时，上海股市就将其开盘价空缺，将连续竞价后产生的第一笔价格作为开盘价。而深圳股市对此却另有规定：若最高申买价高于前一交易日的收盘价，就选取该价格为开盘价；若最低申卖价低于前一交易日的收盘价，就选取该价格为开盘价；若最低申买价不高于前一交易日的收盘价、最高申卖价不低于前一交易日的收盘价，则选取前一交易日的收盘价为今日的开盘价。

（二）连续竞价

连续竞价的成交方式与集合竞价有很大的区别，先以“价格优先、时间优先”来排列买卖有效委托，它在买入的最高价（买一）与卖出的最低价（卖一）委托中，以“不高于买价，不低于卖价”的原则成交，一对一对地成交，其成交价在不同的情况下按以下方式确定：

1. 最高申买价与最低申卖价相同，以该价格为成交价格。

2. 申买价高于即时揭示的最低申卖价的，以即时揭示的最低申卖价为成交价格（在体现“不高于买价，不低于卖价”的同时也体现了“时间优先”原则）。

3. 申卖价低于即时揭示的最高申买价的，以即时揭示的最高申买价为成交价格（在体现“不高于买价，不低于卖价”的同时也体现了“时间优先”原则）。

由于集合竞价是将一段时间内所有的委托一同成交，其价格不易受个别报价的影响，且能反映绝大多数交易者的买卖意愿，产生的价格比较公道、合理，且可以防止股价被操纵。深交所以前在股票交易中均采用集合竞价的方法产生价格，其优点是每一次价格的产生基本不会受偶然因素影响，即使股民的申报价格偏离较大甚至错报，其成交价一般也不会偏离前一成交价太大，所以集合竞价产生的价格变动比较平稳。而连续竞价因为是一对一撮合，产生的价格波动较大，股市行情的变化也容易大起大落，特别是当股民错报委托价格时，交易系统会毫不留情地按照所报价格成交。

注意：

证券交易所的集合竞价和连续竞价在原则上是有区别的。集合竞价，其交易价格的产生，原则上是以当天集合竞价期间，能产生的最大成交量的价格为当日集合竞价的统一成交价，如本案例中集合竞价部分所展示的价格决定机制；连续竞价，是指在证券交易所正常的交易时间中的竞价，一般遵循“价格优先，时间优先”这一最基本的原则。

四、办理股票委托的报价技巧

（一）9:15～9:20

这五分钟开放式集合竞价时间里，委托买进和卖出的单子可以随时撤单，所以看到的匹配成交量可能是虚假的，很多主力会在9:20之前（如9:19:30左右）撤单，此时若你买进后不撤单，就等于他把货卖给了你。因此，你一定要把撤单键放在手中。

（二）9:20～9:25

这五分钟开放式集合竞价时间里，可以输入委托买进和卖出的单子，但不能撤单。有的投资者以为已打撤单就可以了，事实上在这五分钟内撤单是无效的。这五分钟内看到的委托是真实的，因此要抢涨停板的一定要看准。但你不知道这五分钟哪些股票要涨停板，利用大智慧按81和83不能看到，但在钱龙和分析家按81和83可以看到。比如：兰生股份（600826）在2006年10月9日当天出现第一个涨停，你利用钱龙可以看到该股在9:23左右要涨停，而且当时封单只有30万股，在9:24～9:30赌一把会涨停，当天成交了311万股，次日开盘就可赚钱。

（三）9:25～9:30

电脑在这五分钟可接收委托买进和卖出，也可接收撤单。对于高手而言，这五分钟可以换股票，比如：集合竞价卖出股票后，资金在9:25就可用，还可以在9:26买进另一只股票。若想要买到新股，就得打高价格，高于开盘价的那部WV资金在9:25可以返回，还可以利用这部分返回的资金做其他操作。

（四）9:25产生的开盘价都是按成交量最大化原则定的

14:57～15:00是深圳股票收盘集合竞价时间，这3分钟不能撤单，只能输买进和卖出单子，因此深圳收盘价也是集合竞价得来的。而你看到的上海证券交易所最后一笔只有价格–，股数为0，这是因为上海证券交易所收盘价格是按最后一笔倒推1分钟的加权平均价算出的，不是集合竞价得来的，这一点在防止操纵收盘价方面不如深交所。

（五）在上海证券交易所开户当天不能买进股票

因为开户是在登记结算公司，交易是在上海证券交易所，两个机构之间数据库不能及时对接，要等晚上清算后才能对接上，因此次日才能买股票。上海股票当天在其他营业部撤销指定交易，在另一个营业部当天可指定，但你的股票在新营业部看不到明细，只能根据你的记忆卖出。深圳股票在上一个交易日办理转托管的，第二天可在新营业部卖出。

（六）深圳停牌一小时的股票可以提前委托，上海停牌一小时的股票不能提前委托

上海交易在10:30准时开门，早一秒就会弹回来。对于连续涨停的股票，如果你要追进，因网络速度时快时慢，建议在10:29:53～10:29:56输入确认键。

（七）零股处理

配股可以买进零股，但正常买进时，你只能委托100股的整数倍，如果你有零股，如57股要卖出，则只能一次性打出，不能分两次卖。债券委托是一手整数倍，即面值1000元整数倍，新股申购时，中小板是500股整数倍，上海新股是1000股整数倍，新股申购委托后不能撤单，一个申购流程经历五个交易日，如周二申购，下周一解冻。

（八）委托数量

股票、基金、权证一笔委托数量不能超过100万份。

（九）新股上市第一天，股改对价股在上市第一天和暂停交易的ST盈利后恢复交易第一天，股票是没有涨跌幅限制的

新股第一天最高价上海证券交易所不超过发行价的2倍，中小板新股第一天最高价不超过发行价的9倍；股改对价股上市第一天虽无涨跌幅限制，但跌幅不能超过50%。

上海证券交易所是这样表述的："买卖无价格涨跌幅限制的证券，集合竞价阶段的有效申报价格应符合下列规定：股票交易申报价格不高于前收盘价格的900%，并且不低于前收盘价格的50%；基金、债券交易申报价格最高不高于前收盘价格的150%，并且不低于前收盘价格的70%。"

（十）停牌与复牌期相关操作要点

证券开市期间停牌的，停牌前的申报，参加当日该证券复牌后的交易；停牌期间，可以继续申报，也可以撤销申报；复牌时对已接受的申报实行集合竞价，集合竞价期间不揭示虚拟开盘参考价格、虚拟匹配量、虚拟未匹配量。

这种情况在权证末日轮交易所紧急停牌出现过，比如武钢认沽（580999），还有中小板上市当天换手超过70%的情况，都要停牌5分钟，这5分钟内可以委托，也可撤单。

第五节 股市常见“黑话”

在研究个股时，往往要将基本面与技术面结合起来分析，尤其是看K线形态、走势形态。我们透过技术面对K线形态的分析去预判未来，然后再结合基本面，两者融合，成功的概率会变得比较大。

基本面：包括宏观经济运行态势和上市公司基本情况。上市公司的基本面包括财务状况、盈利状况、市场占有率、经营管理体制、人才构成等各个方面。影响企业运行的宏观经济指标有国民生产总值及其变化、社会商品零售总值及其变化、价格水平及其变化等。

技术面：指反映价格变化的技术指标、走势形态以及K线组合等。技术分析有三个前提假设，即市场行为包含信息、价格变化会反应一定的趋势或规律、历史会重演。

各行各业都有自己的专业术语，也就是我们俗称的“黑话”。股市也不例外，想要能够无阻碍地与其他投资者沟通，抑或是顺畅地阅读财经新闻等，我们需要了解那些常见的股市用语。

本节分别从基础知识部分、技术分析部分、交易术语部分、行情术语部分、财务名词部分、宏观经济部分、基金名词部分这七个方面来认识关于股市的“黑话”。

当然，你也不用花太多时间专门去记忆，简单浏览一遍有个大致的印象即可。本书后面章节的内容将会经常用到这些词，可以以此来加深印象并学会使用。

一、基础知识部分

（一）资本市场与货币市场

资本市场是指证券融资和经营一年以上中长期资金借贷的金融市场。货币市场是经营一年以内短期资金融通的金融市场，资金需求者通过资本市场筹集长期资金，通过货币市场筹集短期资金。资本市场的关系如图1–5所示。

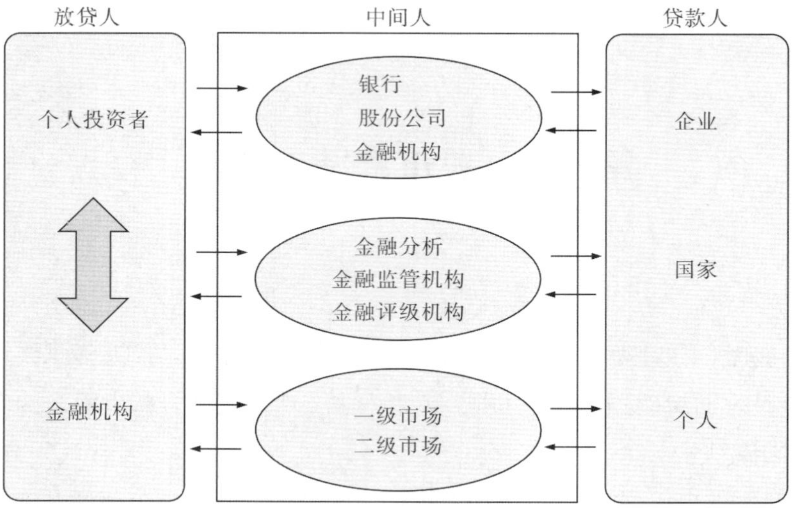

图 1-5　资本市场关系

（二）债券

债券是政府、金融机构、工商企业等机构直接向社会借债筹措资金时，向投资者发行，承诺按一定利率支付利息并按约定条件偿还本金的债权债务凭证。具有偿还性、流通性、安全性、收益性的特征。

最早的债券形式是在奴隶时代产生的公债券。封建社会之后，公债券进一步发展，许多封建主、帝王和国家遇到财政困难特别是发生战争时，会发行公债。1600年设立的东印度公司是历史上最古老的股份公司，它除了发行股票之外，还发行了短期债券并进行买卖交易。19世纪末到20世纪初，主要资本主义国家相继进入垄断资本主义阶段，为确保原料来源及产品市场、建立和巩固殖民统治、加速资本的聚集，股份公司发行了大量的公司债券，并不断创造出新的债券种类，这为今日的多品种、多样化的债券体系奠定基础。

一张债券主要由期限、面值、价格、利率和偿还方式等组成（图1-6、图1-7）。

图 1-6　债券范例（一）

图 1-7　债券范例（二）

（三）可转换证券

可转换证券是一种持有人有权将其转换成为另一种不同性质证券的证券类型，主要包括可转换公司债券和可转换优先股。对发行者有节约发行成本、降低筹集资金的成本、吸引机构投资者的意义。对于投资者而言，能够保证其在一定范围内规避风险但又不回避收益的选择权。

（四）权证与期权

权证是指标的证券发行人或其以外的第三人发行的，约定持有人在规定期间内或特定到期日，有权按约定价格向发行人购买或出售标的证券，或以现金结算方式收取结算差价的有价证券。因为中国证券市场的权证创设制度本身就不够完善，个人投资者居多，另外权证品种少，导致个别品种被过度炒作，严重影响了资本市场的风险管理，所以我国股市停止了权证交易。笔者认为，作为成熟资本市场中不可或缺的金融工具，权证将来迟早要重新放开交易。

权证对于买方而言，是在支付权利金购买后，有权利（而非义务）根据合约内容在某一特定期间（或特定时点），按约定价格向权证的发行人买入或卖出指定数量的标的股票。而期权是买方在支付权利金购买后有权利根据合约内容，在规定时间（到期日），按协议价格（行权价格）向期权合约的卖方买入或卖出指定数量的标的股票。权证和期权的异同点如表1–5所示。

表1–5　权证和期权异同点

	权证	期权
相同点	需要支付一定的权利金，如此即可有权在规定时间按约定价格买入或者卖出股票	
不同点	买卖双方不一样。对于权证而言，如果程大叔买入了X公司的权证，那卖出这个权证的是X公司自己或者是它委托的证券公司。期权交易是不同投资者之间的交易，比如程大叔买入了X公司的认购期权，那卖出这份期权的是普通投资者	
	权证交易方式单一，普通投资者只能买入权证，不能卖出权证。但期权交易比权证有更灵活的交易方式。我们可以买入认购期权也可以卖出认购期权，可以买入认沽期权也可以卖出认沽期权，多头空头随你选	
	权证是一个非标准化的合约，合约中的行权价格、标的物、到期时间等都是发行者决定的。而期权合约是标准化合约。对于投资者买入的X公司股票的期权合约来说，合约中的行权价格、标的物、到期时间等都是市场统一规定好的	

（五）认购权证

认购权证是发行人发行的、约定持有人在规定期间内或特定到期日有权按约定价格向发行人购买标的证券的有价证券。正股与权证数据示例如图1–8所示。

2007年2月13日正股与权证 数据

名称	成交/元	幅度/%	5日幅度/%	10日幅度/%	20日幅度/%
上证指数	4490.721	-2.37	1.65	-4.51	-17.39
五粮YGC1	41.092	-2.90	-2.43	-9.79	-13.91
五粮液	38.080	-3.03	-2.41	-10.38	-15.11
钢钒GFC1	8.410	-1.87	3.27	-1.06	-21.03
攀钢钢钒	11.530	-2.70	3.22	-2.45	-17.05
深发SFC2	22.581	-1.20	6.78	3.58	-16.64
深发展A	36.380	-2.47	7.16	-3.71	-11.51
国安GAC1	10.500	1.49	3.78	9.38	-13.05
中信国安	36.600	-1.08	2.58	-6.27	-12.86
马钢CWB1	5.070	-1.38	3.87	1.79	-20.41
马钢股份	8.980	-2.81	7.03	1.81	-18.44
云化CWB1	36.273	0.98	0.81	15.84	-2.08
云天化	61.070	-1.34	4.59	7.18	3.07
武钢CWB1	8.513	-2.08	13.16	4.98	-1.47
武钢股份	20.070	-4.84	10.03	-2.48	-7.00
深高CWB1	6.774	3.11	2.81	8.54	-9.47
深高速	11.290	1.16	2.26	-1.66	-14.47
日照CWB1	8.640	3.81	4.40	21.96	4.58
日照港	16.630	2.78	1.90	2.97	-7.46
上汽CWB1	9.477	-0.09	-2.46	3.83	-26.94
上海汽车	21.080	-2.04	-0.85	-4.87	-23.07
南航JTP1	0.635	35.11	5.48	76.88	12.39

图1–8　正股与权证数据

（六）认沽权证

发行人发行的、约定持有人在规定时间内或特定到期日有权按约定价格向发行人出售标的证券的有价证券称为认沽权证。其公式可表示为：到期可得到的回报=（行权价+权证结算价格）×行权比例。认购权证和认沽权证的特点及区别如表1–6所示。

表1–6　认购权证和认沽权证的特点及区别

	认购权证	认沽权证
持有人的权利	持有人有权利（而非义务）在某段期间内以预先约定的价格向发行人购买特定数量的标的证券	持有人有权利（而非义务）在某段期间内以预先约定的价格向发行人出售特定数量的标的证券
到期可得的回报	标的证券价–行权价–权证买入价/行权比例未考虑行权有关费用	（权证行权价–权证买入价/行权比例）–标的证券股价未考虑行权有关费用

（七）证券投资基金

证券投资基金是指通过公开发售基金份额募集资金形成独立的基金财产，由基金托管人托管，由基金管理人管理和运作资金，为基金份额持有人按其所持份额享受收益，以资产组合方式进行证券投资的一种利益共享、风险共担的集合投资方式。按基金的组织方式可分为公司型基金和契约型基金，从基金的交易方式可分为封闭式基金和开放式基金。证券投资基金市场数据示例如图1–9所示。股票、债券与证券投资基金的区别如表1–7所示。

证券投资基金市场数据

类别	基金数量（只）（2014/7/31）	净值（亿元）（2014/7/31）	净值（亿元）（2014/6/30）
公募基金	1730	38161.89	36118.22
封闭式基金	126	1273.87	1297.62
开放式基金	1604	36888.02	34820.6
其中：股票型	656	10463.28	10055.22
其中：混合型	348	5643.94	5599.46
其中：债券型	381	2715.78	2706.12
其中：货币型	134	17529.45	15926.04
其中：QDII	85	535.56	533.76
非公开募集资产	—	17396.07	15122.55
合计	1730	55557.96	51240.77

图 1–9　证券投资基金市场数据

表1-7　股票、债券与证券投资基金的区别

反映的经济关系不同。股票反映的是所有权关系，债券反映的是债权债务关系，而证券投资基金反映的则是信托关系，但公司型基金除外
筹集资金的投向不同。股票和债券是直接投资工具，筹集的资金主要投向实业，而证券投资基金是间接投资工具，筹集的资金主要投向有价证券等金融工具
风险水平不同。股票的直接收益取决于发行公司的经营效益，不确定性强，投资于股票有较大的风险。债券的直接收益取决于债券利率，而债券利率一般是事先确定的，投资风险较小。证券投资基金主要投资于有价证券，投资选择灵活多样，从而使基金的收益有可能高于债券，投资风险又可能小于股票。因此，证券投资基金能满足那些不能或不宜直接参与股票、债券投资的个人或机构的需要

（八）开放式基金

开放式基金是指基金规模不是固定不变的，基金发起人可根据市场的供求情况，随时向投资者出售基金单位或股份，并可以按照投资者的要求赎回发行在外的基金单位或股份的一种基金运作方式。开放式基金不上市交易，它既可以由基金公司直销，也可以由基金公司的代理机构（如商业银行或证券营业部等）代销，还可以通过基金公司的网站在网上进行申购和赎回，而且费用还可以优惠，其规模不固定，基金单位可随时向投资者出售，也可应投资者要求买回。根据交易方式的不同，开放式基金可分为上市交易型开放基金和契约型开放式基金。根据投资对象不同，开放式基金可分为股票基金、债券型基金、混合型基金、货币市场基金、期货基金、期权基金，认股权证基金等。（图1-10）。

	代码	名称	最新日期	最新净值	累计净值	涨幅%	基金类型	产品类型	状态
1	000001	华夏成长	20190322	1.1280	3.5390	-0.27	开放式	混合型	正常开放
2	000003	中海可转债A	20190322	0.7840	0.9940	0.00	开放式	债券型	正常开放
3	000004	中海可转债C	20190322	0.7840	0.9940	0.00	开放式	债券型	正常开放
4	000005	嘉实增强信用	20190322	1.0570	0.0000	0.00	开放式	债券型	暂停申赎
5	000006	西部利得量化成长	20190322	1.0000	1.0000	0.00	开放式	混合型	暂停赎回
6	000007	鹏华国企债	20180807	1.1477	1.1565	0.02	开放式	债券型	停止交易
7	000008	嘉实500ETF联接	20190322	1.4981	1.5641	0.54	开放式	基金型	正常开放
8	000011	华夏大盘	20190322	13.3740	17.6540	0.53	开放式	混合型	正常开放
9	000014	华夏聚利债券	20190322	1.2530	1.2530	0.08	开放式	债券型	正常开放
10	000015	华夏纯债A	20190322	1.2080	1.2940	0.00	开放式	债券型	暂停大额申购
11	000016	华夏纯债C	20190322	1.1770	1.2620	0.00	开放式	债券型	暂停大额申购
12	000017	财通可持续混合	20190322	1.5220	2.3640	-0.13	开放式	混合型	正常开放
13	000020	景顺品质	20190322	1.9490	2.1170	-0.56	开放式	混合型	正常开放
14	000021	华夏优势增长混合	20190322	1.6390	2.8090	0.00	开放式	混合型	正常开放
15	000022	南方中票A	20180425	1.1679	1.1679	-0.02	开放式	债券型	停止交易
16	000023	南方中票C	20180425	1.1533	1.1533	-0.02	开放式	债券型	停止交易
17	000024	大摩双利A	20190322	1.1690	1.4330	0.00	开放式	债券型	正常开放
18	000025	大摩双利C	20190322	1.1520	1.4160	0.00	开放式	债券型	正常开放

图1-10　开放式基金

（九）封闭式基金

封闭式基金是指基金发行总额和发行期在设立时已确定，在发行完毕后的规定期限内发行总额固定不变，在基金上市后投资者可以通过证券市场转让、买卖基金单位的一种证券投资基金。封闭式基金的投资者在基金存续期间内不能向发行机构赎回基金份额，基金份额的变现必须通过证券交易场所上市交易。

开放式基金与封闭式基金的区别：

1. 基金期限和规模不固定。开放式基金无固定存续期，规模因投资者的申赎、赎回可以随时变动；封闭式基金有固定的存续期（中国不少于5年），其间基金规模固定。

2. 不上市交易。开放式基金在销售机构的营业场所申购及赎回，不上市交易；而封闭式基金在证券交易场所上市交易。

3. 价格由净值决定。开放式基金的申购、赎回价格则以每日公布的基金单位资产净值加、减一定的手续费计算，因此能一目了然地反映其投资价值；而封闭式基金的交易价格主要受市场供求关系的影响，往往低于基金资产净值。

4. 管理要求高。开放式基金随时面临赎回压力，须更注重流动性等风险管理，要求基金管理人具有更高的投资管理水平；而封闭式基金不能随时被赎回，其募集得到的资金可全部用于投资，这样便可据以制定长期的投资策略。

（十）一级市场

一级市场指股票的初级市场，即发行市场，在这个市场上投资者可以认购公司发行的股票。股票一级市场的发行方式按照发行与认购的方式可分为公开发行与非公开发行。公开发行又称公募，是指在事先不确定特定发行对象的情况下，向社会广大投资者公开推销股票。非公开发行又叫私募，是指发行公司只对特定的发行对象推销股票。非公开发行方式主要在以下几种情况下采用：

1. 以发起方式设立公司。

2. 内部配股。

3. 私人配股，又称第三者分摊。

（十一）IPO

全称initial public offering（首次公开募股），指某公司（股份有限公司或有限责任公司）首次向社会公众公开招股的发行方式。按照依法行政、公开透明、集体决策、分工制衡的要求，IPO的审核工作流程分为受理、见面会、问核、反馈会、预先披露、初审会、发审会、封卷、会后事项、核准发行等主要环节，分别由证监会的不同处室负责，相互配合、相互制约。证监会对每一个发行人的审核决定均通过会议以集体讨论的方式提出意见，避免个人决断。在我国证券市场上，主板和中小企业板的上市条件基本相同，挂牌交易场所的不同主要取决于发行股本规模等因素，主板和中小企业板主要适合具有稳定业绩的成熟企业。创业板的上市条件低于主板和中小企业板，主要针对高成长性的中小型高科技企业。主板、中小板、创业板的上市条件对比如表1–8所示。

表1–8　主板、中小板、创业板上市条件对比

		主板	中小板	创业板
名词解释		指沪深交易所的主板	全称中小企业板。是从深交所的主板市场中单独设立一个板块。上市条件与主板完全相同。以“小盘”为最突出的特征，流通盘约为1亿股以下	又称二板市场（第二股票交易市场），是与主板市场不同的一类证券市场，专为暂时无法在主板主场上市的创业型企业提供融资途径和成长空间的证券交易市场
主体资格	主体类型	依法设立且合法存续的股份有限公司	同主板	同主板
	经营年限	持续经营三年以上	同主板	同主板
	主营业务	最近三年内没有发生重大变化	同主板	应当主要经营一种业务，最近两年内没有发生重大变化
	董事、高级管理人员	最近三年内没有发生重大变化	同主板	最近两年内没有发生重大变化
	实际控制人	最近三年内没有发生变更	同主板	最近两年内没有发生变更

续表

		主板	中小板	创业板
财务与会计	净利润	最近3个会计年度净利润均为正数且累计超过人民币3000万元	同主板	最近两年连续盈利，最近两年净利润累计不少于1000万元；或者最近一年盈利，最近一年营业收入不少于5000万元
	收入	最近3个会计年度经营活动产生的现金流量净额累计超过人民币5000万元；或者最近3个会计年度营业收入累计超过人民币3亿元	同主板	
	股本总额	发行前股本总额不少于人民币3000万元	同主板	发行后股本总额不少于3000万元
	资产	最近一期末无形资产（扣除土地使用权、水面养殖权和采矿权等后）占净资产的比例不高于20%	同主板	最近一期末净资产不少于2000万元
	其他	最近一期末不存在未弥补亏损	同主板	同主板

（十二）发行价

当股票上市发行时，上市公司从公司自身利益及确保股票上市成功等角度出发，对上市的股票不按面值发行，而制订一个较为合理的价格来发行，这个价格就称为股票的发行价。

股票票面价值和股票发行价格的区别：

1. 股票票面价值又称“股票票值”“票面价格”，是股份公司在所发行的股票票面上标明的票面金额，它以“元/股”为单位，其作用是用来表明每一张股票所包含的资本数额。

2. 股票发行价格是指发行公司将股票出售给投资人时的价格。股票发行价格的确定对发行人是至关重要的。发行价格越高，公司的发行收入就越高，发行成本也相应降低。发行价格定得太高，可能会使投资人望而生畏，导致发行失败；但发行价格过低也不行，这将无法满足发行人的资金需求，并损害原有股东的利益。

（十三）溢价发行

溢价发行指新上市公司以高于面值的价格办理公开发行或已上市公司以高于面值的价格办理现金增资。高出票面金额多少，则由发行人与承销的证券公司协商确定，报国务院证券监督管理机构核准。这种决定股票发行价格的体制，就是发挥市场作用，由市场决定价格，但是受证券监管机构的监督。在股票发行价格中，溢价发行或者等价发行都是允许的。

（十四）折价发行

折价发行指以低于票面金额的价格发行。这种发行方式是不被允许的，其表现在：一方面，因为会使公司实有资本少于公司应有资本，致使公司资本存在虚数，不符合公司资本充实原则；另一方面，公司以低于票面金额的价格发行股票，实际上就意味着公司对债权人有负债行为，不利于保护债权人的利益。

（十五）二级市场

二级市场指流通市场，是已发行股票进行买卖、转让和流通等交易的场所。简单来说，企业在未完成证券化、未完全进入标准化的市场流通之前所处的市场范畴为一级市场，常见的股权方面参与机构有私募基金、投资银行等；而企业在完成证券化、进入证券交易市场中流通交易的市场环节为二级市场，常见的交易标的有股票、债券、公募基金等。一级市场与二级市场的区别与联系如图1–11所示。

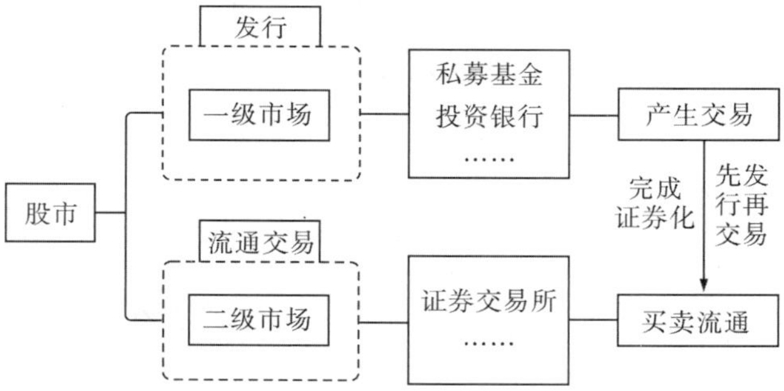

图 1–11　一级市场与二级市场的区别与联系

（十六）牛市

牛市也称多头市场，指市场行情普通看涨，延续时间较长的大升市。如图1–12所示，A股市场共出现过5次指数翻番的牛市行情，其中2次牛市运行1年时间，3次牛市运行2年时间。

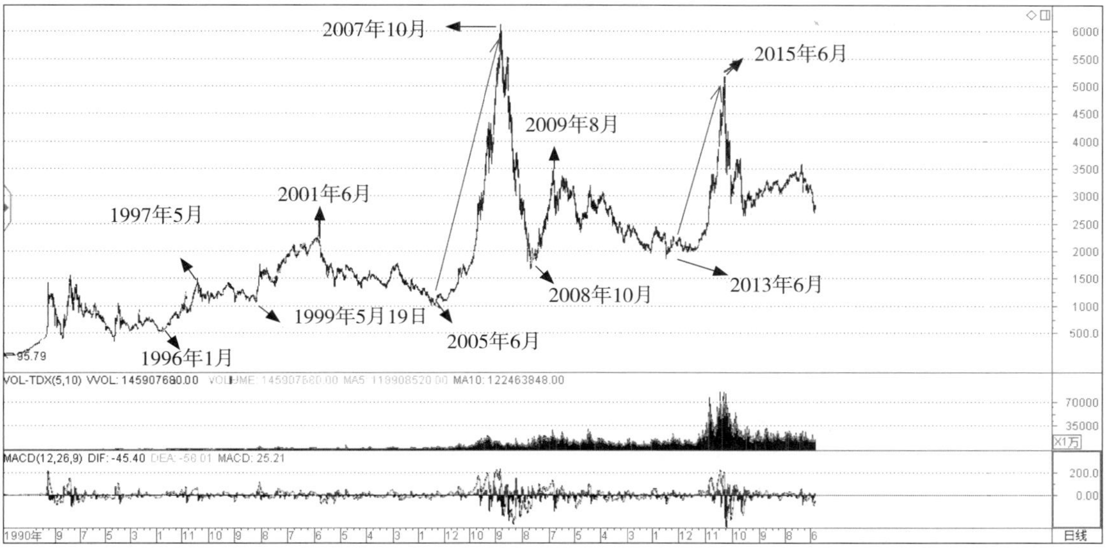

图 1-12　A 股 5 次牛市时间表

（十七）熊市

熊市也称空头市场，指行情普通看淡，延续时间相对较长的大跌市。从统计情况上来看，从1996年开始A股市场共出现过4次熊市行情，其中1次熊市运行1年时间，2次熊市运行4年时间，1次熊市运行2年时间。也就是说，A股熊市最短1年，最长不过4年。当然这不是绝对的和一成不变的，很多经验亦是如此，我们需要多观察和总结，不断更新认知才能避免落后。通常来讲，熊市时间越长，牛市的高度也会越高。其实这不难理解，筹码沉淀时间越长，筹码结构越牢固，爆发力也就越强。

（十八）牛皮市

牛皮市是在所考察交易日里，证券价格上升、下降的幅度很小，价格变化不大，仿佛市价被钉住，如牛皮般坚韧的市场。在牛皮市里，很多技术指标都会失效，比如常用的MACD指标，它在牛皮市或者震荡市中会反复纠缠，参考意义就不大了。牛皮市证券价格走势如图1-13所示。

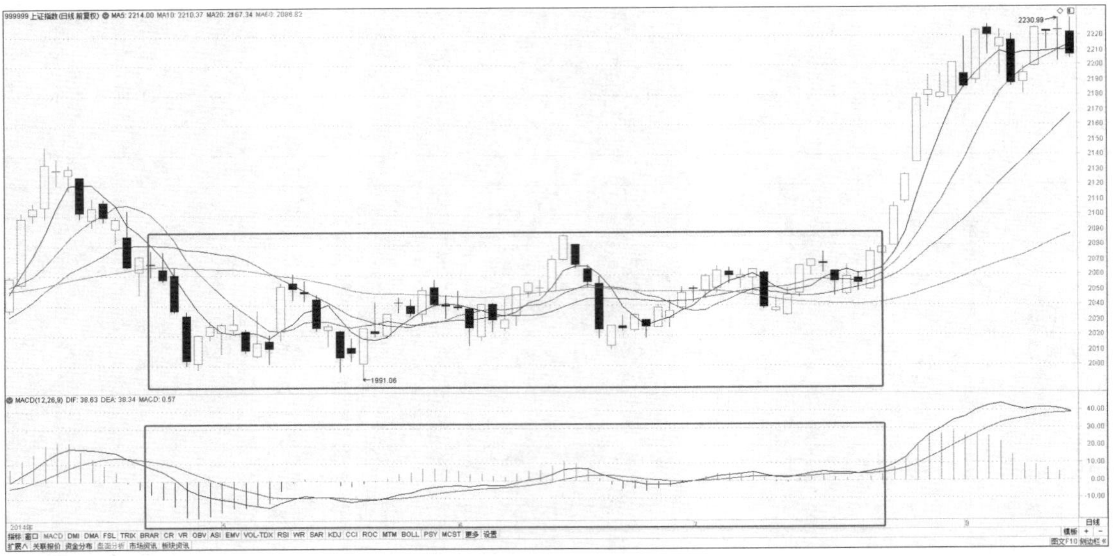

图 1-13　牛皮市证券价格走势图

（十九）零股交易

不到一个成交单位（1手＝100股）的股票，如1股、10股，则称为零股。在卖出股票时，可以用零股进行委托；但买进股票时不能以零股进行委托，最小单位是1手，即100股。

（二十）涨跌幅限制

涨跌幅限制是指在一个交易日内，除上市首日证券外，证券的交易价格相对上一交易日收市价格的涨跌幅度不得超过一定数值；超过涨跌限价的委托为无效委托。

（二十一）涨停板

证券市场中交易当天股价的最高限度称为涨停板，涨停板时的股价叫涨停板价。

（二十二）跌停板

证券市场中交易当天股价的最低限度称为跌停板，跌停板时的股价称跌停板价。

（二十三）托管

托管是在托管券商制度下，投资者在一个或几个券商处以认购、买入、转换等方式委托这些券商管理自己的股份，并且只可以在这些券商处卖出自己的证券；券商为投资者提供证券买、分红派息自动到账、证券与资金的查询、转托管等各项业务服务。

（二十四）转托管

转托管是在托管券商制度下，投资者要想将其托管股份从一个券商处转移到另一个券商处托管，就必须办理一定的手续，实现股份委托管理的转移。

（二十五）指定交易

指定交易指投资者可以指定某一证券营业部为自己买卖证券的唯一交易营业部。

（二十六）派息

股票前一日收盘价减去上市公司发放的股息称为派息。

（二十七）含权

凡是有股票有权利未送配的均称含权。

（二十八）除权

除权是由于公司股本增加，每股股票所代表的企业实际价值（每股净资产）有所减少，需要在发生该事实之后从股票市场价格中剔除这部分因素而形成的剔除行为。

（二十九）填权

指除权后该股票价格出现上涨，将除权前后的价格落差部分完全补回的情形。

（三十）贴权

在除权除息后的一段时间里，如果多数人不看好该股，交易市价低于除权（除息）基准价，即股价比除权除息前有所下降，则为贴权。

（三十一）XR

XR是exclude（除去）和right（股权）的简写。证券名称前记上XR，表示该股已除权，购买这样的股票后将不再享有分红的权利。当股票名称前出现XR的字样时，表明当日是这只股票的除权日。

（三十二）除息

由于公司股东分配红利，每股股票所代表的企业实际价值（每股净资产）有所减少，需要在发生该事实之后从股票市场价格中剔除这部分的因素，这种剔除行为则是除息。

（三十三）DR

DR是dividend（股息）和right（股权）的简写。证券代码前标上DR，表示除权除息，购买这样的股票将不再享有送股派息的权利。

（三十四）XD

XD是exclude（除去）和dividend（股息）的简写。证券代码前标上XD，表示股票除息，购买这样的股票将不再享有派息的权利。

（三十五）配股

配股是上市公司根据公司发展的需要，依据有关规定和相应程序，旨在向原股东进一步发行新股、筹集资金的行为。

（三十六）分红配股

上市企业把自身在经营过程中所取得的利润以股票的形式分配给公司的股东。

（三十七）送红股

上市公司将本年的利润留在公司里，发放股票作为红利，从而将利润转化为股本。

（三十八）转增股本

公司将资本公积转化为股本，转增股本并没有改变股东的权益，但却增加了股本规模，因而客观结果与送红股相似。

（三十九）股权登记日

上市公司在送股、配股和派息的时候，需要定出在某一天界定哪些股东可以参加分红或参与配股，定出的这一天就是股权登记日。

（四十）买壳上市

买壳上市是指一些非上市公司通过收购一些业绩较差、筹资能力弱化的上市公司，剥离被购公司资产，注入自己的资产，从而实现间接上市的目的。

（四十一）大小非减持

非是指非流通股，股改使非流通股可以流通，持股低于5%的非流通股叫小非，大于5%的叫大非。非流通股可以流通后，持有者将股票抛出来套现，就叫减持。

（四十二）估值

使用一定的方法发现股票内在价值，通过买入价值被低估的股票或卖出价值被高估的股票，以此获得投资收益的投资方法和理念。

（四十三）价值回归

当股指或股票价格与其内在价值严重背离后，股指或股票价格降低至其内在价值的过程。

（四十四）QFII

全称qualified foreign institutional investor，即合格境外机构投资者。

（四十五）DQII

全称domestic qualified institutional investor，即合格境内机构投资者。

二、技术分析部分

（一）K线

起源于日本，又称日本线。K线是一条柱状线条，记录的是某一种股票一天的价格变动情况。

（二）实体

实体即当日收盘价与开盘价之差。收盘价大于开盘价叫作阳实体，收盘价小于开盘价叫作阴实体。一般情况下，出现阳实体说明买盘比较旺盛，推动股价向上攀升，出现阴实体说明卖盘踊跃，迫使股价节节走低。

（三）阳线

在K线图中，中间的矩形长条叫实体，如果收盘价高于开盘价，则实体为阳线或红线。

（四）阴线

在K线图中，中间的矩形长条叫实体，如果开盘价高于收盘价，则实体为阴线或黑线。

（五）上影线

在K线图中，从实体向上延伸的细线叫上影线。在阳线中，它是当日最高价与收盘价之差；在阴线中，它是当日最高价与开盘价之差。

（六）下影线

在K线图中，从实体向下延伸的细线叫下影线。在阳线中，它是当日开盘价与最低价之差；在阴线中，它是当日收盘价与最低价之差。

（七）趋势

趋势就是股票价格市场运动的方向。趋势的方向有上升方向、下降方向和水平方向。趋势的类型有主要趋势、次要趋势和短暂趋势三种。

（八）趋势线

趋势线是用来衡量价格波动方向的直线，由趋势线的方向可以明确地看出股价的趋势。在上升趋势中，将两个低点连成一条直线，就得到上升趋势线。在下降趋势中，将两个高点连成一条直线，就得到下降趋势线。上升趋势线起支撑作用，下降趋势线起压力作用，也就是说，上升趋势线是支撑线的一种，下降趋势线是压力线的一种。

（九）支撑线

支撑线又称为抵抗线。当股价跌到某个价位附近时，股价停止下跌甚至有可能回升，这是因为多方在此买入造成的。支撑线起阻止股价继续下跌的作用。这个起着阻止股价继续下跌的价位就是支撑线所在的位置。

（十）压力线

压力线又称为阻力线。当股价上涨到某个价位附近时，股价会停止上涨，甚至回落，这是因为空方在此抛出造成的。压力线起阻止股价继续上升的作用。这个起着阻止股价继续上升的价位就是压力线所在的位置。

（十一）轨道线

轨道线又称通道线或管道线。在已经得到了趋势线后，通过第一个峰和谷可以做出这条趋势线的平行线，这条平行线就是轨道线。轨道的作用是限制股价的变动范围，让它不能变得太离谱。一个轨道一旦得到确认，那么价格将在这个通道里变动。对上面或下面直线的突破将意味着有一个大的变化。

（十二）骗线

即主力或大户利用市场心理，在趋势线上做手脚，使散户做出错误的决定。

三、交易术语部分

（一）筹码

投资人手中持有的一定数量的股票。

（二）多头

预期未来价格上涨，以当下价格买入一定数量的股票，等价格上涨后高价卖出，从而赚取差价利润的交易行为。其特点为先买后卖。

（三）空头

预期未来价格下跌，将手中股票按当下价格卖出，待行情跌后买进，获利差价利润。其特点为先卖后买。

（四）利多

对多头有利，能刺激股价上涨的各种政策和消息，如银根放松、GDP增长加速等。

（五）利空

对空头有利，能促使股价下跌的政策和信息，如利率上升、经济衰退、公司经营亏损等。

（六）多头陷阱（诱多）

多头陷阱即多头设置的陷阱，通常发生在指数或股价屡创新高，并迅速突破原来的指数区且达到新高点，随后迅速下跌，并跌破以前的支撑位时，结果使在高位买进的投资者严重被套。

（七）空头陷阱（诱空）

空头陷阱通常出现在指数或股价从高位区以高成交量跌至一个新的低位区，并造成向下突破的假象，在持有者恐慌性抛盘卖出后，迅速回升至原先的密集成交区，并向上突破原压力线，使在低点卖出者踏空。

（八）跳空缺口与补空

相邻的两根K线间没有发生任何交易，由于突发消息的影响，或者投资者比较看好或看空时，股价在走势图上出现空白区域，这就是跳空缺口；在股价之后的走势中，将跳空缺口补回，称之为补空。

（九）反弹

在股市中，因股价下跌速度过快而反转回升到某一价位的调整现象称为反弹。

（十）反转

即股价往原来趋势的相反方向移动，分为向上反转和向下反转。

（十一）回档

在股市中，股价上涨速度过快而反转回跌到某一价位，这一调整现象称为回档。

（十二）回探

股指或股票价格在缓慢上升后，趋势发生改变，缓慢下跌到前期低点区域，即回探。

（十三）盘整

即股价经过一段快速上升或下降后，因阻力或支撑，在有限幅度内波动，一般是指上下5%幅度内的波动。

（十四）超买

即股价持续上升到一定高度，买方力量基本用尽，股价即将下跌。

（十五）超卖

即股价持续下跌到一定低点，卖方力量基本用尽，股价即将回升。

（十六）吃货

庄家在低价时暗中买入股票，称为吃货。

（十七）出货

庄家在高价时暗中卖出股票，称为出货。

（十八）多翻空

即原本打算买入股票的一方，看法改变，变为卖方。

（十九）空翻多

即原本打算卖出股票的一方，看法改变，变为买方。

（二十）多杀多

普遍认为当天股价将上涨，买方抢着买入股票，然而股价却没有大幅上涨，无法高价卖出，等到交易快要结束时竞相卖出，因而造成收盘时股价大幅下挫的情形。

（二十一）满仓

即所有闲置资金都买了股票。

（二十二）半仓

即闲置资金的一半买入股票。

（二十三）空仓

即手上没有股票，全都卖空了。

（二十四）斩仓

即把价格低于成本价的股票卖掉。

（二十五）建仓

即投资者开始买入看涨的股票。

（二十六）补仓

即把以前卖掉的股票再买回来，或在某只股票上再追买一些。

（二十七）增仓

第一笔买入某股票称建仓，以后继续买入称增仓。

（二十八）突破

指股价经过一段盘档时间后，产生的一种价格波动。

（二十九）探底

即股价一次或多次持续下跌至某价位时便止跌回升。

（三十）割肉

割肉指高价买进股票后，持续下跌，为避免继续损失，低价赔本卖出股票。

（三十一）追高

即当股价处于较高位时，不断地买入股票。

（三十二）逼空

逼空是指多头连续大幅上涨，逼迫空头高位追涨。

（三十三）抛售

即立刻卖出手中所有的股票。

（三十四）离场

即当下跌趋势形成时，预计未来一段时间不参与操作股票。

（三十五）死多

即看好股市前景，买进股票后，就算股价下跌，宁愿放上几年，不赚钱绝不脱手。

（三十六）护盘

即庄家为了保持股价稳定，投入资金购买市场上抛售的股票。

（三十七）崩盘

即证券市场上由于某种利空原因，证券被大量抛出，导致证券市场价格无限度下跌。

（三十八）跳水

即短时间内股价快速下跌。

（三十九）抬拉

即用非常方法将股价大幅度抬起。通常大户在抬拉吸引散户买入后，便大量抛出以牟取暴利。

（四十）打压

即用非常方法将股价大幅度压低。通常大户打压，散户抛售股票后，便大量买进以取暴利。

（四十一）洗盘

指庄家为降低拉升成本和阻力，拉升前先把股价大幅度杀低，回收散户恐慌抛售的股票，然后抬高股价获取价差利益的行为。

（四十二）整理

即股市上的股价经过大幅度迅速上涨或下跌后，遇到阻力线或支撑线，原先上涨或下跌趋势明显放慢，开始出现幅度为15%左右的上下波动，并持续一段时间。

（四十三）获利盘和套牢盘

每一只股票都有获利盘和套牢盘，获利盘是指能够卖出赚钱的那部分股票，套牢盘就是买入的股票亏本。

（四十四）放量和缩量

放量和缩量是指股票的交易量，与以前的某段时间相比，放大了或是缩小了，称为放量或缩量。

（四十五）止损

止损是指当某一投资出现的亏损达到预定数额时，及时斩仓出局，以避免形成更大的亏损。其目的就在于投资失误时把损失限定在较小的范围内。

（四十六）利空出尽

在证券市场上，证券价格因各种不利消息的影响而下跌，跌到一定的程度，空方的力量开始减弱，投资者不再被这些利空的因素所影响，重新买入，证券价格开始反弹上升，这种现象被称作利空出尽。

（四十七）强势调整

主力通过洗盘，将意志不坚定的获利盘和解套盘清洗出去，同时又抬高了市场成本，从而为主力扫清障碍和减轻上行压力。

（四十八）惯性

处于涨势或者跌势的时候，其趋势一般会延续。

（四十九）冲高回落

指股指或股价在一段时间内涨到一定位置后，趋势发生改变，形成下跌趋势。

（五十）大幅振荡

大幅振荡指在较短时间内股指或股票价格在最高点与最低点不断变化，幅度大于5%。

（五十一）震荡调整

买方与卖方的力量相当，在某一价格上上下波动，把价格尽力调整到它的价值，围绕着价值而上下波动、震荡。

（五十二）背离

股票或指数在下跌或上涨过程中，不断创新低（高），而一些技术指标不跟随创新低（高），称为背离。

（五十三）钝化

当股票走势形成单边上涨（或下跌）时，技术指标产生死叉（或金叉）后，股价并未向相反方向运行，只是在高位（或低位）横盘，指标线有时会拧在一起，像绳子一样。这种情况被称为钝化。

（五十四）震仓

震仓就是指主力明明想把股价做上去，但是由于有短线买家利用图表分析跟风持货，或收到该股票的小道消息入货，而主力又不想让这些人白赚钱，于是明明想往上拉抬股价，偏偏有意把股价打下去。多数短线炒家是买涨不买跌，或追涨杀跌的，当股价出乎意料地向下跌，就会令很多短线跟风者斩仓离场，被主力震出来。也有人称此为洗盘。

（五十五）套牢

套牢指预期股价上涨而买入股票，结果股价却下跌，又不甘心将股票卖出，被动等待获利时机的出现。

（五十六）阴跌

股价进一步退两步，缓慢下滑的情况，称为阴跌。

（五十七）做多动能

支持股价上涨的所有条件。

（五十八）空仓观望

判断未来不易操作股票，即空仓观望。

四、行情术语部分

（一）日开盘价

日开盘价是指每个交易日的第一笔成交价格，这是传统的开盘价定义。目前中国市场采用集合竞价的方式产生开盘价。

（二）日收盘价

日收盘价是指每个交易日的最后一笔成交价格。因为收盘价是当日行情的标准，又是下一个交易日开盘价的依据，可据以预测未来证券市场行情，所以投资者对行情分析时一般采用收盘价作为计算依据。

（三）日最低价

日最低价是指当天该股票成交价格中的最低价格。

（四）日最高价

日最高价是指当天该股票成交价格中的最高价格。

（五）日成交额

日成交额是指当天已成交股票的金额总数。

（六）日成交量

日成交量是指当天成交的股票数量。

（七）总手

总手是到目前为止该股的总成交量（手数）。

（八）现手

现手是最新成交的一笔交易的手数。

（九）盘口

“盘口”是在股市交易过程中，看盘观察交易动向的俗称。

（十）外盘

委托以卖方成交的纳入“外盘”，成交价是卖出价时成交的手数总和称为外盘。

（十一）内盘

委托以买方成交的纳入“内盘”，成交价是买入价时成交的手数总和称为内盘。当外盘累计数量比内盘累计数量大很多，而股价也在上涨时，表明很多人在抢盘买入股票。

（十二）量比

指当日总成交手数与近期平均成交手数的比值。如果量比数值大于1，表示这个时刻的成交总手量已经放大；若量比数值小于1，表示这个时刻成交总手量萎缩。

（十三）委比

是金融或证券实盘操作中衡量某一时段买卖相对强度的指标，即委买手数和委卖手数之差与委买手数和委卖手数之和的比值。

（十四）换手率

换手率是指在一定时间内市场中股票转手买卖的频率，是反映股票流通性的指标之一。计算公式为：换手率=（某一段时间内的成交量/流通股数）×100%。

（十五）光头大阳线

收盘价等于当日最高价的K线（图1-14）。

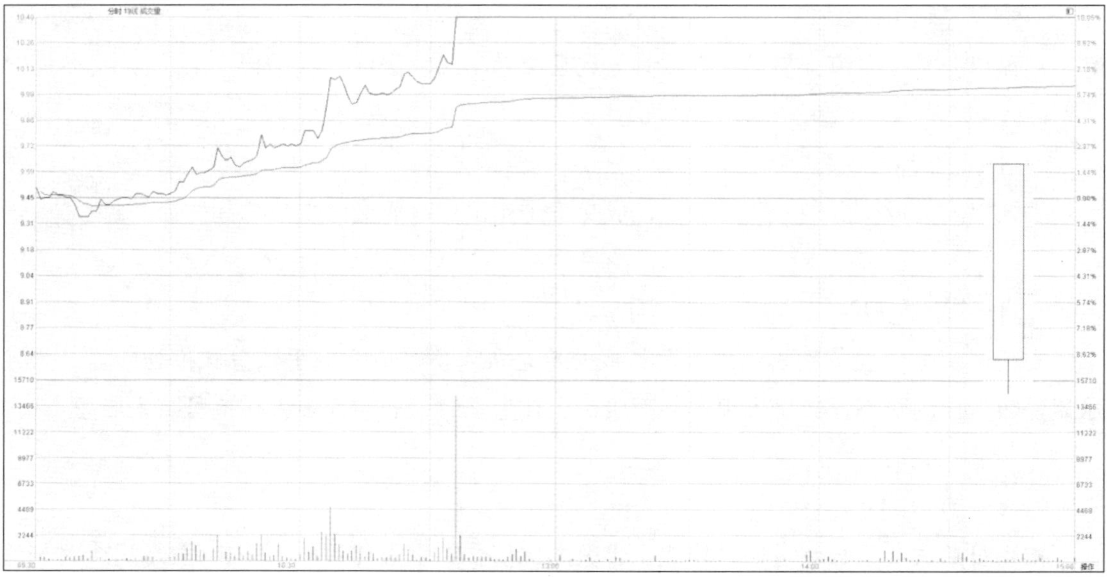

图 1-14　光头大阳线图

（十六）光脚大阴线

收盘价等于当日最低价的K线（图1-15）。

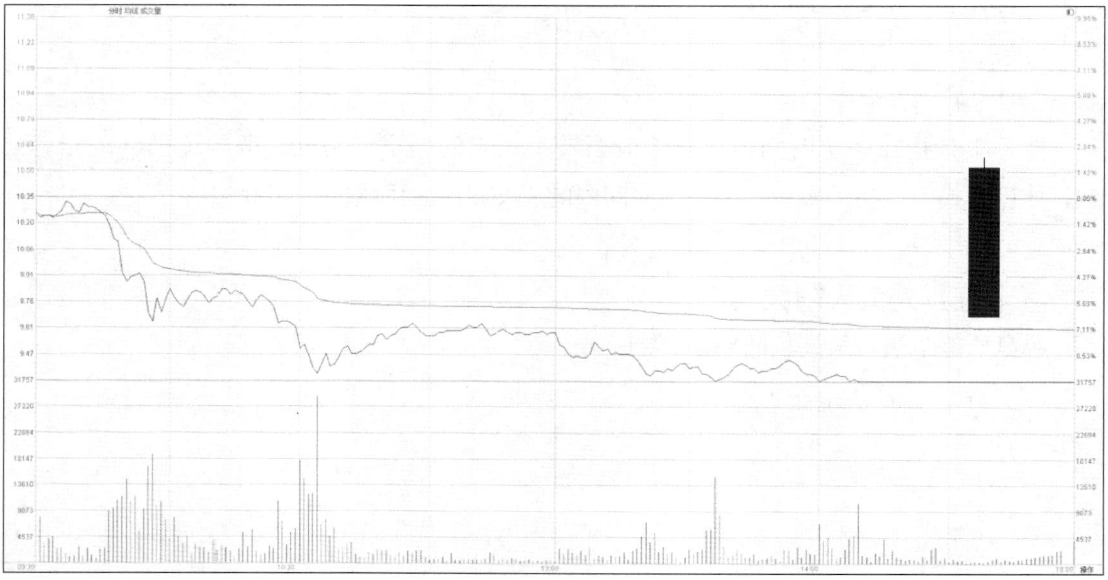

图 1-15　光脚大阴线图

（十七）十字星

盘中股价有波动，但最终收盘价等于开盘价的K线（图1-16）。

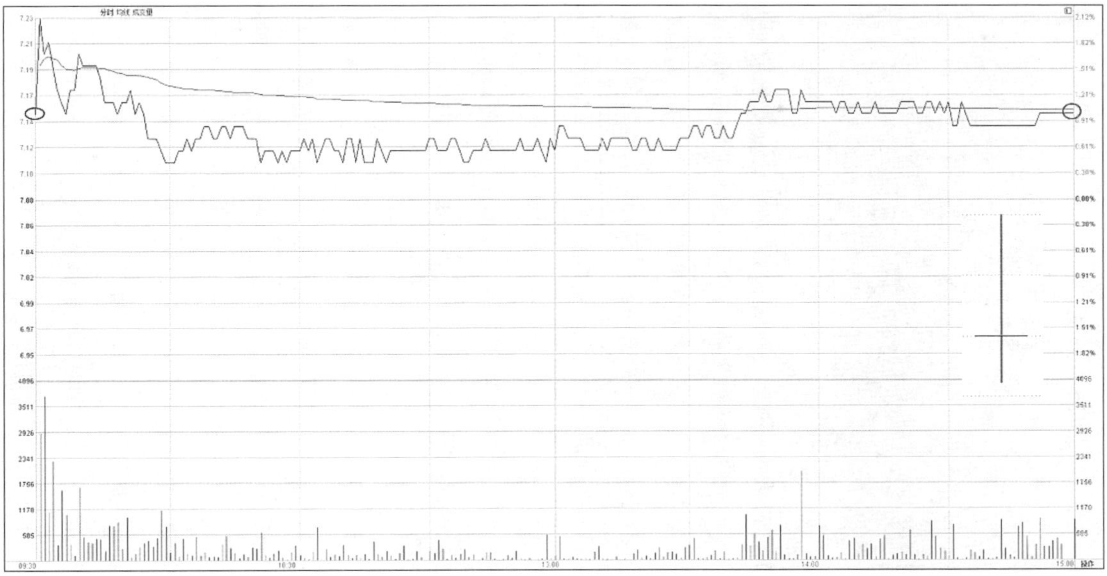

图 1-16 十字星图

（十八）天地板

开盘价为涨停价，收盘价为跌停价的K线（图1-17）。

图 1-17 天地板图

（十九）地天板

开盘价为跌停价，收盘价为涨停价的K线（图1-18）。

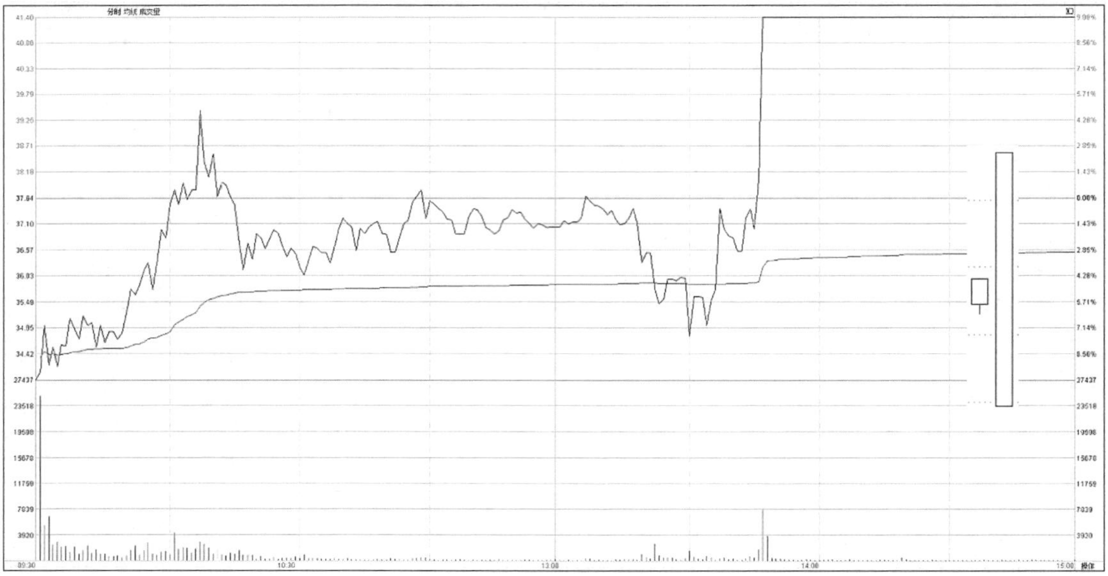

图 1-18　地天板图

（二十）一字星

股价全天维持在涨停价的K线（图1-19）。

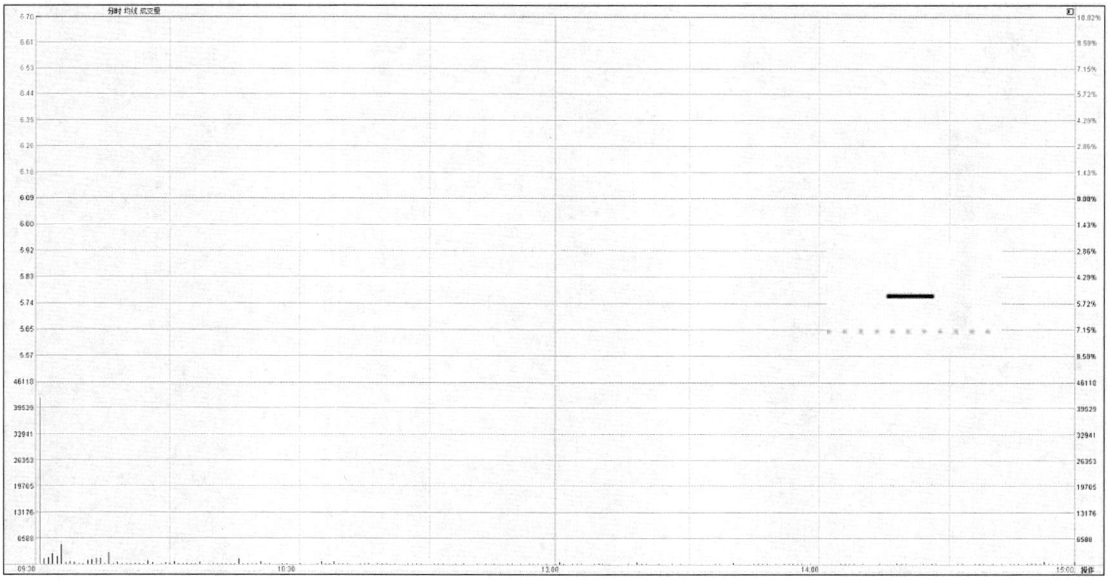

图 1-19　一字星图

（二十一）T字星

开盘价与收盘价均为涨停价，盘中最低价低于涨停价的K线。

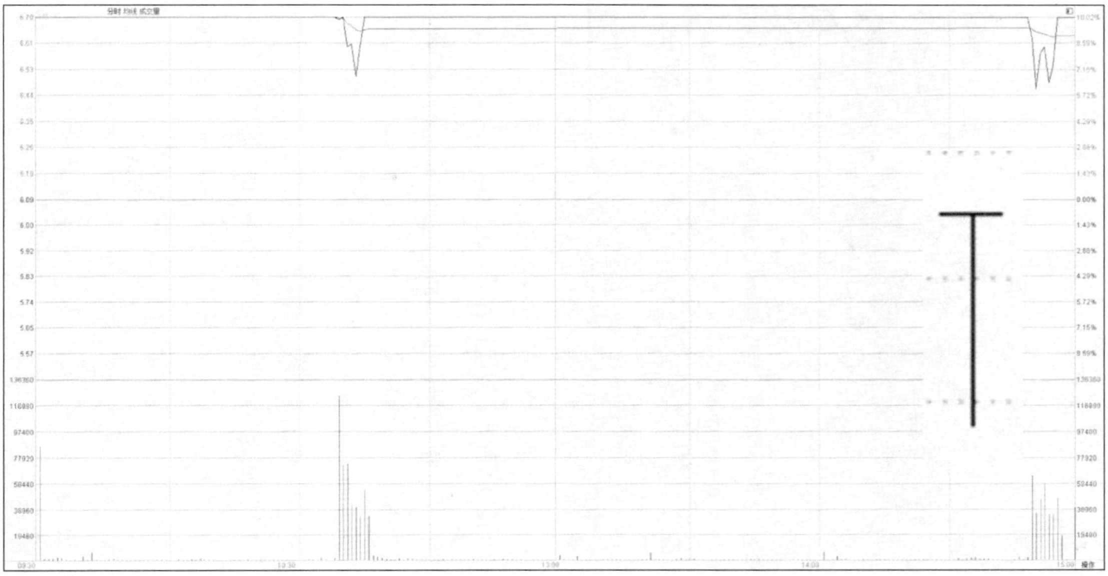

图 1-20　T 字星图

（二十二）假阳线

图1-21为连续两日的分时图，今日收盘价比前一日收盘价低，但比今日开盘价高。

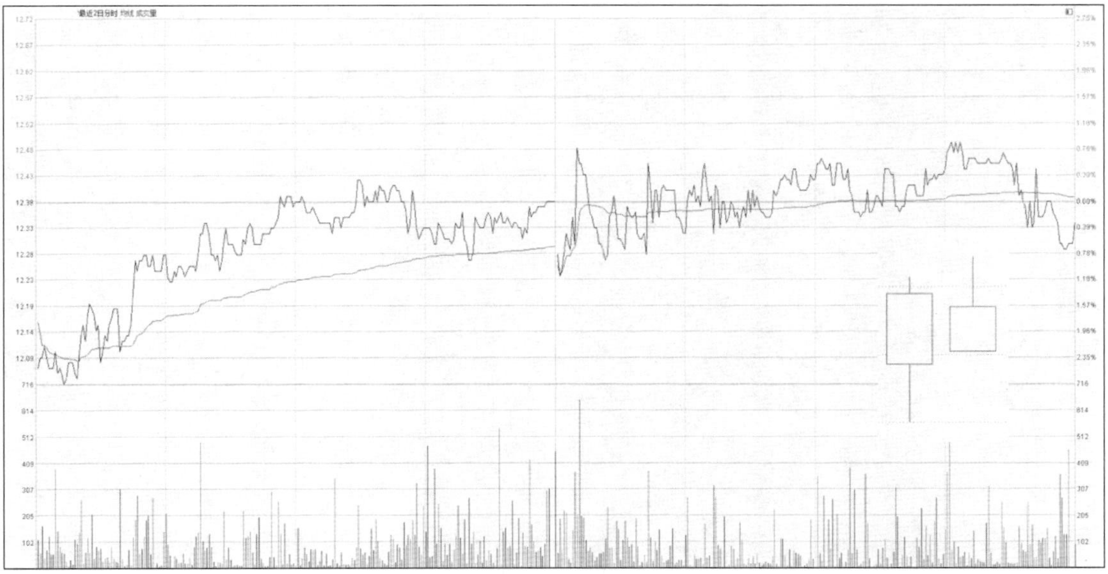

图 1-21　假阳线图

（二十三）假阴线

收盘价低于当日开盘价但高于前一日收盘价的K线。图1–22为连续两日的分时图。

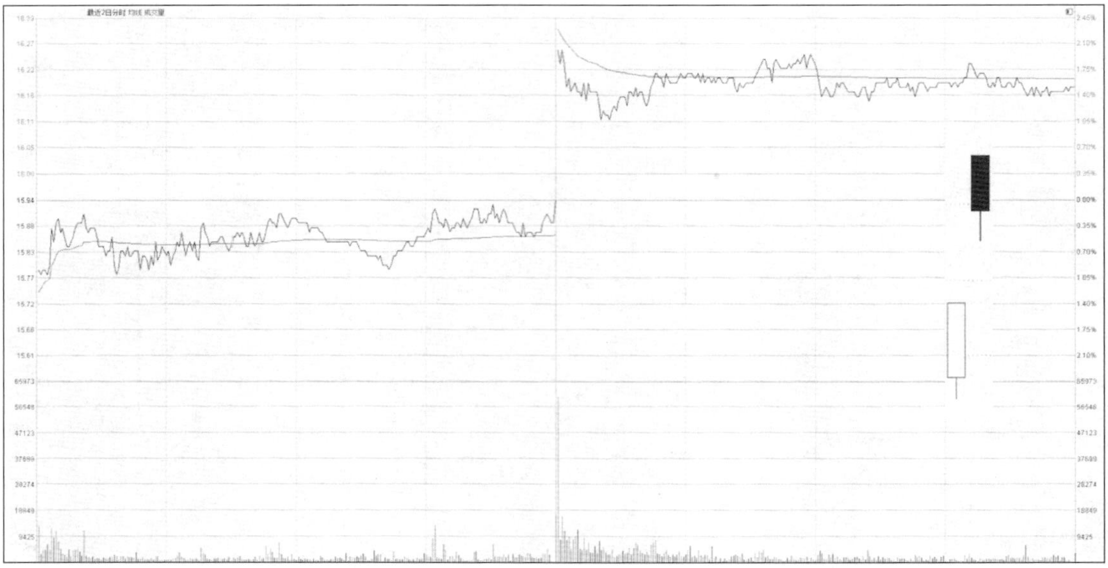

图 1–22　假阴线图

（二十四）总结

单一K线形态图谱如图1–23所示。

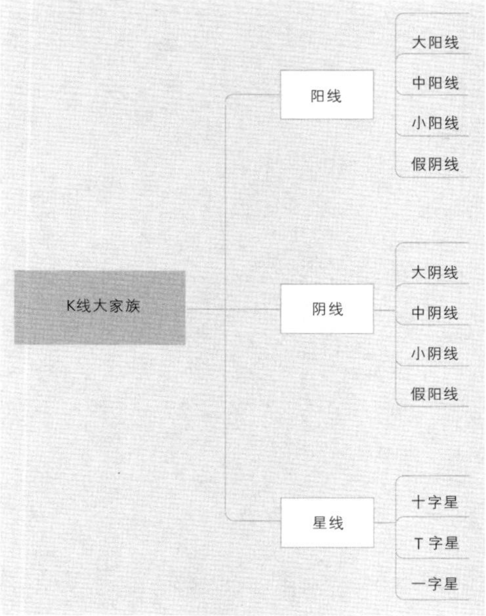

图 1–23　单一 K 线形态图谱

五、财务名词部分

（一）市盈率（PE）

市盈率又称股份收益比率或本益比，是股票市价与其每股收益的比值，计算公式是：市盈率＝当前每股市场价格/每股税后利润。

（二）市净率（PB）

市净率是股票市价与每股净资产的比值，计算公式为：市净率＝股票市价/每股净资产。

（三）每股税后利润

每股税后利润又称每股盈利，可用公司税后利润除以公司总股数来计算。

（四）市值

市值即股票的市场价值，亦可以说是股票的市场价格，它包括股票的发行价格和交易价格。股票的市场价格是由市场决定的。股票的面值和市值往往是不一致的。

六、宏观经济名词部分

（一）货币政策

货币政策指中央银行为实现既定的经济目标（稳定物价，促进经济增长，实现充分就业和平衡国际收支）运用各种工具调节货币供给和利率，进而影响宏观经济的方针和措施的总称。

（二）财政政策

财政政策指国家根据一定时期的政治、经济、社会发展的任务而规定的财政工作的指导原则，通过财政支出与税收政策来调节总需求。增加政府支出，可以刺激总需求，从而增加国民收入，反之则压抑总需求，减少国民收入。税收对国民收入是一种收缩性力量，因此，增加政府税收，可以抑制总需求从而减少国民收入，反之则刺激总需求增加国民收入。

（三）通货紧缩

当市场上流通的货币减少，人民的货币所得减少，购买力下降，物价随之下跌，即造成通货紧缩。长期的通货紧缩会抑制投资与生产，导致失业率升高及经济衰退。

（四）通货膨胀

通货膨胀是指流通中货币量超过实际需要量所引起的货币贬值、物价上涨的经济现象。

（五）消费者物价指数（CPI）

CPI是用居民生活有关的商品及劳务价格统计出来的物价变动指标，通常作为观察通货膨胀水平的重要指标。相关的宏观数据有多种渠道查询，常用的如国家统计局官方网站（图1–24）。

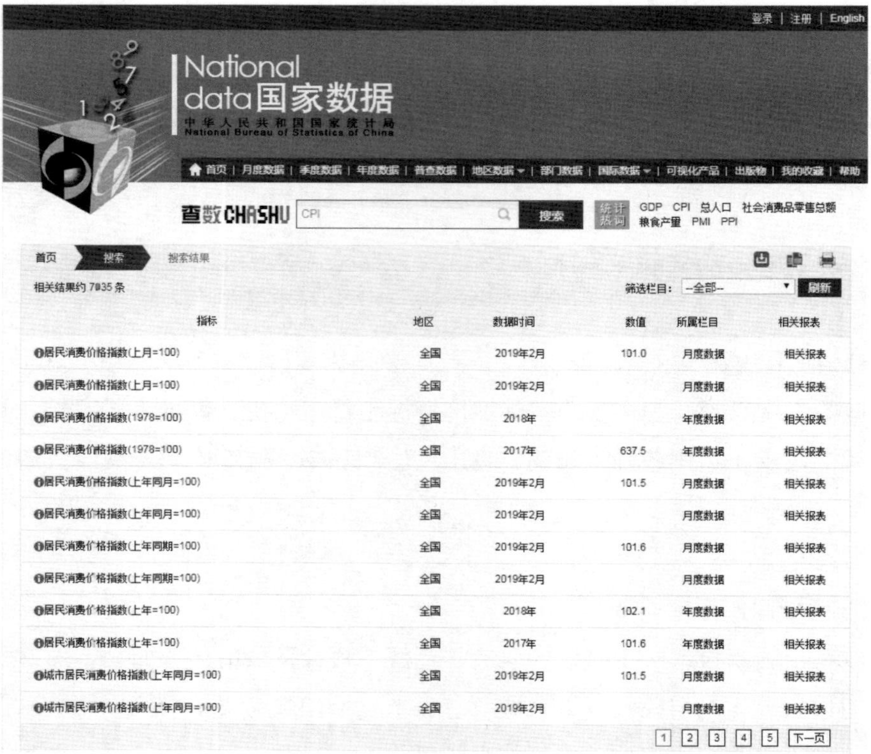

图 1–24　国家统计局数据查询页面

（六）生产者物价指数（PPI）

PPI即衡量工业企业产品出厂价格变动趋势和变动程度的指数，是反映某一时期生产领域价格变动情况的重要经济指标，也是制定有关经济政策和国民经济核算的重要依据。生产者物价指数的主要目的是衡量各种商品在不同生产阶段的价格变化情形。

（七）再贴现率

商业银行在票据未到期以前将票据卖给中央银行，得到中央银行的贷款，称为再贴现。中央银行在对商业银行办理贴现贷款中所收取的利息率，称为再贴现率。

（八）公开市场业务

公开市场业务指中央银行通过买进或卖出有价证券，吞吐基础货币，调节货币供应量的活动。

（九）法定存款准备金率

法定存款准备金率是法律规定的商业银行准备金与商业银行吸收存款的比率。商业银行吸收的存款不能全部放贷出去，必须按照法定比率留存一部分作为随时应付存款人提款的准备金。

七、基金名词部分

（一）指数基金

顾名思义就是以特定指数（如沪深300指数、标准·普尔500指数、纳斯达克100指数、日经225指数等）为标的指数的基金产品，投资者按照该指数的构成标准，购买该指数包含的证券市场中的全部或部分证券，获得与该指数相同的收益水平，实现与市场同步成长。指数基金具有受人为因素影响很小、费率低（一般股票型基金申购和赎回费率是1%～1.5%，而指数基金是0.5%～1.2%）、长期投资风险小、回报优等特点。图1–25～图1–27为各指数基金范例。

基金名称 代码	基金类型	净值|日增长率	近1周	近1月	近3月	近6月	今年来	近1年	近2年	近3年	手续费	购买起点
人保沪深300指数 006600	股票指数	1.0082（-1.46%）日期：03-25	-1.73%	---	---	---	---	---	---	---	0.06% ~~0.60%~~	100元
申万菱信沪深300指数增强 310318	股票指数	2.2621（-1.73%）日期：03-25	-1.89%	3.37%	18.45%	7.90%	18.25%	2.95%	8.81%	31.39%	0.12% ~~1.20%~~	100元
易方达沪深300量化增强 110030	股票指数	2.2499（-2.17%）日期：03-25	-1.96%	2.07%	21.67%	8.46%	21.98%	-2.28%	15.04%	37.01%	0.15% ~~1.50%~~	100元
泰达宏利沪深300指数增强A 162213	股票指数	1.4225（-2.18%）日期：03-25	-2.01%	1.56%	23.62%	9.37%	23.74%	-0.99%	13.38%	33.43%	0.12% ~~1.20%~~	100元
泰达宏利沪深300指数增强C 003548	股票指数	1.4266（-2.18%）日期：03-25	-2.02%	1.58%	23.58%	9.27%	23.72%	-1.18%	13.71%	---	0.00%	100元
兴全沪深300指数(LOF) 163407	股票指数	1.8435（-2.02%）日期：03-25	-2.11%	0.74%	20.66%	9.16%	20.71%	2.63%	24.55%	52.18%	0.12% ~~1.20%~~	100元
广发沪深300指数增强A 006020	股票指数	1.0681（-2.35%）日期：03-25	-2.12%	0.00%	22.52%	8.70%	22.18%	---	---	---	0.15% ~~1.50%~~	100元
广发沪深300指数增强C 006021	股票指数	1.0655（-2.36%）日期：03-25	-2.12%	-0.03%	22.41%	8.53%	22.08%	---	---	---	0.00%	100元
万家沪深300指数增强A 002670	股票指数	0.9737（-2.09%）日期：03-25	-2.14%	0.28%	20.02%	7.93%	19.65%	-2.21%	-2.92%	---	0.10% ~~1.00%~~	100元
富荣沪深300指数增强A 004788	股票指数	0.8468（-1.96%）日期：03-25	-2.15%	2.16%	17.76%	-0.47%	19.39%	-15.24%	---	---	0.12% ~~1.20%~~	100元

图 1-25　沪深 300 指数基金

易方达标普500指数人民币 (161125)

盘中估算：1.1968 ↑ 0.09%　单位净值（03-22）：1.1957（-1.68%）

购买 100元起　定投 100元起　+加自选

交易状态：开放申购　开放赎回

购买手续费：~~1.20%~~ 0.12% 1折　费率详情>

成立日期：2016-12-02　基金经理：范冰 刘树荣　类型：QDII-指数　管理人：易方达基金　资产规模：1.45亿元（截止至：12-31）

基本概况　　其他基金基本概况查询：请输入基金代码、名称或简拼

基金全称	易方达标普500指数证券投资基金(LOF)	基金简称	易方达标普500指数人民币
基金代码	161125（主代码）	基金类型	QDII-指数
发行日期	2016年11月14日	成立日期/规模	2016年12月2日 / 6.932亿份
资产规模	1.45亿元（截止至：2018年12月31日）	份额规模	1.3128亿份（截止至：2018年12月31日）
基金管理人	易方达基金	基金托管人	建设银行
基金经理人	范冰、刘树荣	成立来分红	每份累计0.00元（0次）
管理费率	0.80%（每年）	托管费率	0.25%（每年）
销售服务费率	---（每年）	最高认购费率	~~1.00%（前端）~~ 天天基金优惠费率：0.10%（前端）
最高申购费率	~~1.20%（前端）~~ 天天基金优惠费率：0.12%（前端）	最高赎回费率	1.50%（前端）
业绩比较基准	标普500指数收益率(使用估值汇率折算)×95%+活期存款利率(税后)×5%	跟踪标的	标准普尔500指数

图 1-26　标准·普尔 500 指数基金

国泰纳斯达克100ETF (513100)　　盘中估算：2.5594 -0.06%　单位净值（03-22）：2.5610 (-2.07%)

购买　定投　+加自选　　交易状态：场内交易　购买手续费：---　费率详情>

成立日期：2013-04-25　基金经理：吴向军 徐成城　类型：QDII-ETF　管理人：国泰基金　资产规模：6.03亿元（截止至：12-31）

基本概况　　其他基金基本概况查询：请输入基金代码、名称或简拼

基金全称	纳斯达克100交易型开放式指数证券投资基金	基金简称	国泰纳斯达克100ETF
基金代码	513100（主代码）	基金类型	QDII-ETF
发行日期		成立日期/规模	2013年4月25日 / 2.676亿份
资产规模	6.03亿元（截止至：2018年12月31日）	份额规模	2.6462亿份（截止至：2018年12月31日）
基金管理人	国泰基金	基金托管人	建设银行
基金经理人	吴向军、徐成城	成立来分红	每份累计0.00元（0次）
管理费率	0.60%（每年）	托管费率	0.20%（每年）
销售服务费率	---（每年）	最高认购费率	0.80%
最高申购费率	---	最高赎回费率	---
业绩比较基准	纳斯达克100指数(Nasdaq-100 Index)收益率(经汇率调整后的总收益指数收益率)	跟踪标的	纳斯达克100指数

图 1-27　纳斯达克 100 指数基金

（二）保本基金

保本基金指在一定期限内，对投资者的本金提供一定保证比例（一般在80%～100%）的基金，即在投资期限到期日，投资者根据投资结果至少可取回一定比例的本金，未获保证的部分本金仍存在一定风险。保本基金一般采取恒定比例投资组合保险技术来实现保本，将大部分资产投入固定收益证券，确保保本周期内的本金安全，另将小部分资金投入高风险投资提高回报潜力。此类基金基本无风险（在不考虑通货膨胀的前提下），但是投资期至少3年，若提前赎回将不受保本优待。图1-28为保本基金范例。

基金名称 代码	基金类型	净值|日增长率	近1周	近1月	近3月	近6月	今年来	近1年	近2年	近3年	手续费	购买起点
诺安鸿鑫保本混合 000066	保本型	1.1020（0.00%） 日期：03-25	0.18%	0.27%	1.94%	2.80%	1.75%	5.35%	8.68%	10.07%	0.12% ~~1.20%~~	100元
广发稳裕保本 002622	保本型	1.1190（0.09%） 日期：03-25	0.18%	0.00%	1.63%	1.82%	1.45%	4.19%	11.29%	---	0.10% ~~1.00%~~	10元
平安安盈保本混合 002537	保本型	1.0510（0.00%） 日期：03-25	0.10%	0.38%	1.84%	2.54%	1.74%	2.94%	4.16%	---	0.12% ~~1.20%~~	100元
国泰民利保本混合 002458	保本型	1.0510（0.00%） 日期：03-25	0.10%	0.00%	0.86%	1.45%	0.77%	2.44%	4.79%	---	0.12% ~~1.20%~~	100元
前海开源恒泽保本混合C 002691	保本型	1.0660（0.09%） 日期：03-25	0.09%	0.19%	0.76%	1.52%	0.66%	2.90%	5.86%	---	0.12% ~~1.20%~~	100元
前海开源恒泽保本混合A 002690	保本型	1.0710（0.00%） 日期：03-25	0.09%	0.19%	0.85%	1.52%	0.66%	2.98%	6.25%	---	0.12% ~~1.20%~~	100元
长城久鼎保本混合 002542	保本型	1.0616（0.02%） 日期：03-25	0.06%	0.11%	0.63%	1.11%	0.51%	2.37%	5.74%	---	0.12% ~~1.20%~~	100元
国联安保本混合 000058	保本型	1.0407（0.02%） 日期：03-25	0.05%	0.04%	0.53%	1.31%	0.44%	2.77%	4.80%	3.68%	0.10% ~~1.00%~~	100元
中银证券保本1号 002601	保本型	1.0369（0.00%） 日期：03-25	0.04%	0.08%	1.36%	2.05%	1.25%	1.47%	2.28%	---	0.13% ~~1.30%~~	100元
银华保本增值 180002	保本型	1.0103（0.00%） 日期：03-25	0.03%	0.20%	0.94%	1.13%	0.89%	2.15%	5.60%	5.64%	0.15% ~~1.50%~~	100元

图 1-28　保本基金

（三）货币市场基金

货币市场基金指投资于货币市场短期（一年以内，平均期限120天）有价证券的投资基金。货币市场基金的风险主要来源于短期债券与市场利率变化。

（四）交易所交易基金（ETF）

ETF也称交易所交易组合，指可以在交易所上市交易的基金。

（五）上市型开放式基金（LOF）

LOF即发行结束后，投资者既可以在一级市场申购赎回又可以在二级市场买卖的开放式基金。图1-29为LOF范例。

基金名称 代码	基金类型	净值 日增长率	近1周	近1月	近3月	近6月	今年来	近1年	近2年	近3年	手续费	购买起点
国泰国证航天军工指数 501019	股票指数	0.8312（3.74%） 日期：03-25	5.90%	11.12%	36.20%	17.88%	38.23%	12.42%	---	---	0.12% ~~1.20%~~	100元
易方达军工分级 502003	股票指数	1.3298（4.05%） 日期：03-25	5.17%	9.66%	33.11%	15.06%	34.35%	8.97%	-20.35%	-19.01%	0.10% ~~1.00%~~	100元
鹏华中证空天一体（LOF） 160643	股票指数	0.9162（3.60%） 日期：03-25	5.14%	9.36%	33.23%	13.36%	36.12%	5.52%	---	---	0.12% ~~1.20%~~	100元
国投瑞银瑞盈混合（LOF） 161225	混合型	1.2080（0.00%） 日期：03-25	1.94%	10.93%	30.03%	19.01%	32.75%	-0.90%	9.42%	37.56%	0.15% ~~1.50%~~	100元
融通人工智能指数（LOF） 161631	股票指数	1.0449（-0.30%） 日期：03-25	1.88%	11.17%	40.92%	23.72%	44.44%	5.32%	---	---	0.12% ~~1.20%~~	100元
汇添富中证互联网医疗指数C 501008	股票指数	0.9728（-1.02%） 日期：03-25	1.68%	13.34%	28.19%	11.55%	29.81%	2.08%	-2.26%	---	0.00%	100元
汇添富中证互联网医疗指数A 501007	股票指数	0.9774（-1.02%） 日期：03-25	1.67%	13.33%	28.23%	11.63%	29.85%	2.21%	-1.89%	---	0.08% ~~0.80%~~	100元
国投瑞银瑞盛混合（LOF） 161232	混合型	0.6880（0.00%） 日期：03-25	1.62%	8.52%	25.55%	14.10%	28.36%	-11.34%	-29.87%	---	0.15% ~~1.50%~~	100元
工银中证京津冀协同发展指数A 164811	股票指数	1.1422（-2.01%） 日期：03-25	1.25%	9.69%	25.65%	15.74%	26.56%	12.60%	23.70%	32.80%	0.10% ~~1.00%~~	100元
金鹰持久增利债券（LOF）C 162105	债券型	1.0730（0.04%） 日期：03-25	1.25%	4.13%	10.81%	5.79%	11.09%	1.79%	-0.90%	0.57%	0.00%	100元

图1-29　LOF

（六）基金成立日

基金成立日指基金达到成立条件后，基金管理人宣布基金成立的日期。

（七）基金募集期

基金募集期指自招募说明书公告之日起到基金成立日之间的时间段。

（八）存续期

存续期指基金合同生效至终止之间的不定期期限。

（九）认购

在基金募集期限内，投资者按照基金合同规定进行申请购买基金份额的行为称为认购。

（十）申购

申购指在基金合同生效后的存续期间，投资者在特定平台网站申请购买基金份额的行为。

（十一）赎回

赎回指在基金合同生效后的存续期间，基金份额持有人按基金合同规定的条件要求基金管理人购回基金份额的行为。

（十二）基金转换

基金转换指基金份额持有人按基金管理人规定的条件，申请将其持有的基金管理人管理的某一基金的基金份额转换为基金管理人管理的，且由同一登记结算机构办理登记结算的其他基金的基金份额的行为。

（十三）开放日

开放日指为投资者办理基金申购、赎回等业务的工作日。

（十四）基金单位净值

基金所拥有的资产每个营业日根据市场收盘价所计算出的总资产价值，扣除基金当日的各类成本及费用后，所得到的就是该基金当日的净资产价值。净资产价值除以基金当日所发行在外的单位总数，就是基金单位净值。

（十五）基金累计净值

基金累计净值是基金最新净值与成立以来的分红业绩之和，体现了基金从成立以来所取得的累计收益（减去一元面值即是实际收益），可以比较直观和全面地反映基金在运作期间的历史表现，结合基金的运作时间，可以更准确地体现基金的真实业绩水平。

（十六）资本利得

二级市场上买卖证券的价差为资本利得。

（十七）红利再投资

将投资者分得的收益再投资于基金，并折算成相应数量的基金单位即红利再投资，这实际上是将应分配的收益折为等额的新基金单位送给投资者。

第六节　股票板块的基本分类

股票板块一般分为三大方面，即行业板块、概念板块和地区板块。

一、行业板块

行业板块是指将所属行业的同类公司归类在一起的板块。主要分为：农、林、牧、渔业，采掘业，制造业，电力、煤气及水的生产和供应业，建筑业，交通运输、仓储业，信息技术业，批发和零售贸易业，金融业、保险业，房地产业，社会服务业，传播与文化产业以及综合类产业。

例如：A股上市公司光大银行（601818）和招商银行（600036）这两个公司都属于金融业的，那么就被归类到金融业中。

二、概念板块

概念板块是指任意两家上市公司拥有共同概念，而被归类在一起的板块。概念板块多种多样，有电子商务概念、共享单车概念、国产软件概念、虚拟现实概念、新能源汽车概念等几百种概念。

例如：阿里巴巴是光线传媒（300251）的股东之一，万达电影（002739）跟阿里影业有合作关系，那么上述两家上市公司就会被归为阿里巴巴概念板块。

三、地区板块

地区板块是指将属于同一地域的上市公司归类在一起的板块。如：上海板块、海南板块、广东板块、北京板块等。

例如：上海机场（600009）和上港集团（600018）这两个A股上市公司都是上海当地

的上市公司，那么就被归类到上海板块中。

注意：

（一）行业板块是根据不同行业分类的板块，概念板块则是根据共同概念分类的板块，地区板块则是根据不同地域的上市公司分类的板块。

（二）板块的趋势可以作为行业或相关领域发展现状的参考。

（三）选择板块决定了投资方向，大家在做投资之前首先要深入了解板块，选好板块后再选合适的投资标的，作为新手千万不要本末倒置。如果要寻找市场的机会，首先我们得研究板块的走势，假如板块整体趋势向上，那就可以在其中重点挖掘合适标的，这才是选股的基本逻辑。循序渐进地操作，会让你在把握市场时更清晰、更容易。

第七节　快速掌握搜索与交易工具

炒股离不开信息的获取，我们应该学会通过多种途径，从多个角度去搜索差异化的信息，做出综合评估，有效辅助我们做出正确合理的投资决策。以下三类信息获取方法，是初入股市的投资者必须学会的。

一、行情交易类

作为新手，一般可以使用同花顺、东方财富这两个软件了解股票市场的整体行情。

（一）行情软件界面

行情软件界面如图1–30所示。

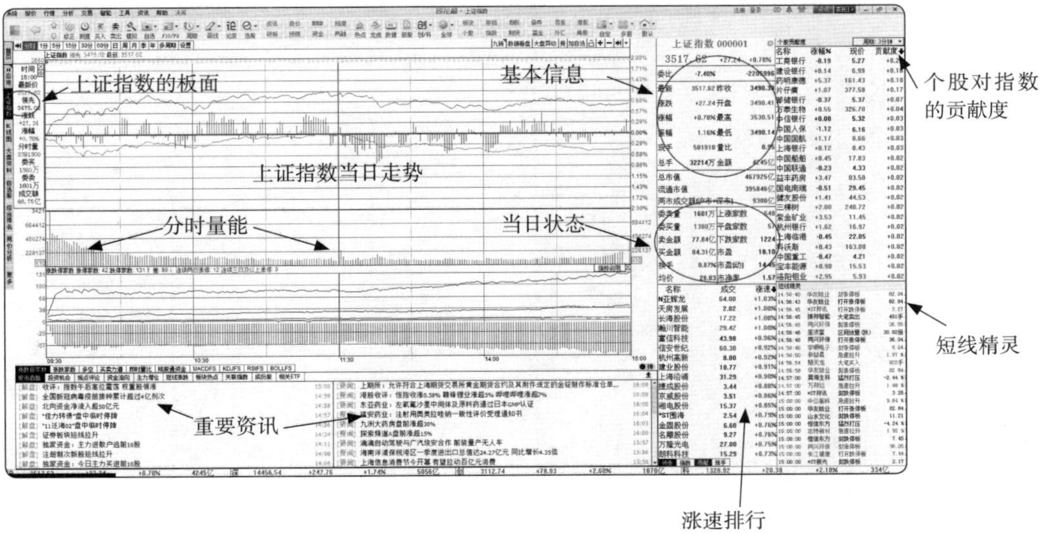

图 1–30　行情软件界面

打开行情软件后，可以通过软件中不同板块、不同功能来获取市场的行情信息。

（二）分时图

分时图界面如图1–31所示。

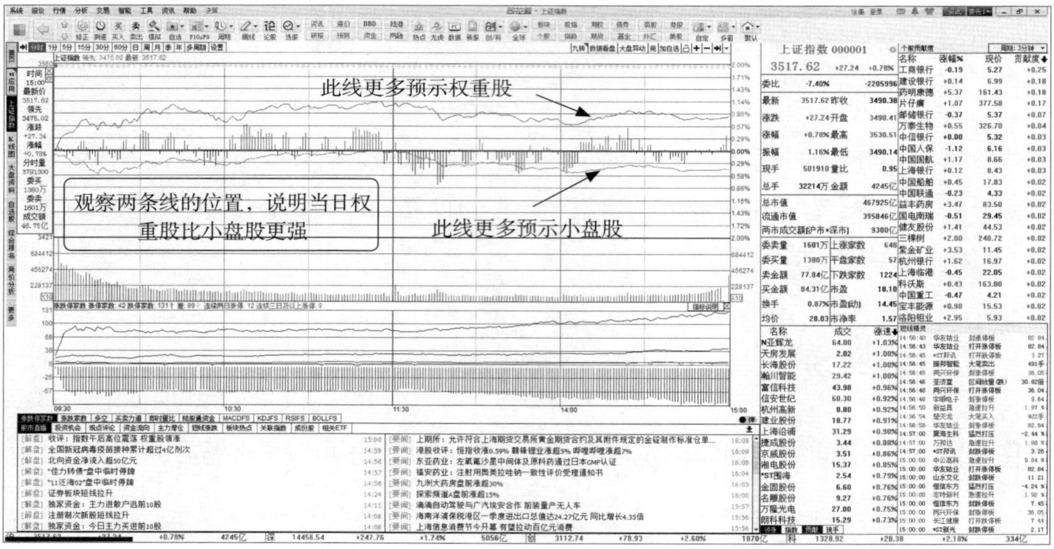

图 1–31　分时图界面

分时图中，股价围绕着均价线在波动。

（三）K线图

K线图界面如图1–32所示。

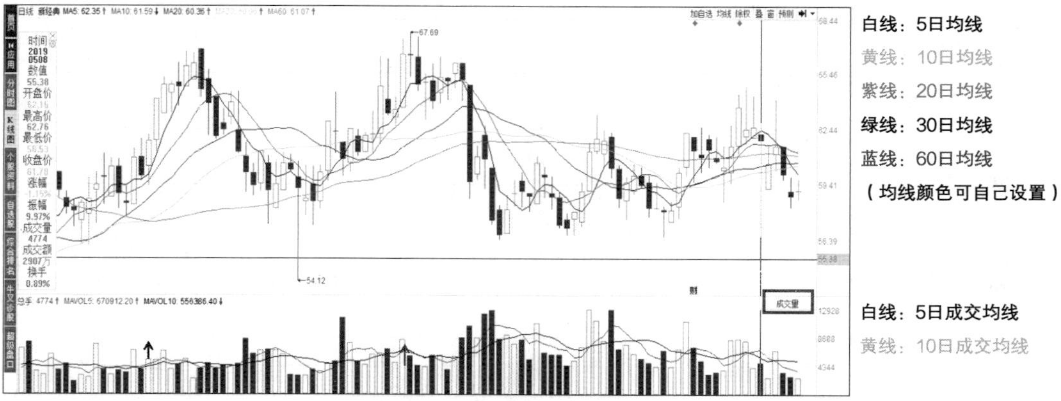

图 1–32　K 线图界面

每一个股票都会有它们组成的K线图。首先看均线，有5日均线、10日均线、20日均线、60日均线，均线颜色是可以自己设置的。股票价格是围绕着均线上下波动的。

其次看成交量。成交量也有两根线，分别是5日成交均线、10日成交均线，它们反映了每日的成交量的波动情况。成交量本质上说明的是市场的活跃度和资金的规模，均线结合成交量综合分析，你大概就可以知道这只个股目前处在什么状态，有利于你判断接下来的走势。

（四）涨跌幅

涨跌幅板块信息如图1-33所示。

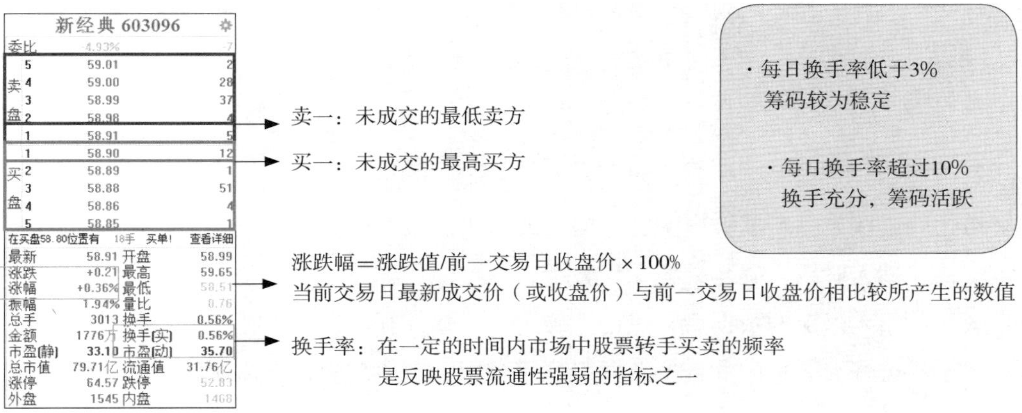

图 1-33 涨跌幅板块信息

涨跌幅板块需要观察的信息有以下几个：委托买卖表、每笔成交量、内盘、外盘、涨跌幅、换手率、市盈率，还包括当日最大成交量价格区域、最高价和最低价、开市价和收市价等。

（五）交易软件界面

交易软件界面如图1–34所示。

图 1–34 交易软件界面

交易软件可在自己所属券商的官方网站或手机商城下载。

步骤一：输入股票代码、委托交易数量；

步骤二：输入以上的数据后，点击“确定”，软件开始执行委托交易；

步骤三：可查询账户中的资产总额、可用余额、市值总额、市值明细、交易流水等。

二、市场分析类

日常的市场分析中，常用的平台有东方财富网、雪球、腾讯网、华尔街见闻等，其中东方财富网的股市信息较为全面，雪球集合了财经大V对市场的专业解读，腾讯网和华尔街见闻主要是更新全球资讯方面的内容，当然还有很多其他的平台可供选择。

（一）新闻

股市分析新闻如图1–35所示。

▲ 东方财富网新闻

▲ 和讯网新闻

图 1–35 股市分析新闻界面

市场分析类有很多新闻网站，如东方财富网中的核心新闻，即时更新，登录网站即可查看，比如新股破发、中概股暴跌等核心新闻，投资者在网站上都能第一时间获取相关信息。当下的新闻，特别是财经类证券类的新闻，更新及时，便于投资者快速了解市场情况。

（二）大V解读

股市分析大V解读如图1–36所示。

▲ 雪球

▲ 东方财富网

图 1–36 股市分析大 V 解读界面

投资者进行市场分析时，还会参考各平台上的大V解读，大V们会对市场做出判断以及解读。关注此类内容的时候，要记得不能“人云亦云”，大V解读的思路仅供参考，具体的决策还得通过个人综合分析再做出决定，一般我们会在雪球网或东方财富上查看此类内容。

（三）个股讨论

个股讨论如图1–37所示。

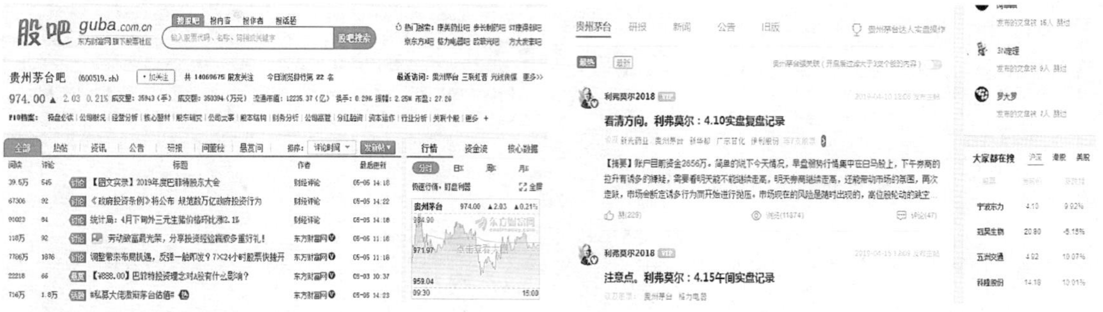

▲ 东方财富股吧　　▲ 淘股吧

图 1–37　个股讨论界面

市场分析类还有个股讨论，常见的有东方财富股吧、淘股吧、雪球等，散户们会在平台上搜索自己在研究的股票代码，查看相关帖子，里面充斥着不同的观点与讨论，需要带着辩证的眼光去看待。对于里面的信息要学会“取其精华、弃其糟粕”，重在获取有价值的信息。

（四）看市场分析信息的注意要点

1. 投资者发布的观点都带有主观性，没有人能准确做出预测，所以不要过于相信市场外面的声音，要保持独立思考。

2. 不同的人有不同的解读，你要保持自己的独立思考，并辩证看待。比如很多大V，有多头也有空头，市场运行到每一个阶段都会有不同的声音，也正因为有不同的声音才会有分歧，市场才会有不断的波动。但是答案只有一个，你选择的那个答案，可以借助这些声音，结合你自己的逻辑，做出属于你自己的独立思考，最终做出你自己的决策。

> 所以我想要告诉大家的是，经历了今天这种持续下压，从盘面暗流和创业板率先企稳来看，种种迹象显示接下来很有可能就是当悲观情绪达到阶段性高潮的时候，市场迎来一次出其不意的大反攻。换句话说，我觉得经历了这段时间的持续下压之后，阶段性大洗礼应该已经到了尾声阶段了，一触即发的反攻随时会展现在我们的眼前，我们不妨拭目以待。
>
> ——大V（1）的研判：看多

从操盘系统的数据看，多空比再也无法站上1，恐慌指数高位震荡，波段下跌走势还没完,最起码这不是持续的升势，如果这只是牛熊过渡阶段主力一次搜集筹码的行为，就需要警惕沪指再回2500，甚至2400，无论如何2018年大C浪杀跌已经结束了，这不是牛市就是牛熊转换过程中长线主力入场形成的底部震荡。

——同一天大V（2）的研判：看空

图 1-38　大 V 分析界面

3. 信息最终只是辅助决策的，千万别盲目，如果你看到一些比较靠谱的分析，那么后面就可以持续关注这位作者。

4. 自己对自己的投资负责，不要把亏损归咎于听从市场上的声音。投资是存在风险的，后果需自负，这是每个投资者都必须清楚的事情，千万不能一亏损就责怪市场、责备他人，这本身就不符合逻辑，没有人强迫自己做出投资决策，自己的问题要学会自己解决，不断学习，持续成长。

三、专业研究类

当你具备一定基本功的时候，就可以增加难度，开始了解专业研究类的内容，比如研报。

研报指的是研究报告，是从事一种重要活动或决策之前，对相关各种因素进行具体调查、研究、分析，评估项目可行性、效果效益程度，提出建设性意见和建议对策等，是决策者和主管机关审批的上报文。

股市中的研报一般指的是券商或者投行的专职财务研究人员就某些上市公司的经营情况和盈利情况做的分析，提供给投资者做参考。一般会做出强烈推荐、推荐、观望、卖出、强烈卖出等评价，对市场有一定的导向作用。股市研报一般分为卖方研报和买方研报。

（一）卖方研报

1. 卖方研报的定义

卖方研报，一般指券商研究报告，就是“卖方（券商）”写给“买方（券商的客户：基金公司、散户）”的研究报告。

由于“买方”在“卖方”开立的账户下进行证券交易时需要缴纳佣金，证券公司为了赚钱就会促使客户交易，而将研究报告提供给客户，以此提供投资建议，所以“卖方研报”实际上是一种券商附加服务。

券商的分析师就像商场里的导购员，顾客手里拿着现金来市场寻找可以买入的标的，分析师就列举商品的优缺点，帮助顾客做决策。

2. 卖方研报的分类

卖方研报的主要类型如表1–9所示。

表1–9　卖方研报主要类型

上市公司研究报告	根据深度研究、事件点评、财报分析对上市公司未来的预测，上市公司的研究报告需要回顾和跟踪
行业研究报告	对不同行业数据进行周期性的更新、定期点评；当一个行业好的时候，行业内所有的企业过得都不错，行业不景气的时候，好公司也免不了受影响。此类报告是了解行业宏观变化的一个窗口
晨会报告	对分析师新产出的报告作简要说明、隔夜时政新闻汇总、重大公司事件点评等。周一的晨会纪要的内容比较丰富
调研报告	调研报告一般是机构对企业近期发展状况提出问题，企业对这些问题的解答。阅读这种报告，从中可以了解到企业近期的发展状况，以及对焦点问题的处理情况，是了解企业近期发展的途径
投资策略报告	基于宏观经济分析、行业政策分析、技术面分析制定投资策略，包含投资标的、品种权重分配、交易原则
月度投资报告	以月度为单位，以行业调查研究为基础，对行业的投资环境、投资风险、投资策略、投资前景和投资价值、投资可行性进行分析和论证
季度投资报告	以季度为单位，以行业调查研究为基础，对行业的投资环境、投资风险、投资策略、投资前景和投资价值、投资可行性进行分析和论证
年度投资报告	以年度为单位，以行业调查研究为基础，对行业的投资环境、投资风险、投资策略、投资前景和投资价值、投资可行性进行分析和论证

卖方研报的浏览地址有很多，比如东方财富网的券商研报栏目，收集了市场上大部分的研报，方便投资者直接查找所需要的内容（图1–39）。

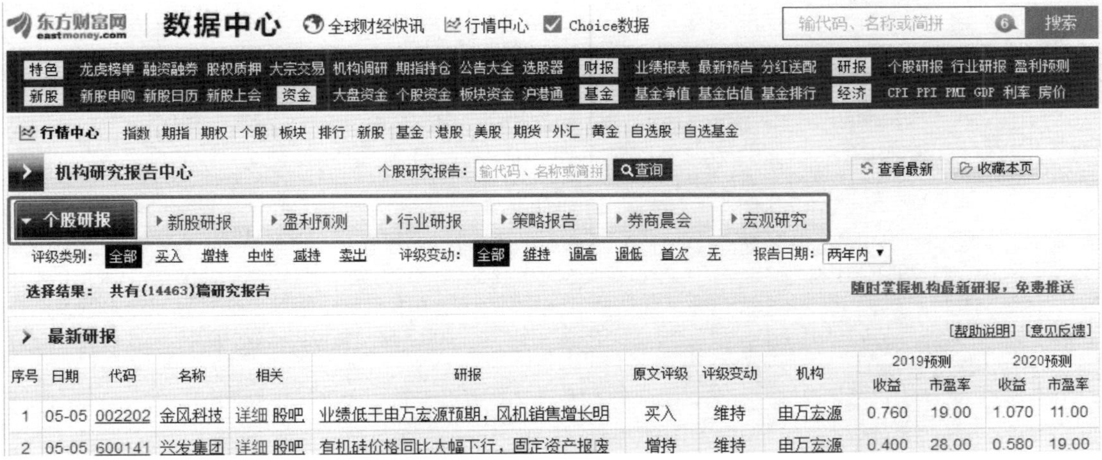

图 1-39　卖方研报栏目界面

（二）买方研报

基金、私募等用自己管理的资金交易，而不是靠别人的交易赚钱，他们是标的的买方，也需要自己出研报，即买方研报。其研究报告主要是为了指导自己投资，研究报告的内容也较为客观。买方研报一般都是要找正规和专业的渠道购买，比如华尔街日报的付费栏目。

（三）买方与卖方研报的区别

卖方报告主要解决“买什么”的问题，描绘未来美好愿景。买方报告主要解决如何买卖的问题。

第二章

股票基本面分析——看透F10

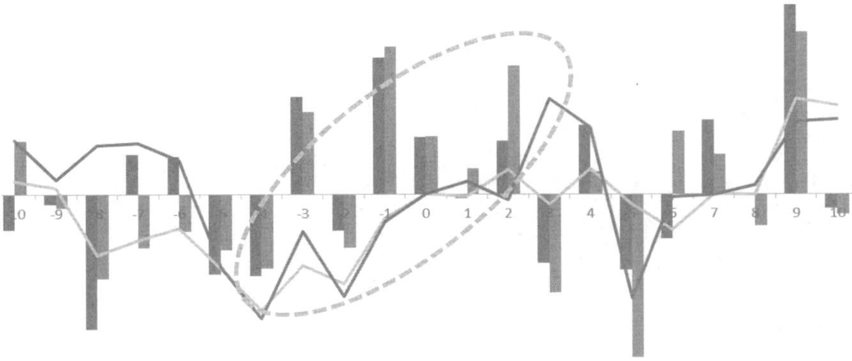

导 读

股票基本面分析主要分析企业的外部环境以及内部环境，是进行证券投资的基础方法。

现在大部分的交易软件能够及时高效地汇总上市公司报表以及有关财经资讯新闻，成为多数中小投资者获取信息的主要途径。

F10是指键盘上的F10快捷键。股票非行情类的基本面资料统称为股票F10。在各种金融行情终端软件中，用户通过键盘上的F10快捷键，可迅速查看上市公司的非行情信息，诸如公司概况、财务数据、公司公告、公司新闻、经营分析等信息数据。

图2-1是截取的F10各栏目总括图，一共是十六个栏目。

最新提示	公司概况	财务分析	股东研究	股本结构	公司报道	高层治理	经营分析
风险因素	港澳特色	分红扩股	行业题材	发展规划	主力追踪	龙虎榜单	公告快讯

图 2-1　上市公司的非行情信息栏目总括图

当然，这十六个栏目看似繁多，但如果我们把它形象化，就知道如何使用和侧重了（图2-2）。

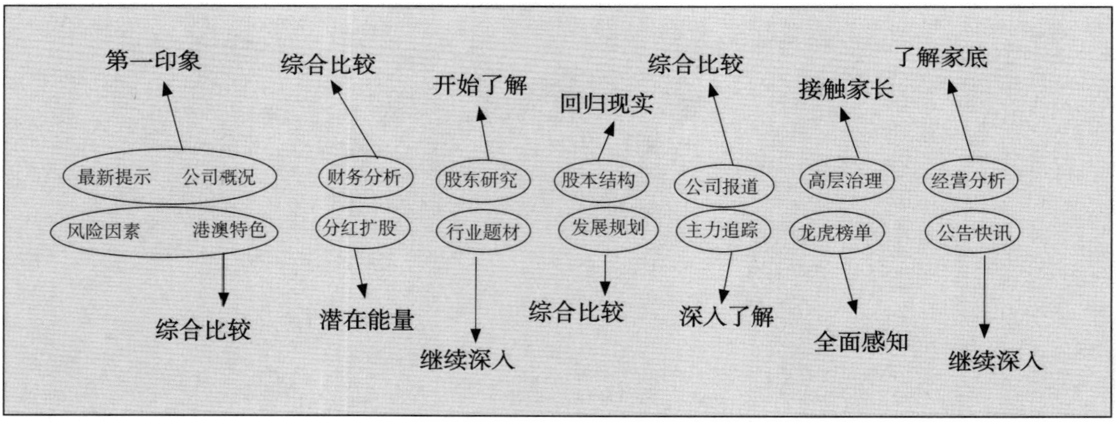

图 2-2　上市公司非行情信息栏目形象化

这里，将是一个“隐藏金子”的世界，就看你如何去挖掘、如何去分析了。

第一节 “高层治理”，看公司先看人

一、基础认识

（一）明确“以人为本”的原则，明白领导群体以及领军人物的重要性

对于任何公司、任何行业，能够找到适合的人来从事工作非常重要。“以人为本”是公司发展进步的原则。

整个公司的人就是一个团队，团队的战斗力如何，笔者认为很大程度上取决于领导群体，没有好的领导群体，团队是无法作战的，公司更是难有大作为。

一个好的公司必然有一个好的团队，一个好的团队必然有一个好的领导群体，一个好的领导群体里必然有一个卓越的领军人物。

（二）选择上市公司就是选择上市公司的领军人物

在上市公司里，笔者认为那些拥有卓越领军人物的上市公司一般都会具有鲜明的特点，公司的发展也会体现领军人物的个性。从一定程度上来说，选择上市公司其实就是选择上市公司的领军人物。

如很多风险投资公司的做法一样，在决策是否投资一个公司时，不仅要看该公司的项目前景如何，更多还是看公司领军人物的个人能力和影响力。

二、重点剖析

（一）注意“领军人物”与“任职起始日”

1. 领军人物越突出、越优秀，其对公司在资本市场上的长期表现影响越大

在F10里，点击“高层治理”（图2-3），就进入公司领导群体的资料库了。在资料库里，你就可以很容易找到关键人物的信息（图2-4），以万科地产为例，董事长一栏是“王

石”，如果你对财经新闻以及地产信息比较留意的话，就应很清楚王石是怎么样的人。[①]

股东研究	股本结构	风险因素	公司报道	行业分析
主力追踪	分红扩股	高层治理	业内点评	关联个股

“F10”设置这个栏目，就是为了方便投资者了解公司的领导群体。这个群体里面的领军人物，就是公司的灵魂，他的作用非常关键。

图 2-3 “高层治理”栏目示意图

【2.高管列表】

姓名	性别	公司职务	学历	年薪(万元)	持股数(万股)
王石	男	董事长	本科	248.10	681.72
郁亮	男	总经理，董事	硕士	206.70	410.62
谭华杰	男	董秘	本科	-	-
李家晖	男	独立董事	博士	26.00	-
徐林倩丽	女	独立董事	博士	26.00	-
齐大庆	男	独立董事	博士	20.00	-
李小加	男	独立董事	博士	20.00	-
宋林	男	副董事长，董事	本科	16.00	-
丁福源	男	监事会主席，监事	大专	143.20	201.84
孙建一	男	董事	大学	18.00	69.22
肖莉	女	董事，副总经理	硕士	129.40	144.68
王印	男	董事	硕士	16.00	-
蒋伟	男	董事	硕士	16.00	-
张力	男	监事		87.00	103.62
方明	男	监事	博士	16.00	-
王文金	男	财务负责人，副总经理	硕士	125.60	134.36
刘爱明	男	副总经理	硕士	148.20	165.10
丁长峰	男	副总经理	硕士	138.60	148.77
莫军	男	副总经理	硕士	129.30	154.90
徐洪舸	男	副总经理	大学	148.90	165.10
张纪文	男	副总经理		139.60	154.90
解冻	男	副总经理	本科	135.60	148.77
合计				1955.20	2683.59

王石是万科地产的标志性人物，作为领军人物，我们只要清楚王石的风格，其实也就大概能估摸出公司的未来了。王石在业内的形象向来都是值得称道的，表现为有先见之明、做事稳中求进，这对万科地产绝对是好事

图 2-4 关键人物信息图

这样就避免了陌生感，而且有了王石在公众中树立的形象，你至少会觉得这公司更有亲切感。不论是机构还是一般投资者，在了解这些信息后，至少会对万科地产感觉更有底，一旦市场有机会，也就更敢于去投资。这就是领军人物魅力带给公司的在资本市场上的巨大影响力。

①王石自2017年6月30日开始不再担任万科地产董事会主席一职。图例截取自该时间点之前，仅供举例说明。

2. 首先看“人”，其次看“公司”，没有灵魂的公司是最可怕的

要坚决避免还没搞清楚公司的领军人物就盲目投资的情况，除非你只是进行超短线的投机行为。

笔者认为，作为操盘手，面对上市公司，先不管其公司到底是否够优秀，领军人物是否够优秀才是最优先考察的事项。只要领军人物优秀、有魄力，该公司就不容易倒，公司未来也值得期待。请记住，公司是靠人来经营的，没有了关键的“人”，那公司就仅仅是个壳而已，没有灵魂的公司是最可怕的。

3. 别忽略任职起始日，它可以让你对比过去，也可以让你清楚当下，更可以让你明白投资策略

图2–5圈中的“任职起始日”，是在“高层治理”栏目“人”方面必须清楚的问题。别小看这个问题，如果你不清楚任职起始日，就等于不清楚管理层过去对公司的影响到底有多大。而且从任职开始后公司在二级市场的表现，你要跟任职之前的表现做个对比，市场的表现就是高层能力最好的证明。

【4.高管简介】

姓名	王石	性别	男	学历	本科
职位名称	董事长	任职起始日	2000-09-16	年薪	2481000
持股数	6817201				
简历	男，1951年出生。1968年参军，1973年转业。转业后就职于郑州铁路水电段。1978年毕业于兰州铁道学院给排水专业，本科学历。毕业后，先后供职于广州铁路局、广东省外经贸委、深圳市特区发展公司。1984年组建万科前身深圳现代科教仪器展销中心，任总经理。1988年起任股份化改组之万科董事长兼总经理，1999年起不再兼任万科总经理。现任万科企业股份有限公司董事长				

姓名	郁亮	性别	男	学历	硕士
职位名称	总经理，董事	任职起始日	2001-02-16	年薪	2067000
持股数	4106245				
简历	男，1965年出生。1988年毕业于北京大学国际经济学系，获学士学位，后于1997年获北京大学经济学硕士学位。曾供职于深圳外贸集团。1990年加入万科企业股份有限公司。1993年任深圳市万科财务顾问有限公司总经理；1996年任万科企业股份有限公司副总经理；1999年任公司常务副总经理兼财务负责人；2001年起任公司总经理。1994年起任万科企业股份有限公司董事至今。现任万科企业股份有限公司总经理				

在“高管简介”这一栏里，我们能更清晰地认识到领导群众的经历与状况，这些信息有时候会对我们分析公司带来很大启发。王石与郁亮，一个董事长，一个总经理，配合默契，形象良好，公司前景值得期待

图 2–5 高管简介信息图

不少公司有时候会重组，管理层也会面临更替，一旦你看好的“人”出现在管理层里，对于该公司很可能是转机，二级市场上的投资机会便也开始显露。

清楚任职起始日，你才能够充分了解这个“人”在这公司是“元老”还是“新锐”，对操盘手而言才能搞清楚是要采取稳健投资的策略还是积极推进的策略。

如果是“元老”，在公司经营上大概率已步入正轨，使公司整体呈现出稳步上升的格局，如果要投资，策略当然是稳健为主；相反，如果是“新锐”，对公司经营则可能意味着大刀阔斧的改革，此时的公司是有机会突飞猛进的，如果要投资，则要考虑是否采取积极推进的策略与之配合。

（二）不比不知道

1. 万科地产的年线图就是一个生动的案例，反映出领军人物的关键作用

图2-6是万科地产上市以来到2008年底的年线图，读者很容易发现：复权价格从1996年到2008年，最低到最高足足膨胀了150倍。

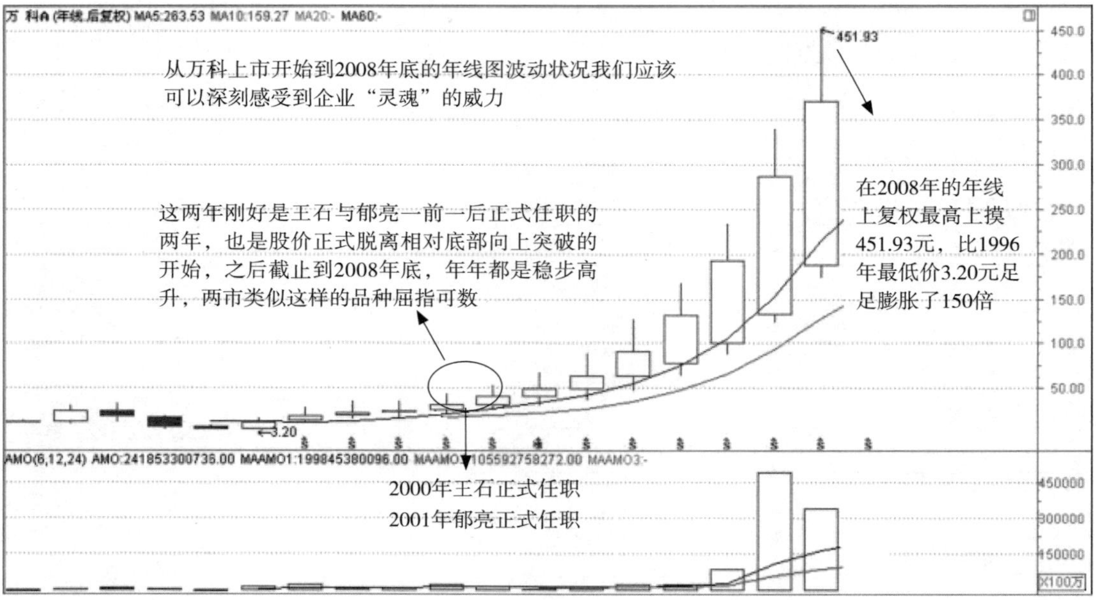

图 2-6　万科地产上市至 2008 年底年线图

再仔细观察就可以发现，二级市场上万科地产真正突破向上并开始加速的走势，发生在2000年与2001年王石、郁亮陆续正式任职的时间段。

这两年也是一个分界区，在此之前波动呈现的区间震荡不温不火，但之后就如坐上火箭一般突飞猛进、直上云霄，差别是非常明显的！

具体操盘上，如果要想在长期波动过程中抓住大牛股，关键就是要看清楚公司的领军人物是否具备“大牛”的特征。万科地产在领军人物正式开始任职前后二级市场的表现，

就是一个非常突出且鲜明的例子。

2. 不比不知道，一比吓一跳，看公司务必先看人

图2–7是上证指数从开始到2008年底的年线图，对比图2–6就很容易发现其中的区别，在于上证指数很曲折，时上时下，大起大落，至于万科地产，初期几年的区间震荡后就是一路向上，且越上越快。

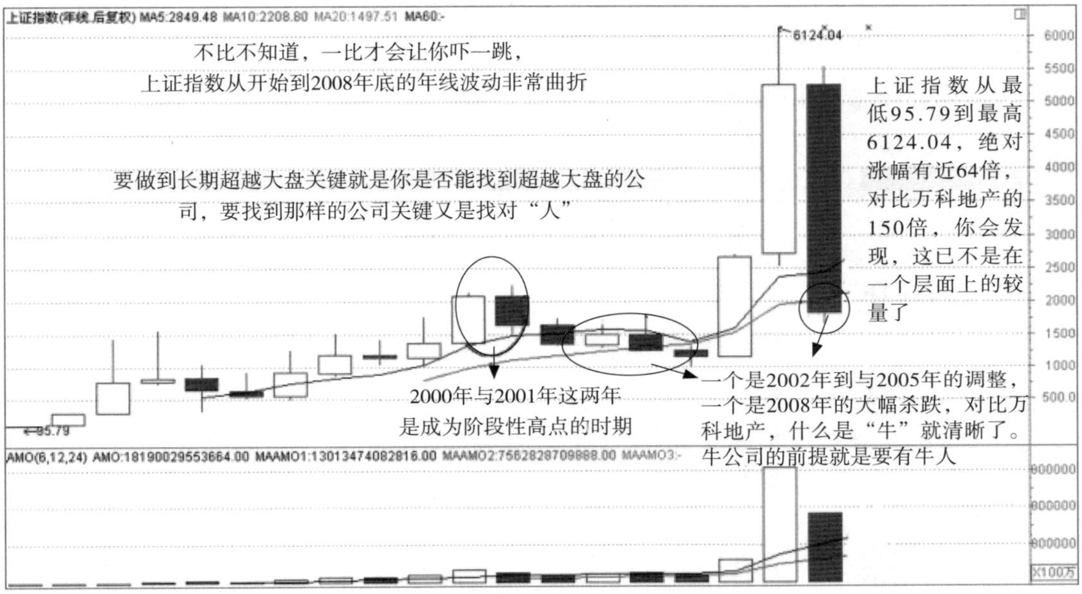

图 2–7　上证指数开始至 2008 年底年线图

想象如果谁能够从万科地产上市之初就一路持有，那么不仅是大幅跑赢市场，更是无惊无险一路疯狂。这样的投资，谁不羡慕？只是，除了原有的非流通股股东被迫一直持有到解禁外，二级市场上能做到的有几人？

通过这样的对比，笔者只是要强调，万科地产如此令人惊叹的二级市场表现，主要是有其公司的基本面作支撑，公司的基本面如此优秀，关键是掌舵者起到了灵魂作用。不比不知道，一比吓一跳，“高层治理”的操盘论道，就是要告诉读者：看公司务必先看人！虽然看似简单，但也蕴涵不少道理。在具体操盘过程中，一旦过了“人”这一关，策略自然就清晰了。

3. 小结

（1）一个公司中的领军人物很重要，他不仅关系着公司大的发展方向，同时也会对二级市场造成相当大的影响。选择公司的过程就是选择人的过程，所以投资者务必要做到看公司先看人。

（2）“掌舵者”的任职起始日很重要，要清楚目前的“掌舵者”是“元老”还是“新锐”，这将极大影响到具体操盘的阶段性策略应该是稳健还是激进的。

（3）领军人物就如公司的灵魂，没有灵魂的公司是可怕的。进一步思考，没有个性的灵魂其实也是可悲的，真正能够脱颖而出的公司不都是具有鲜明的个性标签吗?

（4）具体操盘过程中，虽然选择公司的过程就是选择人，但正如月有阴晴圆缺，人也有悲欢离合，人的状态势必会有起有落。再牛的人，也必然有状态相对低迷的时候，所以，有优秀领军人物的公司，肯定也是有周期的，具体投资过程中，别在疯狂中跟进，应在低迷中坚持。正如万科地产初期的发展过程很艰难，王石也无法充分发亮，但在这过程中，还是有人坚定支持王石，支持万科地产，如刘元生这位因最开始支持王石并一直坚守万科地产最终创造财富神话的股东，就是最好的例子。

三、市场随笔

（一）谈操盘手三点要求

当市场的波动未必立即如投资者所预计，甚至还出现跟预期波动相反的状态时，是最难受的，也是为什么很多人最后难以忍受，放弃原来的坚守，转而采取跟随市场的策略。这里，作为操盘手，需要对自己谈三点要求：

1. 如果市场出现跟预期相反的状态，你一定要给自己设一个底线，就是一旦突破该点，那么要坚决执行认输策略（一般投资者最大的特点就是没有底线，市场稍微剧烈波动一下，就很容易受影响而改变计划）。

2. 市场剧烈波动，只要没有触及底线，就严格执行原计划，耐住寂寞是必需的。

3. 一旦冲破底线并执行认输策略后，别着急马上跟随市场走，先总结好这次失败的教训，冷静一段时间，然后心态归零，再进入市场。

上面三点中，看上去最容易但却最难的就是第一条，人都有侥幸心理，更有不服输的心态，因此，每当市场走势破了设好的底线后，也未必就一定能够严格执行，总是希望再等等过后一切就会恢复正常。确实，有些情况是在突破底线后再稍微等待就回到原来预期的轨道上，但同样有种情况，当底线突破后，就真的开始转势了。如果没有严格按计划执行的话，往往会演变成难以控制的惨痛结果。笔者经历过，所以深有体会。为何说一个成熟的操盘手都需要一个过程，也就是因为这些，不经历风雨怎能见彩虹！经历过挫折的操盘手，只要能够再次爬起来，那就是一种大进步，更是一种成长起来的体现！

因此，具体操盘的过程中，经历一些失败并不可怕，可怕的是你不能够再次爬起来，自己被可怕本身击倒了。要真正做好上面三点，其实不容易，但这却是一个成熟操盘手必备的素质，因此，要成为好的操盘手，就从现在开始好好修炼自己。在此，强烈建议你进入期货市场接受“洗礼”，那里的“台风”绝对是十二级的，只要最终能够胜利出来，那就至少说明你已及格了。

（二）从“盲从”谈起

很多投资者都具有一种“盲从”心理，在笔者眼中，这是构成整个市场博弈环节的重要一环。虽然这里面蕴藏着不小的风险，很多投资者往往就是输在这里，但如果没有这一点，市场赢家与输家的精彩博弈也很难构成。

“盲从”本质上也是市场主力在博弈过程中充分利用了一般投资者的心理弱点。这是很难避免的，只要是人，就一定具有“盲从”的心理特征。当然，这也包含不少具有影响市场的大资金运作者。很简单，过去美国纳斯达克疯狂炒作网络科技股时，巨大的财富效应出现后，有几个投资者包括机构投资者能不为之心动而拒绝参与进去呢？

资本市场注定是胜者为王的市场，如何更好地理解市场中存在的心理弱点，将会在相当大程度上给予我们具体操作上的启迪。如何避免“盲从”心理，这首先要很好地理解市场的本质，如果你连市场的残酷性都没充分认识到，只是片面看到其蕴藏的巨大财富机会，那就说明你连第一步都还没做到。因此，要想真正避免“盲从”心理，第一堂课就是要充分认识到市场的残酷本质。

大学时代，笔者在市场上曾经遭受过几乎致命的打击，本质原因就是对市场的认识不足，犯错误的时候，并没有意识到该错误有可能带来的巨大损失，对市场的风险仅仅是停留在“套了不要紧，迟早会涨回去”的层次。也正是如此，才尝到十几元的股票最终跌到两三元的滋味。这还算是幸运的，有些股票从几十元滑落下来，最终退市，几乎一文不值，这滋味虽然没有尝到，但笔者想，有些投资者应该怎么也不会想到，这个市场竟然有那么大的风险。没错，笔者过去之所以遭受那么大的创伤本质上就是自己对市场的看法幼稚，希望现在不少刚进来或者已经进来一段时间的投资者，对此可以少走一些弯路。这可不是天上掉馅饼的市场，巨大机会的后面是巨大的风险，这是在任何时候都需要记住的一点。

第二节 “股东研究”，发现公司潜力

一、基础认识

（一）明白“主力”以及它存在的形式是什么

每个股票都有所谓的“主力”，什么是“主力”？有人说是庄家，有人说是大机构，更有人说是大资金。但有一点是大家都比较清晰的，那就是“主力”是能够影响到市场波动的力量。

“主力”其实就是能够影响到市场波动力量的集合。具体到个股，“主力”存在的表现形式往往就是那些大机构、超级大户等。

（二）别小看“股东研究”，主力运作的蛛丝马迹都可以在此找到，让你更容易把握属于自己的机会

在F10里，“股东研究”这一栏就具体展示了“主力”存在的表现形式和动向，研究“主力”的目的就是为了更好地感知“主力”的意图，从而更好地把握具体的机会，做到心中有数。

别小看这里，有时候非常关键，你也别以为公开信息中的内容时间滞后没有太大意义，事实上恰恰相反，很多“主力”运作的蛛丝马迹、长期思路，往往可以在“股东研究”里面找到。懂得分析和研究，你会更容易把握属于你的机会。

（三）明确各种报表信息滞后的最迟时间，要具体问题具体分析

“股东研究”中可以看到季报、半年报以及年报里面关于股东的最新变动情况（图2-8）。当然，这里具有一定的滞后性，季报一般不迟于1个月，半年报一般不迟于2个月，年报则一般不迟于4个月。

结合不同的公告信息和具体市场状态，同样可以揣摩到“主力”的一些意图，千万别以为滞后就没有什么意义。

对于“主力”资金而言，一个波段的周期往往都不会低于半年，因此，很多信息其实具有相当大的参考意义，就看你会不会具体问题具体分析。

股东研究	股本结构	风险因素	公司报道	行业分析
主力追踪	分红扩股	高层治理	百家争鸣	关联个股

研究好股东的最新状况让你更容易把握“主力”的动向

图 2-8 “股东研究”栏目示意图

二、重点剖析

（一）在“股东研究”中感受“主力”

1. “主力”多是一个“集体”，其构成要合理，太多或太少都不是好事

所谓“主力”，其存在的形式更多的是一个“集体”，而不是“个体”，孤军奋战是异常艰苦的，而集体作战就相对容易很多。

所以，你会发现，一家上市公司，如果有很多的机构或大户看好并参与，至少会有一些阶段性行情。相反，那些相对缺乏机构或大户资金关照的品种，波动则会显得低迷很多。

当然，这也并非代表机构大户资金越多该品种就越好，物极必反，很多时候由于在具体波动过程中，各自的步伐冲突会很大，从而导致自相残杀，最终行情走得难以令人期待，反倒可能“无疾而终”。

作为操盘手，关注“主力”的构成是很重要的，你要搞清楚上市公司目前的“主力”构成是否合理、自己能否采取跟随策略或出击策略，这些都是需要思考的。当然，最关键的还是上市公司的基本面，只要基本面能够支撑公司“本身的价值”，那么，大可不管其他方面，潜伏进去耐心等待上涨即可。

2. “股东研究”中必须注意三点：“股东总户数”“新进”“流通A股占比”

一是“股东总户数”，经过对比你就知道筹码是集中还是分散的了，这可以从侧面告诉你目前主力资金的动向（图2–9）。

截至日期:2008-12-31 十大流通股东情况 股东总户数:143688 户均流通股:2459

股东名称	持股数（万股）	占流通股比（%）	股东性质	增减情况（万股）
香港中央结算代理人有限公司	137389.69	99.02 H股	公司	-341.90
无锡市国联发展(集团)有限公司	1000.00	2.83 A股	公司	新进
三江航天集团财务有限责任公司	900.00	2.55 A股	财务公司	新进
上证50交易型开放式指数证券投资基金	415.61	1.18 A股	基金	-18.79
友邦华泰积极成长混合型证券投资基金	378.21	1.07 A股	基金	新进
易方达50指数证券投资基金	329.99	0.93 A股	基金	未变
华宝兴业行业精选股票型证券投资基金	314.50	0.89 A股	基金	-45.67
上海源海实业有限公司	303.12	0.86 A股	公司	新进
鹏华动力增长混合型证券投资基金(LOF)	299.99	0.85 A股	基金	新进
华商领先企业混合型证券投资基金	239.99	0.68 A股	基金	新进

合计持有4181.41万流通A股，分别占总股本的1.38% 流通A股11.84%

把这个数字看清楚，接下来要跟2009年第一季度对比，看是增加还是减少，从而明白筹码是否进一步集中

“新进”越多，信号越积极

前十大流通股占据流通盘的10%以上已经不简单了

图 2–9　江西铜业 2008 年年底报表

二是“新进”，所谓“新进”就是新进来的“主力”。这其实就是在最新报表中刚刚露脸的机构或大户，可以告诉你这些资金都是在上一期报表到最新报表期间介入进来的。你可以透过这个信号，揣摩他们的介入成本，再结合他们的持仓程度，来判断他们介入的真正意图。很多时候，一只个股大爆发的征兆就是从“新进”开始的。

三是“流通A股占比”，就是十大流通股东占据其流通盘的比重，这可以让你清楚地知道前十大流通股东的分量有多重。一般来说，比重越高，说明机构的投入就越多，未来行情就越值得期待，当然，不能过高，过高就物极必反了。另外，一定要减去上市公司本身持有流通股的占比，那不能代表运作资金的筹码，所以要减去。

3. 对比报表，可以让你更好地感知“主力”的思维

从江西铜业2009年第一季度报表（图2–10）以及2008年年底报表（图2–9）的对比来看，在2009年第一季度里，“股东总户数”减少了，筹码在集中；“新进”涌现了相当多的新面孔；“流通A股占比”也有了比较明显的提升，进一步说明进来的“主力”分量不轻。

截至日期：2009-03-31　十大流通股东情况　股东总户数：135678

股东名称	持股数（万股）	占流通股比（%）	股东性质	增减情况（万股）
香港中央结算代理人有限公司	137202.47	98.89 H股	公司	-187.22
三江航天集团财务有限责任公司	900.00	2.55 A股	财务公司	未变
博时价值增长证券投资基金	679.97	1.92 A股	基金	新进
泰达荷银市值优选股票型证券投资基金	650.00	1.84 A股	基金	新进
无锡市国联发展（集团）有限公司	600.00	1.70 A股	公司	-400.00
泰达荷银效率优选混合型证券投资基金	499.99	1.42 A股	基金	新进
博时新兴成长股票型证券投资基金	499.99	1.42 A股	基金	-50.00
中国太平洋人寿保险股份有限公司—普通保险产品	399.99	1.13 A股	保险公司	新进
泰达荷银行业精选证券投资基金	389.66	1.10 A股	基金	新进
博时价值增长贰号证券投资基金	337.92	0.96 A股	基金	新进

合计持有4957.52万流通A股，分别占总股本的1.64%，流通A股14.03%

股东人数比2008年底减少，充分说明筹码在进一步集中

比2008年年报比例明显提升，前十位流通股东达到近15%，已相当不错

图 2-10　江西铜业 2009 年第一季度报表

因此，从2009年第一季度的资料来看，该股未来很有可能增大而不是在减少，如果二级市场形态等配合良好，无疑会给具体操作带来更为确定的信心。在报表中，你能够找到更多支撑上涨或下跌的理由，最重要的是，你能够从中感知“主力”的运作思维，这对操盘是非常有益处的。

（二）“股东研究”与波动

1. 分析“股东研究”必须结合具体波动，才能让你对下一步策略更为清晰

要深入感知“主力”思维，在分析“股东研究”的过程中必须结合该股的具体波动，这样才能做到具体问题具体分析。

而通过股价波动的状况，你也可以估算出一些“新进”资金的持仓成本，整个形态结合“主力”最新动向给予的中期方向也将更明确，最重要的是，这会让你对下一步该怎么做、是走还是留的问题更为清晰。

2. “股东研究”内容结合市场股价波动的研判思路

由于季报的公布时间会有一定的滞后性，很多人担心有机构会打时间差，在季报公布日与季报统计截止日之间进行套现出局。确实，这是机构有时候会用的伎俩，因此要具体结合市场股价波动状况来进行研判，这其实就是为了更好地去判断一些主力的“思维”，从而更清楚地看清机构操作行为的本质。

如图2-11所示，结合“股东研究”资料，我们可以分析出以下三点信息：

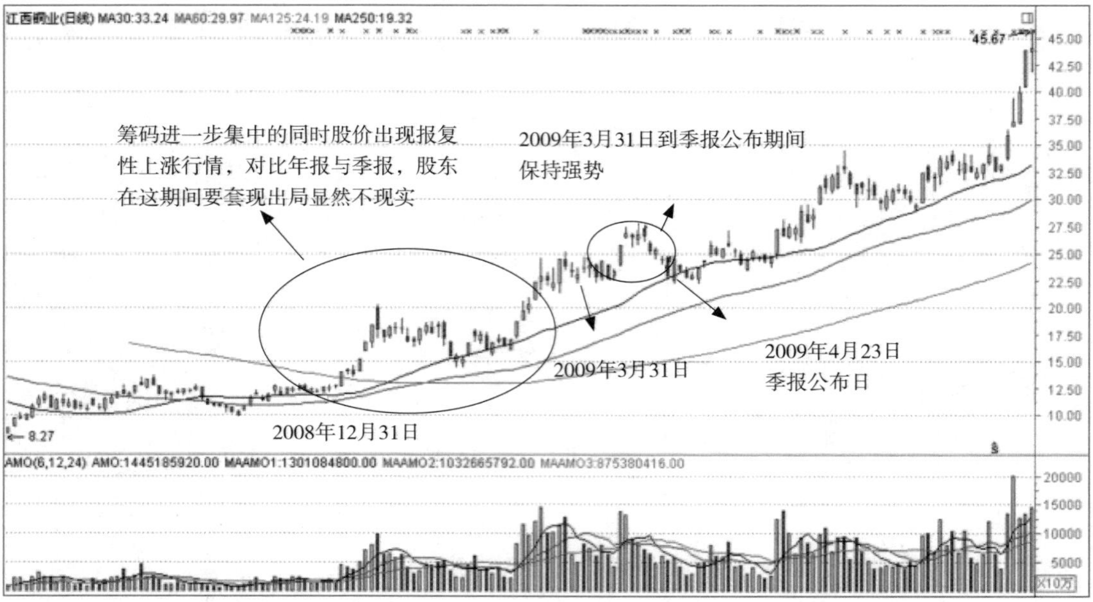

图 2-11　江西铜业 K 线图

一是：2009年3月31日到季度报表公布期间江西铜业保持着相对强势的状态，其间还有一波脉冲上涨行情，很显然，“主力”运作的痕迹比较明显，至少在这期间疯狂套现概率很小。相反，在这期间部分“主力”可能依然积极吸纳着筹码。

二是：从2008年底到2009年3月31日，在2009年第一季度，股价明显出现了恢复性上涨，结合筹码进一步集中的信息，我们也就能够理解恢复性上涨背后的一大原因，那就是不少“主力”资金在积极吸纳筹码。而从成交量较为集中和上涨比较明显的区域，我们可以感知“新进”主力的筹码平均成本应在15～20元之间靠中的位置。

三是：“新进”主力的筹码平均成本在15～20元之间靠中位置，结合3月31日到季报公布日的波动区域中轴在25元一线。显然，对于“新进”资金而言，套利空间并不大，出局概率也很小。再结合上文提到主力可能继续吸纳筹码的状况，该区域的波动价格在22～25元之间，我们就进一步得出不少新进“主力”的筹码成本必然进一步抬高，很有可能就落在了20元一线附近。这无疑预示着该股未来必然还需要有一番作为才能让其中的“主力”获利出局。

3. 以中国石化为例深入理解

（1）研究中国石化在一定程度上就等于研究大盘。

为了更好地深入理解“股东研究”，在此再举一个例子，那就是大盘权重品种中国石化。研究中国石化其实在一定程度上也就是在研究大盘，它的中期波动在很大程度上反映了大盘的波动，因此，很有研究的必要性。

（2）“新进”环节在大盘权重股中，不必深入，知道就好。

如图2–12所示，凡是大盘权重品种，针对十大流通股的“新进”这个环节大可忽略，知道即可，不必深入研究。道理很简单，能进入权重品种的十大流通机构，实力肯定不俗，这点根本不需要怀疑。在这里，过多纠缠在“新进”这个环节没有太大必要，除非是巴菲特基金等具有市场极大号召力的实力机构进驻，否则更多的是知道就好。

截至日期:2008-12-31 十大流通股东情况 股东总户数:1160809

股东名称	持股数（万股）	占流通股比（%）	股东性质	增减情况（万股）
香港（中央结算）代理人有限公司	1668768.20	99.45 H股	公司	-943.70
中国石油化工集团公司	867024.40	67.56 A股	公司	433512.20
国泰君安证券股份有限公司	37790.60	2.94 A股	证券公司	-336.40
融通新蓝筹证券投资基金	7646.20	0.60 A股	基金	新进
博时主题行业股票证券投资基金	7500.00	0.58 A股	基金	-714.20
上证50交易型开放式指数证券投资基金	5834.60	0.45 A股	基金	-324.40
光大保德信量化核心证券投资基金	5105.60	0.40 A股	基金	3506.10
全国社保基金一零二组合	5061.70	0.39 A股	社保基金	新进
易方达50指数证券投资基金	5033.40	0.39 A股	基金	-2050.00
上投摩根中国优势证券投资基金	4982.70	0.39 A股	基金	4856.63
合计持有945979.20万流通A股，分别占总股本的10.91%，流通A股73.71%				

大盘权重股看这两个数据就已经够了，能进入这里的十大流通股东实力肯定不俗。此外，有类似巴菲特基金之类的资金介入时应重点关注

图 2–12　中国石化 2008 年年底报表

（3）从三点去剖析中国石化。

①筹码是否趋于集中很重要。

“股东总户数”与“流通A股占比”这两个环节具有深入研究的必要性，如图2–13所示，对比图2–12可知，第一季度“股东总户数”比年报明显缩水，说明筹码在进一步集中。

截至日期:2009-03-31 十大流通股东情况 股东总户数:1006181 户均流通股:12755

股东名称	持股数（万股）	占流通股比（%）	股东性质	增减情况（万股）
香港（中央结算）代理人有限公司	1668562.10	99.43 H股	公司	-206.10
中国石油化工集团公司	867024.40	67.56 A股	公司	未变
国泰君安证券股份有限公司	38220.60	2.98 A股	证券公司	430.00
中国人寿保险股份有限公司—分红—个人分红—005L—FH002沪	7644.50	0.60 A股	保险公司	新进
博时主题行业股票证券投资基金	6500.00	0.51 A股	基金	-1000.00
全国社保基金一零二组合	5061.70	0.39 A股	社保基金	未变
同德证券投资基金	4640.60	0.36 A股	基金	290.00
上证50交易型开放式指数证券投资基金	4076.40	0.32 A股	基金	-1758.20
易方达50指数证券投资基金	4033.40	0.31 A股	基金	-1000.00
易方达科讯股票型证券投资基金	4000.00	0.31 A股	基金	2000.00

合计持有941201.60万流通A股，分别占总股本10.86%，流通A股73.34%

股东人数的减少是最为重要的，说明筹码集中

别被这里70%多的流通占比吓到，其实再减掉67.56%大股东本身持有的流通股才是真正的数据，一般情况下它们是绝对不会减持的，所以实际是不到10%的流通股

这里数据比2008年年报的73.71%要低，但这并不重要

图 2–13　中国石化 2009 年第一季度报表

②“流通A股占比”变动不大时影响可以忽略。

中国石化2009年第一季度“流通A股占比”比上年年报有所轻微下降，说明十大流通股的筹码出现一定的松动，仅此而已，但并不意味着全部筹码的分散，仅仅是针对十大流通股股东而已，幅度也很微小，对中国石化并不会构成什么负面影响，基本上可以忽略不计。

③“流通A股占比”的研究必须减去上市公司持有流通股所占比例。

有人可能觉得很奇怪，那就是“流通A股占比”的比例怎么如此之大，是不是机构高控。其实不然，仔细看，你就会发现56%～67%的流通A股占比是属于上市公司本身的，那是必须减去的数据，一般情况下上市公司尤其是这种大国企是不可能轻易减持的，那些筹码完全可以看成是锁仓不动的筹码。减去那一数据就可以发现，十大流通股东机构所占的比例其实还不到10%，仍有进一步增持的空间。

（4）“股东研究”要结合具体形态及主力底线来看。

①“股东研究”结合具体形态会让你更有信心。

当“股东研究”已经让你明白筹码在进一步集中时，结合具体的股价波动状况，图2–14圈中部分是中国石化K线在2009年第一季度的运行轨迹，与之前的探底走势一结合，你很容易发现，这完全就是一个双底形态，第一季度结束后刚好处于颈线位，而且大的形态已经呈现突破向上之势。此时，你应该明白，继续做多的胜算依然很大。图2–14中最后阶段大幅拉升的状况就是最好的证明。

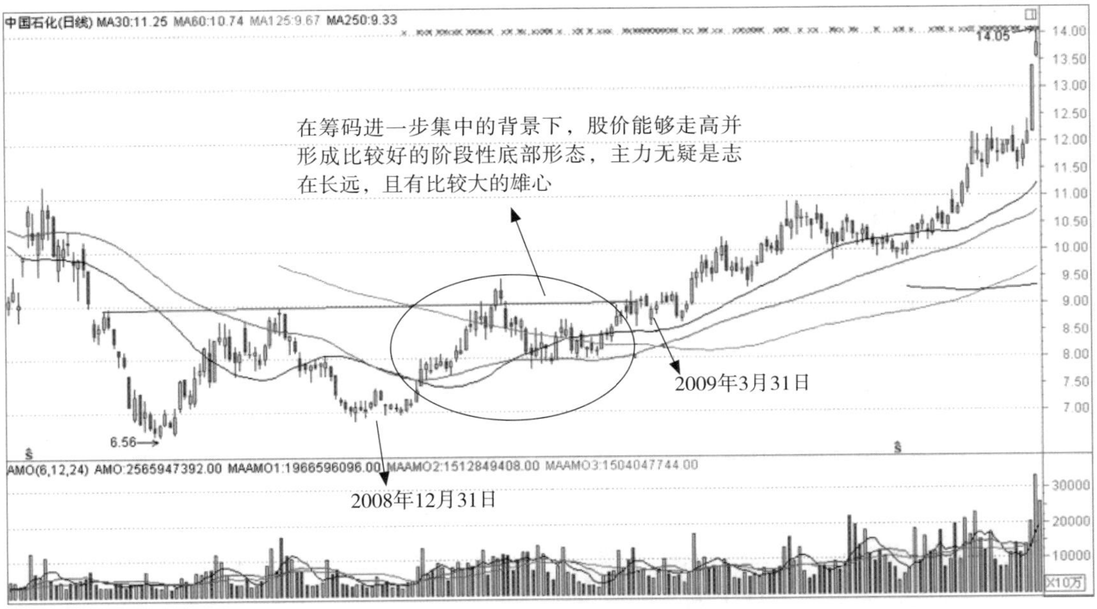

图 2-14 中国石化K线图

②找到“主力”的增仓成本区域，明白“主力”底线，揣测该股未来的空间。

“主力”资金在图2-14圈中部分进行增仓行为，本身截止到3月31日都没有大幅脱离其增仓成本区域，这也多少暗示了在接下来的波动过程中，势必至少还有一个拉高出局的过程。最重要的是，结合形态来看，该股最终的空间应不会太小，“主力”“志存高远”。

作为操盘手，务必要清楚一只个股本身运作资金的持股成本区域在什么地方，这非常关键。知道了“主力”的成本，也就至少知道了“主力”的底线。同时，你也可以从“主力”的成本区域进一步揣摩其未来想达到的空间，这对具体操盘的益处是不言而喻的。

（5）小结。

①“主力”其实就是能够影响到市场波动力量的集合，“主力”存在的形式更多的是集体，而不是个体，“主力”的品种太多或太少都不是好事。

②“股东研究”中必须注意三点：“股动总户数”“新进”以及“流通A股占比”。“股东总户数”说的是筹码集中情况，“新进”以及“流通A股占比”则更多是谈十大流通股股东。

③“股东研究”结合市场具体波动会更好，从市场具体波动过程中，你可以通过形态以及增仓筹码成本区域等更好地把握机会或回避风险。

④针对大盘权重股的具体研究，“新进”与“流通A股占比”各自的特殊情况是要学会运用的，“新进”可以忽略，“流通A股占比”则必须减去公司本身的流通股占比。

⑤这里更多的是从机会的角度去“操盘论道”，至于风险方面，思路其实是一样的，关注的要点等层面也是相同的。不一样的，是最终的结果方向相反而已。举一就要学会反三，看得到机会也就要懂得回避风险。牛市运行中，我们注重机会；熊市运行中，我们则注重风险。作为操盘手，内心对市场的大格局要有清晰的认识，看到机会的同时也要搞清楚未来可能产生的风险。

三、市场随笔

（一）“动静结合”乃赢家之道

某人持有某只股票。某日，一个大涨，使得某种品种的价格迅速脱离成本区；第二天震荡巩固过程中，这个人突然发现了一只新品种，直觉告诉他可能马上就要大涨；这时候，回头看看那只震荡巩固没有太多波澜却已获利的品种，这个人没有多加思索就转而换成新品种。理由很简单——这个获利套现，刚好又有新的机会，何乐而不为。

这样做无可厚非，如果选择的新品种真的马上大涨，那么，这个决策非常英明。只是，每一次都能这样成功吗？答案显然是不确定的。

试想一下，经常这样做的人，面临失败的概率是不是会增大呢？失败的概率增大，收益是否就会逐渐缩小，最终什么也没有得到甚至亏损呢？如果经常如此操作，失败的概率会很大，但只是偶尔这样做，那失败的概率则会大大减小。

当然，如果懂得运用一些分析手段以及保持良好的心态，出击成功后懂得吃大波段的话，那么，最终综合起来，还是有超过50%赢的概率。

所以，当我们选择的品种大涨后，最好的方式并不是急着套现换新品种，而是耐心等待它给你更多的回报。如果每次都是急着换新品种，迟早都会碰到一些让我们输的新品种，操作越多，错的概率就越大。相反，如果耐心等待，不急于操作，这个选择成功的品种带给你的回报完全有可能大大超出预期，从而奠定更为坚实的赢利基础，步入良性循环状态。

只要该品种仍有上涨的潜力，那就耐心等待吧，很多时候，稍微再多等待一下，激动人心的上涨行情就可能在那里等着我们了。

不过，现实中依然还有很多人热衷且频繁地操作。为何？其实本质上就是短视，经受不住一些活跃品种的诱惑，没有太多耐心去等待所选品种的进一步上涨。也有部分人是喜欢“动”起来的感觉，没“动”起来就好像没在资本市场，是赢是输反倒成为其次了。

有个比较综合的方法，那就是“动静结合”。将大仓位的至少80%留下来“不动”，另外20%保持“动”的策略。这样，至少有80%的仓位做“后勤保障”，20%是输是赢的问题也就不大了，但同时也可以让你“动”起来，保持对市场的敏锐。

（二）机会属于谁

在资本市场里，机会能看准却不能把握到，这是一种遗憾，也是一种无奈。

遗憾的是虽然看准机会但行动没有配合好，无奈的是虽然看准机会但无法行动。为何行动会没有配合好？其原因是：不够果断，该买进没买进；心态不稳定，该坚持没坚持。为何会无法去行动？其原因是：已经在其他品种中脱不开身，机会天天有不能每个都把握；刚好有事外出，不在盘面上无法看盘等等，人算不如天算。

不能奢求太多的机会，但只需要懂得把握好某一次重要的机会。有时候，一次就够了，这一次的机会就可以为你长期的运作奠定赢的坚实基础。

有些机会没有把握到，也没必要患得患失，这说明那个机会可能不属于你，是你的就是你的，不是你的强求也没用。

把握机会前，问问自己：是否真的做足了准备？是否真的用心去博弈？是否真的使出了全力？如果都是的话，也就没有遗憾，问心无愧了；如果不是，就需要好好反省一番了。机会没有把握好，很多时候不是机会不照顾，而是自己不懂得珍惜。

在资本市场上的命运如何，是需要你去参与、去争取与把握的，而不是坐着就会有机会降临在你头上的。没有付出就没有收获，一分耕耘一分收获，“天下没有免费的午餐”，任何机会或成就都需要自己全身心地参与和付出。

这个世界有人说不公平。笔者认为，不公平的其实不是这个世界，而是你看待这个世界的眼光。

第三节 “主力追踪”，把握先机

一、基础认识

（一）“主力追踪”的分量不轻

既然是“主力追踪”，那么，关于“主力”动态的很多信息就基本涵盖在此。研究股票的波动，很多时候就是研究“主力”的思维、揣摩它们的动向，所以，你应该清楚这个环节在整个F10体系里分量有多重。这里的信息就是为了让读者能够更好地理解“主力”的思维，从而更好地去把握“主力”的动向。

（二）熟悉的一眼带过，找到适合自己并且有价值的信息才是真

在这里涉及的面较为广泛，“机构持股汇总”“股东户数”“持股明细”以及“异动上榜”这四个小项目，不一定要面面俱到。对于一些已经了解和自己较为熟悉的信息可以采取一眼带过的方式。研究并把握好F10，很重要的一点就是看你能否找到适合自己并且有价值的信息。

（三）没有一刀切的分析方法，只有具体问题具体分析，必须结合形态去感知一切

仅仅是研究这里的信息，显然很难知道“主力”思维的全貌，必须跟具体波动的形态结合起来。坚持具体问题具体分析，不依靠一刀切的分析方法，这是操盘手必须清晰的一点。

市场博弈是非常激烈的，通过“主力追踪”，读者不仅能够感受到一些主力的操盘手法，更能感觉到“主力”之间博弈的激烈程度。最终赢家只有一个，或者是多方，或者是空方，必须透过这里的信息与形态来感知最终的赢家会倾向于何方，从而先人一步地去把握市场机会或回避市场风险。

“主力追踪”栏目如图2–15所示。

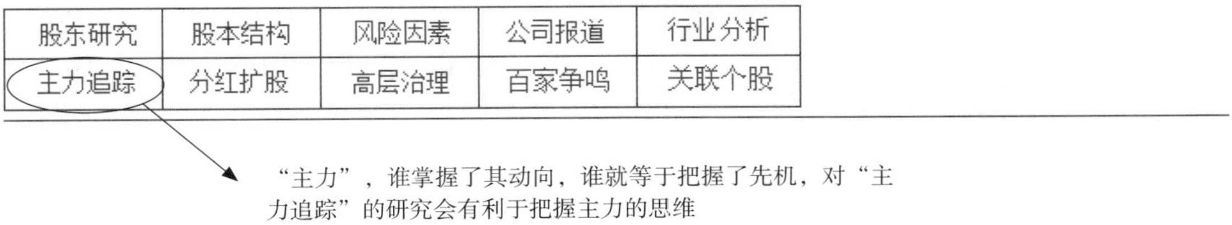

图 2-15 “主力追踪”栏目示意图

二、操盘论道

（一）如何把握“主力机构汇总”与“股东户数”

1. “主力机构汇总”有很大的参考价值

“机构持股汇总”里基金是一个最重要的角色，但不是绝对唯一，其他机构的能量也是不可或缺的。一只品种能够走牛，基金并非唯一决定力量。上面的所谓机构基本上是公募机构，很多私募包括个人大户（类机构）等并没有包含进去。这更多的是对主流机构的一种汇总解读，有很大的参考价值。

2. “主力机构汇总”参考价值的具体把握方法

如图2-16所示，我们可以很清楚地知道基金对江西铜业持股比例的变动情况。

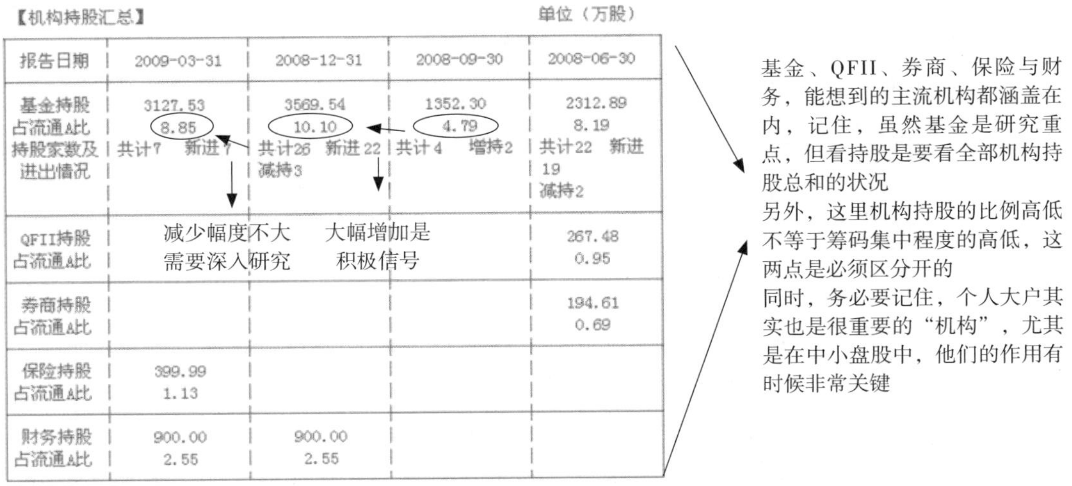

【机构持股汇总】 单位（万股）

报告日期	2009-03-31	2008-12-31	2008-09-30	2008-06-30
基金持股 占流通A比 持股家数及进出情况	3127.53 8.85 共计7 新进7	3569.54 10.10 共计26 新进22 减持3	1352.30 4.79 共计4 增持2	2312.89 8.19 共计22 新进19 减持2
QFII持股 占流通A比				267.48 0.95
券商持股 占流通A比				194.61 0.69
保险持股 占流通A比	399.99 1.13			
财务持股 占流通A比	900.00 2.55	900.00 2.55		

注：以上数据取自基金持股和公司十大流通股，季度数据未包含基金持股明细。
最近一期数据可能因为基金投资组合或公司定期报告未披露完毕，导致汇总数据不够完整。

图 2-16 “主力机构汇总”参考价值图

基金从2008年的第三季度不到5%，到2008年年底突破10%的比例，大幅增长异常惊人，这样的状况，能不爆发一波行情吗？

如图2-17所示，透过此图，读者更要清楚的是，如果市场一直在下跌，读者要判断具体什么时候才是真正的阶段性底部。除了其他分析手段外，这也是一个非常值得充分把握的方法。

【2.股东户数】
【股东户数】

截至日期	股东户数	户均持股	较上期变化	筹码集中度
2009-03-31	135678	12830	无明显变化	非常集中
2008-12-31	143688	12114	无明显变化	非常集中
2008-09-30	139467	11974	无明显变化	非常集中
2008-06-30	144390	11565	无明显变化	非常集中
2008-03-31	140115	11918	无明显变化	非常集中
2007-12-31	132911	12564	趋向分散	非常集中
2007-09-30	86136	19387	趋向集中	非常集中

筹码集中度有提高

大幅下降验证历史

这里的数据其实在“股东研究”里已经能够看到，所以如果已经心中有数的话，这里可以一眼带过
当然，这里有个不一样的好处，那就是能够追溯到的历史时间长，更有利于验证一些过去的历史，以及做出一些对比
筹码集中度很关键，这将让你更容易知晓更深层次的信息，有时候，机构的持股数据的好坏未必就等于筹码集中度的好坏，市场除了一般意义的机构外，还有更多潜伏的“机构”，如个人大户等

图2-17 “股东户数”示例

没错，就从机构的最新动向去揣摩市场的未来。至少，有了这个信息，读者在判断阶段性底部时会更加胸有成竹。当然，读者要举一反三，在判断阶段性顶部的过程中，把这里的数据倒过来看就可以了。

另外，这里要特别强调的是，如果在基金环节看不出太多端倪，读者就必须放大去看，也就是综合所有机构持股状况来对比。如图2-16，当2008年底与2009年第一季度对比基金减少幅度不大时，可以把下面的机构数据都加起来看，其实2009年第一季度增加了1.13%的保险资金占比，实际上机构汇总的比例依然是非常接近的。这说明这只股票仍可能蕴藏相当多的机会。有些时候，我们不能只是看表象。这就是在此环节也必须把握的“综合汇总判断”的方法。

3.“主力机构汇总”千万别迷信

市场存在着不少非主流机构的重点品种，但却一样能走强。它们是什么力量造成的？不就是私募或个人大户所造就的吗？所以，千万别片面认为“主力”就是上述内容中汇总的。潜伏的“主力”力量其实并不弱，只是无法从这里获悉而已。

因此，读者要辩证地看待这个小环节，如果有具体且充分的数据，那么就可以利用；如果没有，机构参与程度很低，也别太小看或武断地做出结论。读者应从更多的角度去解读、去判断，这样才能最终形成一个比较正确的结论。

4.“股东户数”更能反映“主力”的运作动态

当读者通过“主力机构汇总”对“主力”的思路并不是很容易就做出比较明确的判断

时，或者想要更多确定的数据来支撑时，不妨把眼光放到“股东户数”上。

“股东户数”趋于分散或集中更能反映“主力”的运作动态。道理不复杂，不管是主流机构还是非主流机构，只要读者看好并想搜集更多的筹码，必然会造成市场流通筹码趋于集中的状况；相反，则是趋于分散的状况。这是非常真实且有杀伤力的数据指标。

作为操盘手，看待“股东户数”的变动比看待“主力机构汇总”更重要。千万别被“主力机构汇总”所迷惑，毕竟有些品种基本上是没有什么主流机构参与但筹码又相对趋于集中的。有时候，这样的品种爆发性可能更大。

5. 对比图2-17，思路会更加清晰，从而可以学会从蛛丝马迹中感知“主力”的思路

在图2-17中的“股东户数”和“户均持股”数据里，江西铜业2009年第一季度比2008年底的筹码集中趋势有所抬高，图2-17中因基金减少持仓，但总的持仓，汇总差不多带来的困惑迎刃而解。很显然，“主力”资金虽然有调整，但筹码呈现进一步集中的趋势，这充分说明“主力”资金的运作思路还是保持较为激进的策略，没有退缩，反而有所进攻。

这无疑对判断江西铜业未来走势有非常积极的意义。可以说，来到这里，思路就变得更为清晰，至少可以感知到“主力”坚定做多的思路的阶段性问题不大。作为操盘手，如果能从一些蛛丝马迹去感知到“主力”的运作思路，其实离成功就更近一步了。

6. 追溯历史长，可以让我们更好地研究过去

这里的不少数据其实在“股东研究”中就有所体现。如果有人已经在“股东研究”中对这些数据了然于胸的话，这里是完全可以忽略的。记住，把握好F10就是要找到适合自己且有价值的信息，而不是盲目地什么都去找，那样会感到很混乱。思路务必要清晰。

当然，这里有个好处，就是能够追溯的历史比较长。比如2007年第四季度6000多点见顶，这里就可以看到江西铜业的“户均持股”从2007年第三季度到2007年年底的数据，一对比就会发现，“户均持股”一下子从19387到12564，那绝对是暴跌的状况。如果能够看清这里的数据，就会对中期绵绵下跌的判断更了然于胸了。

（二）主力机构的派系、气势以及风格

1. 用“物极必反”的眼光去看待“主力”

在一只个股里如果“主力”太多，大家步调不一致，很多时候波动就会显得很反复、很僵持，最终必须有“主力”主动退出，才能变得顺畅起来。任何事物都要从两方面去看待，对待“主力”也是如此。

2. 两个“学会”：学会总结机构的派系与学会感知机构的气势

“机构持股明细表”里的信息，其实在很多地方都可以看到，如果读者已经了然于

胸，一目带过即可。

只是，在这里需要特别注意的是，研究这些机构的过程中，读者要懂得总结，基金虽然很多，但其实很多基金品种都隶属于一个体系。虽然它们产品不同，但步伐往往较为一致，至少利益上不存在冲突，不会自相残杀。

观察图2-18，发现那么多基金其实是两个“系”里的基金品种，而且这两大系已经把持了相当的筹码，都派各自重兵进驻。这至少说明机构不是太杂，而是比较少而精。这时读者感觉不到志在必得的气势吗？作为操盘手，透过具体机构股东的持股状况，要学会感觉到其中的气势，这将有利于你在具体操盘过程中果断决策。

【异动上榜】
【2009-06-24】6月24日日涨幅偏离值达到7%
涨跌幅(%):8.99 成交量(万股):3051.47 成交金额(万元):96148.20
买入金额最大的前5名：

营业部名称	买入金额(元)	卖出金额(元)
东吴证券有限责任公司杭州文晖路证券营业部	112337088.14	
申银万国证券股份有限公司深圳金田路证券营业部	64799999.78	
招商证券股份有限公司深圳南山南油大道证券营业部	54145427.86	
国泰君安证券股份有限公司深圳益田路证券营业部	53468963.98	
申银万国证券股份有限公司湖北武汉中山路营业部	42424851.62	

著名的实力机构营业部，很多短线牛股出自其手笔

买盘上榜的最低额度上了4000万元，第一位更是上亿元

卖出金额最大的前5名：

营业部名称	买入金额(元)	卖出金额(元)
招商证券股份有限公司广州天河北路证券营业部		15319996.68
申银万国证券股份有限公司上海新昌路营业部		13467461.02
机构专用		12960000.12
国信证券股份有限公司深圳泰然九路证券营业部		8972459.88
国泰君安证券股份有限公司台州临海证券营业部		8847983.12

机构专用，说明有机构抛售

卖盘的机构才1000多万元而已，第一位卖出上榜的额度也才1500多万元而已

图 2-18　机构持股明细表分析

3. “来者不善”，透过机构性格去看运作

能够成“系”的机构，都是大机构。

大机构敢于重兵进驻，所以，一旦发现有大机构进驻，你除了要感受到其气势外，同时也要去研究其大本营，到底是什么样实力的机构，以及其过去的运作风格，这将有利于你对该股未来波动的把握。

人都是有性格的，机构是由人把持的，因此也必然有性格，所以当你了解机构的性格

之后，就可以很好地揣摩它未来的运作方式，从而有利于你的具体博弈策略。

（三）“异动上榜”的奥秘

1. “异动上榜”可遇不可求，一旦遇见就要找到一些蛛丝马迹

“异动上榜”（图2-18）这个小栏目在对“主力”研究的过程中，是不容忽视的。很多时候，如果不是特别疯狂，大多数个股是很难上榜的，所以就算想透过这里来研究也没有办法。因此，这里的研究可遇不可求，但一旦遇到，必须要好好研究一番，从而找到一些蛛丝马迹。

2. 着重利用两点去感知，“造假”概率很低

一是看清机构。要去看看有哪些实力机构进驻或撤离了，这可以告诉我们到底是什么类型的人在做。

二是对比数额。要去对比到底买卖上榜的绝对数额与个别数额哪个占据绝对优势。通过对比可能可以告诉你市场的“主力”站在哪一边。

当你较为清晰地感知到这两样数据之后，就能够透过主力机构的性格以及投入的兵力，感知其背后的意图。是“进”还是“退”，是“短”还是“长”，都能够发现一些蛛丝马迹。这也是作为操盘手必须具备的一种感知能力。

当然，不能排除这些数据有“造假”的可能。所谓“造假”不是说数据有误，而是一些主力利用一些席位做出一个假信号。不过，一般情况下，这样的概率不大，除非结合其他信号综合起来“造假”，那就要警惕了。

3. 结合形态、结合自身场内场外以及主力、非主力，综合做出操盘策略

如图2-19所示，结合形态一直是笔者所强调的，这里也不例外。透过图形就很容易搞清楚该次涨停发生的时机与阶段，结合具体状况，可以做进一步观察，等待最好的战机。

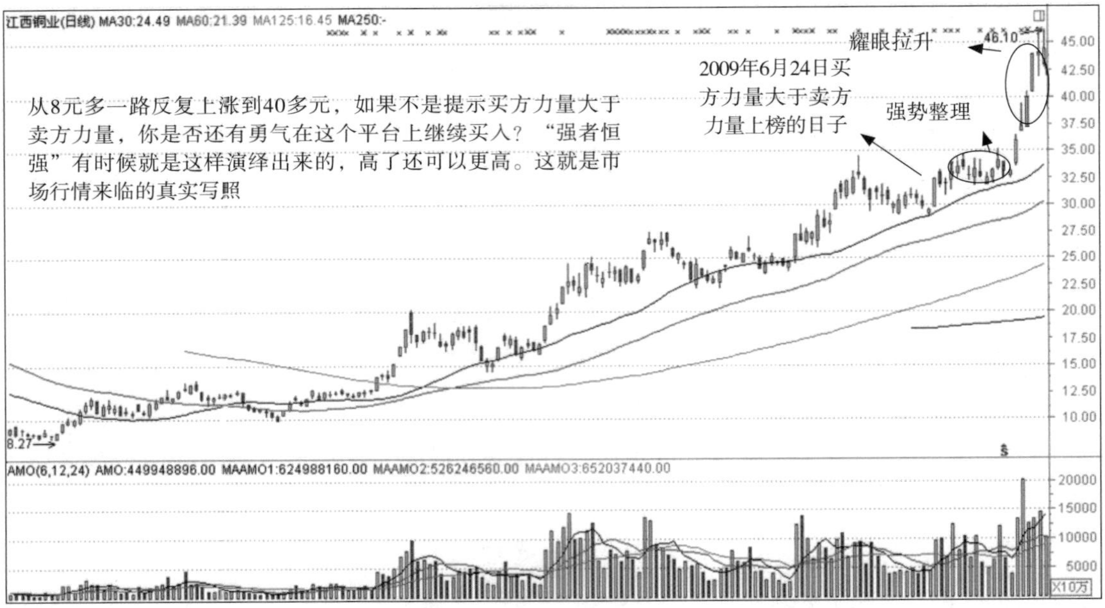

图 2-19　江西铜业涨停时机与阶段分析图（1）

涨停后“主力”并不急于求成，反而是稳扎稳打地构筑了一个强势震荡平台，直到第14个交易日（包括涨停交易日）后才再次向上发起猛烈攻击，从而出现耀眼的拉升阶段。

对于场外资金，在这个过程中，要做的就是等待进一步猛烈上攻带来的确认信号，前面的数据已经告诉你有实力机构进驻，想象空间已经打开，拉涨只是时间问题，这就必须耐心等待。当然，激进点的操盘手也完全可以在震荡过程中潜伏，只是到了那时主动权就不在自己手上了。

对于场内资金，面对如此状况，有一点是必须清晰认识到的，那就是该品种还可能有较大空间，大波段策略可以继续执行。只要不破位，强势震荡过程中不理它即可。作为操盘手，要清楚自己所处资金的位置以及自己在该品种里扮演的角色、资金到底是场内还是场外、角色到底是主力机构还是非主力机构，结合具体情况制定出相应的策略。

4. 强者恒强，要搞清楚背后的原因，千万别做赌徒

如图2-20所示，把图的视野再放大，就会发现原来江西铜业已经从8元多一路反复震荡上扬到20多元，此位置发生了“6・24”涨停上榜事件，然后强势整理再耀眼拉升。扪心自问，如果是场外资金，当刚出现“6・24”涨停，并且已经很清楚从最低价格区域到“6・24”涨停其已上涨近4倍，敢在那之后跟随进去吗？

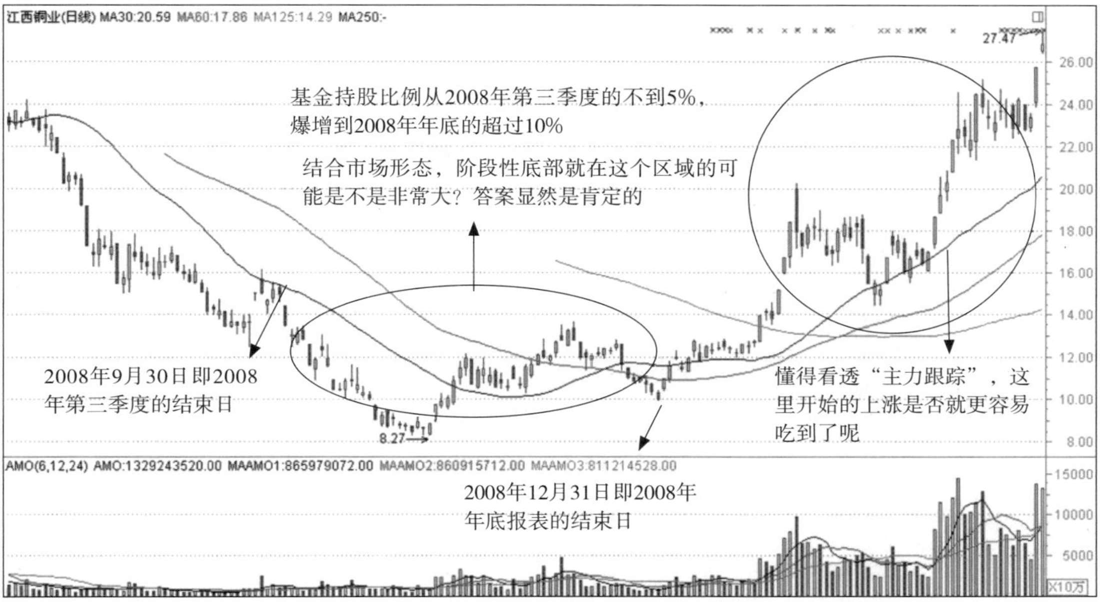

图 2-20　江西铜业涨停时机与阶段分析图（2）

强者恒强就是这样演绎出来的。当你还在疑惑时，可能股价已经又上升到新高度，这就是行情来临时的真实写照。只是，想想之所以能做到敢于买进，是因为研究后胸有成竹，还是仅仅因为你觉得还能涨这种类似"赌徒"的方式。作为操盘手，"赌徒"式买进或卖出是非常危险的。

（四）"主力"的思维和"主力"的三个类型

1. 在简单的结果前面看出不简单，感知到的东西才是最重要的

很多时候，市场演绎的结果看起来很简单，但在此过程中，市场却充满着曲折。很多人有时候结果达到了，往往会忽略过程，或者根本不理解过程。此时，你要清楚仅仅是运气好把握住了结果而已，至于下一次是否还能那么幸运，要打个问号。

看不透过程和对过程没有真正感知的人，最终结果可能就是赢那么一两次，要成为长久的大赢家则非常不现实。

所以，在简单结果前面，透过曲折可以感知到什么才是最重要的，作为操盘手更是如此。

2. 回顾曲折背后的全过程，剖析"主力"运动的思维

如图2-21所示，站上22元大关，筹码进一步集中，但机构筹码出现大换手。很明显，有个曲折的过程在其中，具体如何倮作就必须结合图2-22与图2-23进行感知了。表象的背

后总有原因，关键是能否感知到“异动上榜”的信息以及盘中的具体形态，两者结合，将会给读者一个较为清晰的答案。

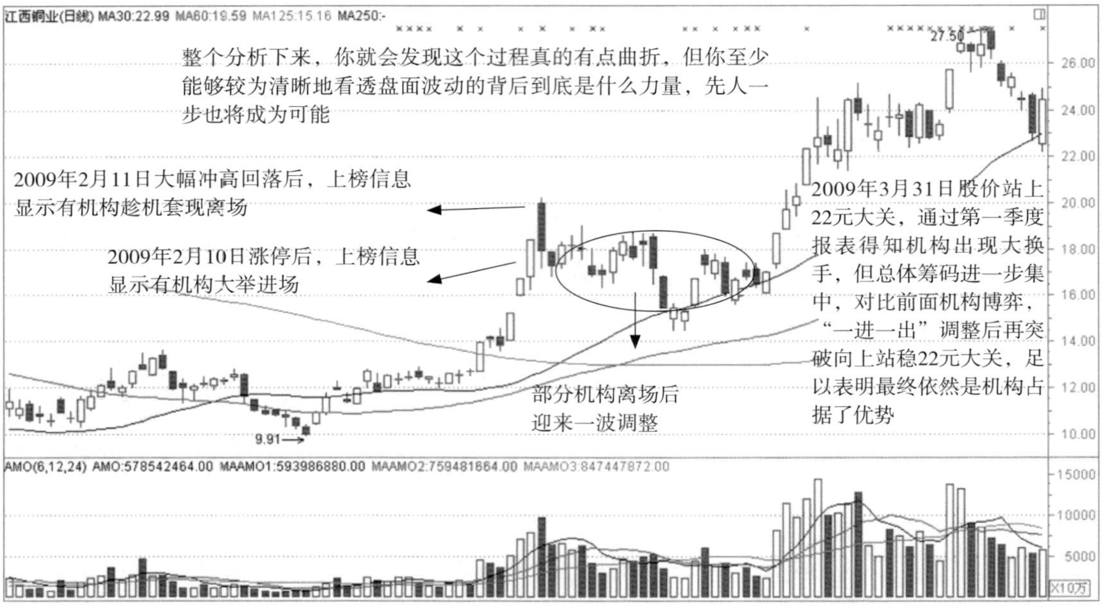

图 2-21　江西铜业“主力”运动思维分析图

【2009-02-10】2月10日累计涨幅达20%
涨跌幅(%)：2.17 成交量(万股)：12265.39 成交金额(万元)：201688.56
买入金额最大的前5名：

营业部名称	买入金额(元)	卖出金额(元)
机构专用	109497863.88	
中国国际金融有限公司北京建国门外大街证券营业部	36334146.06	
中信证券股份有限公司深圳新闻路证券营业部	28155441.75	
东北证券股份有限公司长春前进大街证券营业部	24861108.82	
机构专用	24760447.96	

卖出金额最大的前5名：

营业部名称	买入金额(元)	卖出金额(元)
东北证券股份有限公司长春前进大街证券营业部		34708778.15
中信证券股份有限公司深圳新闻路证券营业部		26804797.44
海通证券股份有限公司上海周家嘴路营业部		25056133.14
中信证券股份有限公司上海沪闵路证券营业部		22428772.60
机构专用		17306074.00

综合对比2009年2月10日的上榜数据可以发现，虽然买卖席位中都有机构的身影，但总的来说买入力量是远大于卖出力量的。买入席位第一的资金投入过亿比卖出第一席位几千万高几个档次就是充分证明

图 2-22　机构持股明细表分析（1）

【2009-02-11】2月11日振幅值达15%
涨跌幅(%):0.00 成交量(万股):5360.22 成交金额(万元):97979.74
买入金额最大的前5名:

营业部名称	买入金额(元)	卖出金额(元)
海通证券股份有限公司上海周家嘴路营业部	28472341.59	
国泰君安证券股份有限公司上海威海路证券营业部	18229895.90	
东北证券股份有限公司长春前进大街证券营业部	12470068.17	
国信证券股份有限公司深圳泰然九路证券营业部	8059236.30	
招商证券股份有限公司深圳建安路证券营业部	7593243.67	

卖出金额最大的前5名:

营业部名称	买入金额(元)	卖出金额(元)
广发证券股份有限公司广州环市东路证券营业部		53606125.06
机构专用		53521571.75
机构专用		36746476.37
机构专用		32183140.90
机构专用		17878169.44

2009年2月11日的信息表明机构成为卖出的“主力”部队，同时总的卖出数额远大于买入力量。这说明当天不少机构采取了疯狂套现策略，这对后市短期显然是不利的，也从一个侧面说明不少机构资金较为短浅

图 2–23　机构持股明细表分析（2）

2009年2月10日，江西铜业疯狂上攻并封死涨停，该天盘后上榜信息如图2–24所示，买卖席位均有机构，说明机构已经出现意见分歧；买入席位数额远大于卖出席位数额，说明机构买入力量占据绝对优势，有不少机构非常看好。

2009年2月11日，放量大幅冲高回落，该天盘后的上榜信息显示如图2–25所示，非常戏剧性。该天卖出席位上基本都是机构“主力”，说明不少机构“主力”套现欲望强烈；卖出席位数额远大于买进席位数额，说明机构卖出力量占绝对优势，有不少机构比较看淡。

透过两天比较戏剧化的上榜信息，操盘手应该可以感知到，在目前这个区域机构资金已经出现严重分歧。从大手笔买进到大手笔卖出，博弈相当激烈，虽然有机构在此位置进场，但肯定有机构在此位置离场。为何离场？看看图2–23就能够理解了，从不到10元的价格一路奔到20元附近，获利已经达到一倍有余，部分前期低位潜伏的机构资金势必有强烈的套现需求，也就容易理解套现离场了。

部分主力机构离场信号一出，短期对市场的影响很快反映在股价波动上，之后20个交易日都处于调整状态。此时，应选择观望。当20个交易日调整结束后再往上攻击，并再次刷新高点时，你就应该可以再次感知到2月10日新进机构开始发力了，整个思路也就开始清晰起来：机构进行了一定的换手，新进“主力”仍有再做一波行情的欲望。最后，结合第

一季度透露出来的信息可知，机构大换手，筹码进一步集中，应能感知到新进“主力”必将在未来再掀波浪，耐心等待即可。

作为操盘手，你要清楚认识到：是否具备洞悉曲折背后的能力呢？是否能感知到“主力”的运作思路呢？如果能够看透这些，操盘手在具体操即可是能够占据先机的。

3. 看清“主力”的三个类型，充分感知盘面，让自己的思路清晰起来

透过上面的剖析，读者们应该明白，很多时候，“主力”并非一成不变的，每个阶段。“主力”可能都不尽相同。这些分阶段的“主力”更多的都是一种跟随“主力”，本身不是真正长久运作该股的“主力”，属于“过客型”。

类似这些“主力”，在具体波动到一定阶段时，就会对该品种产生一定的震荡影响。“主力”有三种形态，第一是长久运作该品种的“主力”，笔者定义为“主人型”的“主力”。它尽全力把震荡逐步化解并最终再次主导整个盘面。当然，这个过程需要投入相当的“兵力”。第二是场外“新主力”，它能够认同并参与进来，平衡掉震荡的影响，最终也能再次进入上升轨道。第三是“主人型”主力与场外“新主力”合力抵御并再次控制住盘面，从而最终继续进入上升轨道。实际情况更多的都是这种“合力”情形，毕竟总有一些场外资金能洞悉其中的门道，采取联合作战的策略。

每每震荡剧烈的过程，往往都是“新主力”“过客”与“主力”之间较为复杂的博弈，看最终谁能成为最后赢家。在整个形势不太明朗之前，读者可以去感知谁的实力更强，提前感知清楚可以大胆采取跟随策略，不过，最稳健的策略依然是形势较为明朗后采取跟随策略。不管如何，如果是跟随者，记住，充分感知盘面的一切，让自己在博弈过程中能够占据先机，胸有成竹，不至于迷茫、无所适从。

当面对全局思路不甚清晰之时，最好的策略就是休息等待，等思路再次清晰之时再采取相应的策略——继续等待或者主动出击。

（五）小结

1. “主力机构汇总”中的基金状况是重点，要注意综合分析。“主力机构汇总”有参考价值，但别太迷信。

2. “股东户数”更能反映筹码集中状况，要学会从这里去感知“主力”的蛛丝马迹，其历史的可追溯时间比较长，方便回顾过去。

3. 以物极必反的眼光去看待“主力”，学会总结机构的派系与感知机构的气势。机构都是有性格的，就如人一样。

4. 面对“异动上榜”，一要看清机构，二要看清数额，充分感知多空双方的博弈状

况。这个信息，在很多时候都很有价值，可遇不可求，需要重视，其发生“造假”的概率并不大。

5. 看任何数据都要结合形态，具体问题具体分析，要结合盘面才能更为清晰地感知“主力”思维，如此才能够占据先机。

6. 简单结果的背后是曲折，你要感知到什么才是最重要的。“主力”在具体博弈过程中扮演三种角色，剧烈震荡往往都是三者激烈博弈的结果。

7. 在“主力追踪”这个环节里，其实大部分数据都是较为滞后的，除了“异动上榜”较为及时外，更多的信息披露都要经历一段时间，因此，很多时候，其起到的作用更多是长远指导，以及回顾思路，真正短期或者是超前的指导意义并不大。因此，要肯定数据的意义，但同时更要清楚认识到，光靠这些是远远不够的，操盘手需要更多的基本面数据，以及技术面等配合。

以上数据，在特定情况下的关键时刻有其独到的作用，这个环节对于形成“海陆空”全方位的操盘本领，是不可或缺的。资本市场如浩瀚大海，一切都要一步步来，形成体系的过程是需要沉淀的。

三、市场随笔

（一）勇敢地站在最危险一方

最危险的时候也可能是最安全的时候，最安全的时候也有可能是最危险的时候。在资本市场上，这跟“在别人贪婪的时候我恐惧，在别人恐惧的时候我贪婪”的意思是差不多的。前者表达较为含蓄，后者表达更为直接。

市场暴跌，没人愿意买股票，好像处处危机，但此时或许就是最安全的时候，大胆介入，可能就是未来赚钱的开始。

人到了绝境，随时可能崩溃。此时，如果冷静思考，作为局外人，别人的绝境就是你最好的潜伏时机，救他人的同时也给予自己极大的机会。

很多人可能觉得股票的绝境不够恐怖，尤其是在中国的资本市场，似乎总是“死不了”，总是能“起死回生”，最终输的只是时间而已，只要时间足够，基本都不会输或者输得很少。

如果换成期货市场，那就完全是另一个状况了，那里没有“死不了”的情况出现（除非你资金无限多），只要方向出现较大错误，而且仓位也比较重，那么，绝境就随时摆在你眼前。

此时，博弈的双方必须是要让另一方彻底消失才算真正的成功，这是一个殊死相搏的市场，关键时刻的情况是非常剧烈也是非常惨烈的。而且可以说，只要在期货市场上操盘足够久，总会碰到很危险的状况。此时，必须要做的，就是控制好风险，可以“壮士断臂”，在“死亡”来临前牺牲一部分换取生存，也可以等到最后一搏，不过，这最后一搏如果失败，就不是“断臂”那么简单了。

不管哪个状况，风险都是无法回避的。只是，再怎么亏，只要“活着”就还有希望，也就还有翻身的机会。

此时，如果是作为局外人，就很容易发现谁是最危险的一方，伴随着最危险一方的输，新的机会则又开始酝酿其中了。投资者要站的位置，不是看上去最安全的赢家一方，而是最危险的输家一方。道理不复杂，赢家经过这一战役，虽然获胜，但也元气大伤，新的博弈分子很快要降临，站在赢家一方，随时可能被重击。市场没有永恒的赢家，只是谁赢得多而已。

如果是局外人，请勇敢站在最危险的一方，黎明就是在黑暗之后来临的。

（二）如何面对暴涨

看到一只股票暴涨，不少投资者心中必然是羡慕的，他们会问：为何自己的股票不能如此呢？或者就算自己的股票也如此了，但自己可能很早就落下马了。笔者相信，这应该是一个较为普遍的现象。

做股票一定要懂得去静心分析，一只股票暴涨，肯定是有原因的，如果花点时间去研究，就可以知道个大概。知道原因并不难，只不过很多人不知道这些原因对股价的影响力，这就涉及更深层次的问题了。在我看来，对该股“主力”运作思路的分析也是很关键的，也就是说这只股票本身在市场的地位是什么样的，比如，如果是3G板块中的龙头，那么目前启动它的意义是什么，前期筹码收集是否充分，是否也洗过了浮筹，这些问题如果经分析后得出的答案都是肯定的话，那么，目前启动的概率是很大的。换句话说，暴涨到一般人难以置信的可能性会很大。具体到操作上，可以追涨，更可以坚定持有。当然，整个市场氛围是否适合炒作这一板块也是相当重要的，如果整个市场关于这方面的实质性利好消息很多，那么，不持续暴涨都很难。研究透了，有时候就可以做到几乎无风险获利。

既然暴涨已经可以实实在在分析出来了，那么，具体暴涨到什么程度呢？什么时候才是卖出的最佳时机呢？首先，要知道“主力”做到什么样的价位才具有比较大的获利空间，“主力”筹码的成本基本上在什么价位，这些是一定要弄清楚的。毕竟任何资金来到这个市场，最终的目的都是追逐利润，而且是利润的最大化。一般来说，在具体运作一个品种时，特别是龙头品种，没有翻一倍的成功炒作空间是很难吸引资金介入的。一般来说，其龙头品种至少翻倍是可以预期的，而且这往往是最低目标位。分析到这里，投资者也就明白最低拉升目标位了。具体在操作上，如果没有什么大的理由促使它不再上涨，坚定持有待其至少翻一倍的策略是完全可行的，特别是其在进入主升浪的时候，看到两个涨停、三个涨停甚至四个涨停的时候，别心动卖出，记住最低目标空间，到了这个目标空间再具体问题具体分析。

当翻了一番后，是否就要采取卖出的策略呢？答案显然是否定的。在此，保持清醒的同时顺应趋势就可以了，在趋势没有出现明显的改变之前，不妨继续坚定持有，因为在很多情况下，翻了一倍后最终往往还要再翻番，这就叫“疯狂过后还要疯狂”。在市场对这一板块的热情还没有完全消退之前，主力也是完全可以顺应潮流继续做多，毕竟资金是要追求最大利润的，有机会继续上为何不上呢！当然，来到这里，心态也就显得非常关键了，虽然获取了一倍的利润，但一定要有一颗平常心，时刻保持“利润是数字”的心态，这是很有必要的。如果怀有那种患得患失的心态，最终将很有可能在之后的震荡过程中被洗出局。

保持好一颗平常心，一直持有下去，但毕竟顶部或者说阶段性高点是一定会来到的，那么，什么时候才需要去警惕和出局呢？首先，重要的高点往往都是在投资者情绪极度疯狂的时候产生的，当到了成交量剧增且涨得很疯狂的时候，那么就要开始警惕了，毕竟大的成交量就已经意味着不少筹码在选择卖出，而且在疯涨的背景下采取如此策略，其背后的意图很明显，阶段性派发获利筹码将难以避免。当然，市场毕竟是有惯性的，这时候还可以再观察一下，但已经是要高度警惕的时候了。其次，在接下来继续冲高的过程中如果开始出现明显滞涨的话，那么，这就已经意味着趋势将随时有可能改变，这时候则应该要准备减仓了，一旦出现比较剧烈的下跌，特别是整个上升趋势已经被破坏的时候，那么，趁反抽或者就在下跌的过程中，毫不犹豫地派发出去，虽然目前可能离最高点已经有了10%以上的距离，但要做的依然是出局。在此，投资者一定要明白的是，不要奢望出在最高点，别想从头到尾都吃尽，吃够“鱼身”就已经很不错了，做股票要留有余地，留些空间给别人，否则太计较的话，最终失去的就是全部利润。做股票如做人，某种程度上就是这样的。

第四节　“百家争鸣”，寻找爆发题材

一、基础认识

资本市场操盘准备过程中，除了技术面研究外，不能忽视的是基本面研究。基本面的环节有很多，其中“百家争鸣”是一个可以快速找到基本面爆发题材的好地方（图2–24）。

要学会从“百家争鸣”中结合市场未来找到真正有价值的信息，这是一种很实用的实战能力。水平越高，把握好机会的能力也就越强。这也是作为一个操盘手提升对基本面敏锐反应力的锻炼场所。

“百家争鸣”里的信息在不同的阶段要懂得辩证地看待（图2–25～图2–28）。这里的信息都是公开信息，也都是免费信息，背后或多或少都带有其机构的利益思维在里面，切记不可盲目按其结论进行操作。要找到其重要的信息，然后综合市场做出自己的判断。在市场疯狂的时候，重复提及一些已经兑现或未兑现的基本面题材，都要多一分冷静，切记不可贸然依照其分析而加入做多的战场，这是兵家大忌。

在市场较为低迷的时候，那些被提及的各种基本面题材，需结合市场未来有可能发生的动态，才具有相当的价值，此时，这些信息是可以为我所用的。

平时要懂得搜集个股基本面的要点信息。这些要点就等于是它们的题材，在特定的市场环境下，是有可能被市场充分挖掘并进行炒作的。要明白，一只个股突然爆发，往往是基本面状况（题材）受到市场热捧造成的，此时如果能找到一些相关联的题材个股，短期不就具有了很大的跟进价值吗？

最新提示	公司概况	财务分析	股东研究	股本股改	风险因素	公司报道	行业分析
公司大事	港澳分析	经营分析	主力追踪	分红扩股	高层治理	百家争鸣	关联个股

这个栏目也有叫“分析评论”的，或其他，总之，
就是各机构对该品种的研究分析

图 2-24 “百家争鸣”栏目示意图

【2008-11-19】

周三大盘并未受到周二大跌影响，在小幅低开后震荡走高，股指再次站上2000点，市场人气逐步聚集，短线有望继续冲高，操作上不妨积极关注受利好影响的内需受益类个股，如业绩优良的潜力个股中海海盛(600896)。

中海海盛与中海发展同为中国海运集团旗下的骨干企业，大股东表示适时将内部的优质资产注入公司，支持其不断做强做大.拥有总储量达22500吨的四座散装沥青库，有亚洲规模最大，总吨位达33500吨的沥青运输船队的支持，经营实力强劲，受益于国家巨额投资路桥建设(600263)，公司经营前景看好。

值得一提的是，公司还涉足高新技术产业，公司投资2000万元参与发起创立清华紫光科技创新投资有限公司，同时涉足证券业务，实行资本运作，公司持有招商银行(600036)股份，重仓持有招商证券股份，投资成本较低，招商证券IPO08年9月8日已上会，一旦上市将为公司带来丰厚的投资收益。

二级市场上，近期该股底部持续放量，受到30日中期均线有效支撑，走出阳包阴的强势上攻形态，不妨重点关注。

“创投”与“招商证券股权”

图 2-25 分析评论示例（1）

【2009-02-10】

今天大盘强势上涨，且指数以最高点收盘，显示了市场中做多动能充沛，明日大盘有望冲击2300点一带，但也应该看到今日尾盘中石油拉升过大，明日冲击2300点遇阻回落的概率较大。消息面上显示现在新股发行制度马上要改，而制度完善之后管理层应该会重启IPO，从而加强资本市场的投融资功能，在此预期之下，一些IPO受益品种成为热点，像今日涨停的大众交通600611就是这样，除了有前期涨幅有限的因素之外，主要可能还是与市场期望其参股的光大证券可能会很快IPO上市有关，另一方面，航运龙头中国远洋601919也连续涨停，这也与波罗的海干散货运价指数(BDI)强劲反弹支撑其行业复苏有关。按此思路出发，投资者可适当关注一些受益于IPO重启且涨幅偏小的个股，特别是其主营业务还有利好支撑的品种。

例如我们认为中海海盛600896就是这样的个股。公司为中国海运集团旗下的骨干企业，是海南省规模最大的航运企业，整体经营实力强劲，市场上近期波罗的海干散货运价指数(BDI)的强劲反弹说明了航运业前期需求严重萎缩、供给大量增加导致的悲观情绪得到了缓解，市场出现好转，行业的复苏也给公司的经营发展带来了较强的支撑。另一方面，公司还持有大量的招商证券股权，而招商证券A股IPO申请之前也已通过证监会审核通过，成为了近5年来继光大证券之后第二家成功通过IPO发审委审核的证券公司，后市一旦招商证券IPO启动，公司有望成为市场热点。此外，公司拥有清华紫光科技创投公司股权，随着创业板渐行渐近，公司有望进入创投收获期。

这样一支受益行业复苏且受益于券商IPO重启和创业板推出的个股，近期涨幅较小，后市应有较大的补涨空间，投资者逢低可少量关注。

两大题材依然醒目

图 2-26 分析评论示例（2）

【2009-02-17】

由于市场获利回吐压力过大，短期市场将出现调整，操作上，建议投资者关注一些总体涨幅不大，但其具备一定题材尚未被充分挖掘，后市在震荡中有望被投资者所关注，补涨机会比较大。重点可关注，中海海盛(600896)，公司为中国海运集团旗下的骨干企业，整体经营实力强，而且该股具备众多题材，想象空间巨大。

扩张能力强，前景良好

公司是海南省规模最大的航运企业，与中海发展同为中国海运集团旗下的骨干企业，拥有总储量达22500吨的四座散装沥青库，有亚洲规模最大、总吨位达33500吨的沥青运输船队的支持，经营实力强，去年公司股东大会同意中国船舶工业集团公司、广州中船黄埔造船有限公司建造六艘33000载重吨散货船，所建船舶在投入使用后将更新及增加公司经营海南运输市场的散货运力，满足海南运输市场未来对散货运力的需求，提高公司在散货运输上的持续经营能力，发展前景良好。

题材众多，想象空间巨大

公司还持有大量的招商证券股权，而招商证券A股IPO申请之前也已通过证监会审核通过，成为了近5年来继光大证券之后第二家成功通过IPO发审委审核的证券公司，后市一旦招商证券IPO启动，公司有望成为市场热点。此外，公司投资2000万元(占8%的股权)参与发起创立清华紫光科技创新投资有限公司，并且参股设立中国海运财务公司，在全球金融危机影响下，有利于公司拓展融资渠道，强化资金集中管理，降低和规避资金风险，提升财务与资金管理水平。

招商证券股权与创投题材继续“发光”

顺势回调，仍有上涨空间

二级市场上，公司股价近期延5日线持续上涨，昨日受到市场调整压力该股顺势回调，技术上该股均线系统具备较强支撑力度，由于该股还具备创投概念，后市一旦调整到位后有望继续受到投资者青睐，可积极关注。

图 2-27　分析评论示例（3）

【2009-03-05】

周三沪深大盘在连续下跌后迎来强劲反弹，而随着市场对经济产生新的向好预期，券商板块及参股券商板块有望因此充分受益，而一旦市场行情好转，券商股IPO也有望重新启动，相关受益品种将成热点，建议关注中海海盛。

公司为海运集团旗下的骨干企业，也是海南省规模最大的航运企业，整体经营实力强劲。值得关注的是，公司还持有大量招商证券股权，一旦招商证券IPO启动，将给公司带来巨大投资收益。与此同时，公司还持有招商银行股权。此外，公司还拥有清华紫光科技创投公司股权，随着创业板渐行渐近，公司有望进入收获期。作为一家集参股券商、银行和创投概念一身的个股，建议适当关注。

【出处】浙商证券　【作者】陈泳潮

【2009-02-18】

由于市场获利回吐压力过大，短期市场将出现调整，操作上建议投资者关注一些总体涨幅不大，但其内在题材尚未被充分挖掘的品种，其后市补涨机会较大，可重点关注中海海盛。

公司是海南省规模最大的航运企业，与中海发展同为中国海运集团旗下的骨干企业，股东背景好，经营实力相当强劲。值得关注的是，公司还持有大量招商证券股权，后市一旦招商证券IPO启动，公司有望成为市场热点。此外，公司投资参股创立清华紫光科技创新投资有限公司，具有创投概念。

近期该股沿着5日均线持续上涨，昨日随大盘回落而顺势回调，但均线系统具备较强的支撑力度，后市有望强势补涨，可积极关注。

两大题材依旧反复曝光，时间已是2009年3月5日

图 2-28　分析评论示例（4）

二、操盘论道

（一）理解“大局观”

操盘一定要先有“大局观”，明白此时是否处于值得研究的区域。如图2-29所示，大

的暴跌之后，在弱势反弹后出现了相当时间的横盘震荡格局，这其实已经告诉我们，该品种的周期波动形势已经发生微妙变化，至少从持续下跌转变为横盘抵御下跌。

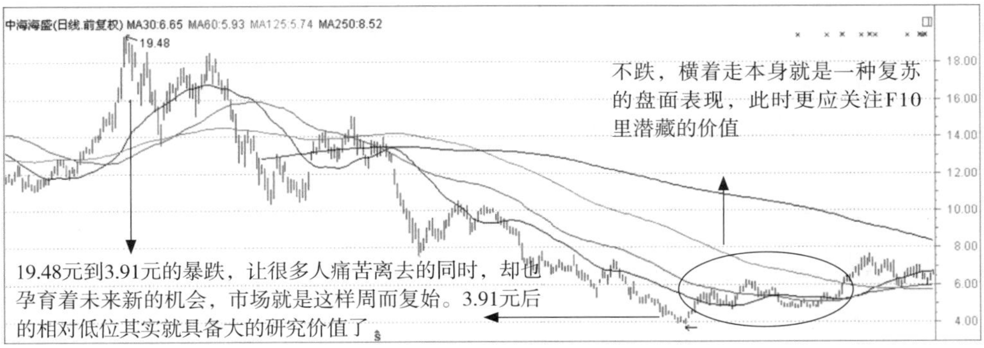

图 2-29　横盘抵御下跌股示例——中海海盛

不管如何，此时的波动区域至少也是个相对低点，这里也具备运作一波行情的盘面基础，只是要看大的市场环境配合与否。

要学会从F10中找到需要的题材。既然是相对低点波动区域，而且也具备运作一波行情的基础，那么，从F10里找到未来有可能值得期待的爆发题材，不就是一件非常自然且不难的事情吗？透过其他机构的眼睛来看其未来确实存在的题材，一旦曝光或市场波动达到可以炒作的时候，它至少具备很好的群众基础，更容易获得比较好的阶段性涨幅。

（二）感受大环境

操盘要确定与大环境的关系。2008年11月7日到2009年3月26日，那时的大环境正是市场演绎反弹行情的时候，尤其是踏入2009年后大盘那种跌不下去震荡盘升的状态，更可以确定一波具有相当力度的反弹行情正在演绎中。图2-30圈起来的区域，让人可以充分感觉到，在大环境开始转暖背景下，该股总体走得不激进，更多的是一种稳健。如果这背后潜藏一些未来具有爆发的价值，那此时的稳健波动不就是最好的潜伏区域吗？

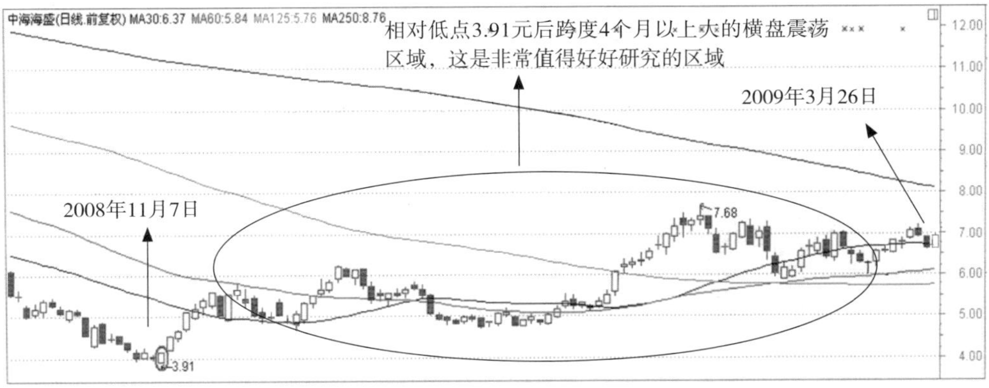

图 2-30　稳健波动股示例——中海海盛

（三）如何理解题材

1. 学会从各种题材中找到价值

图2-24～图2-28就是从F10里获取的，题材是“招商证券的股权”与“创投”这两点。为何选择这两者，要结合当时的市场状况，那就是市场已经很久没有IPO了，而且创业板要在2009年推出。随着反弹的不断深入，有些事情是必然会发生的，那就是IPO的重启与创业板的推出。

这两个必然事件都是发行新股，而上述两大题材正好是迎合了这样的思路，都会给该上市公司带来积极意义，尤其是“招商证券的股权”可能会更具“震撼色彩”，毕竟“创投”的投入资金并不算多。

不管如何，这两大题材，在市场未来不断演绎的过程中，势必会被充分挖掘。只要大环境没有急剧改变，这只潜伏在相对低位的个股随着时间的推移，最终获胜的概率极大。

2. 清晰认识交易价值

题材终归是题材，并不意味着经营上的极大改进，因此，你一开始就要有清晰的认识，那就是这纯粹冲着“交易的价值”而来，并非真正意义上“本身的价值”。“本身的价值”最终还是要落实到其主营业务带来的实际收益。

因此，有一点要切记，运作潜伏的本质是做反弹，冲着大环境阶段性转暖，必然事件的发生将会刺激个股未来爆发，从而采取阶段性操作策略。因此，一旦进入爆发阶段后，要做的就是在相对高点全部套现。

（四）坚定持有与不可恋战

如图2-31所示，在2009年3月26日后，虽然貌似有突破启动迹象，但由于市场真正IPO启动的时间还没真正到来，因此，该股又进入一种震荡状态。那时，务必要有耐心，做股票，

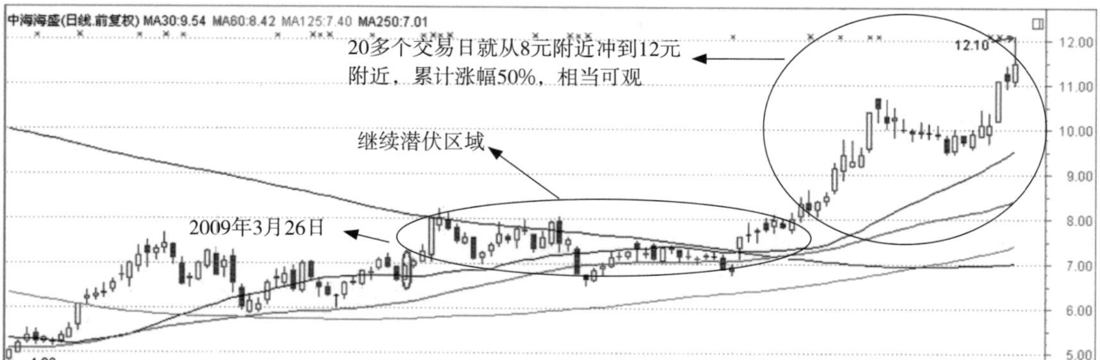

图 2-31　震荡状态股示例——中海海盛

很多人输就输在没有耐心。这里，可以把握一个原则——只要题材未充分炒作，只要股价依然较为稳健，只要没有触及自己的底线，那么，就坚定持有之，耐心等到真正爆发的日子。

要明白，一旦爆发，随时都可能超过巴菲特年平均30%左右的收益，这个诱惑怎么不值得耐心等待？只是，很多人太贪心，总想赚到更多的收益，到了最后，可能什么也没得到，一场空。成熟的操盘手，一旦选择后，专一是其重要特征，因为他能清楚识认到什么才是自己最熟悉、最能把握的机会。

大环境转暖背景下，必然事件的逐步临近必然会促使相关题材的躁动，从而带来爆发走势。图2–31第二个圈中部分就是这样的一个经典诠释。那时，已经进入2009年的6月初，市场已经确定IPO的开闸，新股也陆续推出，市场随之憧憬招商证券的发行，从而带来一波较为凶悍的上攻走势。

（五）小结

对于整个阶段性过程，仔细回味，温故知新，举一反三，最终融会贯通。图2–32是整个阶段性运作过程的全景图，时间跨度也就是2008年11月7日至2009年7月11日，历时大概8个月，但你可以发现，最低到最高的绝对涨幅是超过200%的。作为大资金来说，选择在图2–32的最底部圈中区域耐心进行潜伏，200%的收益不敢说，但100%的收益却是完全可能的。

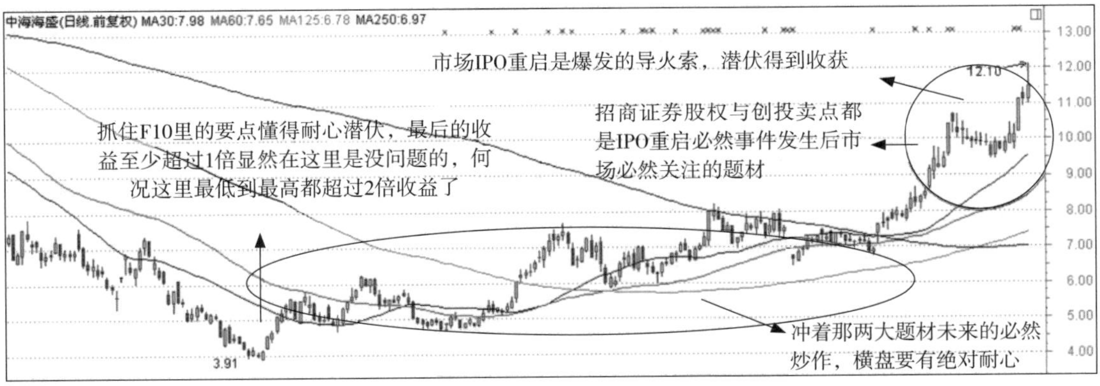

图 2–32　2008 年 11 月 7 日至 2009 年 7 月 11 日中海海盛股市趋势分析图

对于流通盘达到近6个亿的中海海盛，别说几个亿，就是十几个亿的大资金潜伏进去，都不是太大的问题。当然，考虑到具体操盘过程中，筹码太过集中不利于流通，将大资金分配几个亿进去是比较合理的一种配置方式。

“耐心潜伏”是整个运作过程中最大的特点。从上图可以发现，真正激进爆发的过程也就是进入6月后的那个阶段，其余大部分时间处于一种不温不火，但重心却不断悄然上移的波动状态。

对于那些激进、没有太多耐心的操盘者而言，前期的潜伏阶段可以说就是一个充分洗盘的过程，让大部分缺乏耐心的人彻底出局，让那些具有耐心的操盘者继续潜伏，直到最后爆发一波行情。那时，激进、没有太多耐心的投资者可能回来了，具有耐心的则可能趁机获利出局。谁是最后的赢家，操盘者至少在这个全景图中，应当很清楚。

第五节 “公司概况”与“经营分析”，了解基本情况

一、基础认识

（一）交易别盲目，基本情况就从“公司概况”与“经营分析”里去寻找

面对一家上市公司，如果你在交易前，连其最基本的情况，如经营业务、公司地址等都不清楚，不是盲目是什么？很多人喜欢忽略最基本的情况，更喜欢去研究其形态等因素，这就好比一个人连马步都站不稳，就要去研究“九阳神功”一样，无基础、无根基的研究最终只会让人变得更盲目、更投机。

因此，面对一家上市公司，准备交易前，请记得跟自己说“要先搞清楚要该公司基本情况是什么”。在F10里，“公司概况”与“经营分析”就是让你了解一家上市公司基本情况的地方。

（二）别小看基本情况，炒作过程中，价值会很突出

有些人喜欢忽略基本情况，也有些人虽然不忽略基本情况，却对基本情况看不上眼，总觉得这里的信息无关痛痒，没有太多价值。其实这是非常错误的，尤其是在操盘进入深化阶段，市场热点非常热闹的状况下，这里的价值将变得非常突出。为何？道理很简单，在炒作过程中，当区域板块火爆的时候，读者是不是要从这里探寻相关信息呢？当参股题材火爆的时候，是否要从这里研究相关机会呢？当行业板块火爆的时候，是否要从这里探寻经营中是否有关联机会呢？其实，这些信息都是有用的，就看读者懂不懂得去利用与把握。

（三）功夫更多需要平时积累，基本资料是用不到的时候也需要去看、去研究的

这里的内容（图2-33），平时就应该经常去翻阅，就好像在练基本功一样，翻阅越多印象越深，一到关键时刻反应也就越快，把握机会也就越容易。要知道，一旦相关行情爆

发，有时候就要看平时的积累够不够了。不能临时去抱佛脚逐一寻找，那样虽然有时候也能把握不错，但终归不踏实，更应该在平时就多加研究，多点心眼。尤其是对于自己熟悉的领域，更应如此。

只有平时充分积累，才能在遇到关键时刻发挥奇效。切记，基本情况，不是要用时才去看，而是平时也需要去看、去研究。

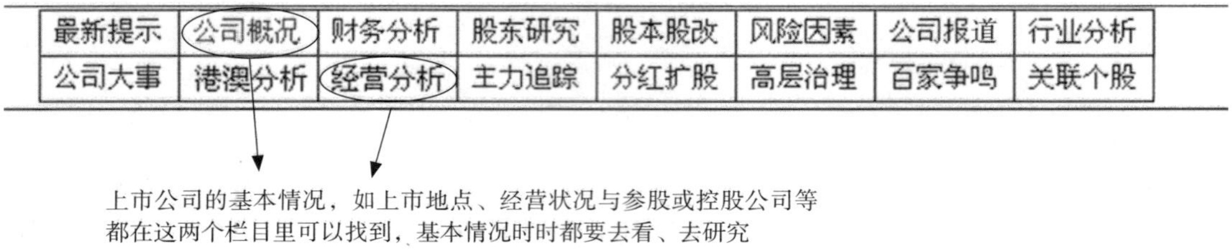

图 2-33 “公司概况”“经营分析”栏目示意图

二、操盘论道

（一）学会有所侧重以及把握关联企业战机

1. 可以有所侧重，部分细节必须要好好关注与研究

面对“公司概况”，没有必要进行面面俱到式的阅读，可以有所侧重，有些细节是必须要好好关注与研究的。如图2-34所示，圈中部分其实都是需要关注的细节，对这些进行了解有利于形成对该公司基本情况的认识。

比如，“注册地点”跟“办公地点”，就让你清晰认识到该公司身处海南，公司发展过程中的大机会必然跟海南紧密相连。海南板块一旦爆发，其二级市场必然会有所动作。

再比如，“经营范围”与“主营业务”中，“主营业务”是重点。通过图2-34的信息就很容易明白其水上运输的煤炭、矿石或化学品等都是相对大宗的商品，也是跟电力、钢铁、煤炭等行业紧密相连的。这些特种运输品的运输，显然带有一定垄断性，经营业绩是相对稳定的，主要围绕进出海南运输展开，属于区域性运输。所以当一些大宗商品异常火爆，当海南发展出现巨大机会的时候，这种区域性运输，能不极大受益吗？可以说，这些情况下中海海盛具备了很好的长期跟踪研究价值。

证券简称	中海海盛	证券代码	600896
曾用简称	G海盛 中海海盛		
关联上市			
相关指数	巨潮公用服务指数 盐田港物流行业指数 道中指数 道沪指数		
行业类别	水上运输业		
证券类别	上海A股	上市日期	1996-05-03
法人代表	王大雄	总 经 理	李明昌
公司董秘	胡小波	独立董事	潘祖顺,孙培廷,刘娥平
联系电话	(0898)68583985 68583777	传 真	(0898)68581486
公司网址	www.haishengshipping.com		
电子信箱	security@haishengshipping.com		
注册地址	海南省海口市龙昆北路2号珠江广场帝豪大厦25层		
办公地址	海南省海口市龙昆北路2号珠江广场帝豪大厦25层		
经营范围	国际船舶危险品运输、国际船舶普通货物运输、国内沿海及长江中下游普通货船、成品油船和化学品船运输;国际船舶管理;船务代理;高科技开发;兼营化工产品及原料(专营除外)、矿产品、实用电器、机械产品、金属材料、钢材的销售;沥青仓储贸易;装修工程、自有房屋租赁(凡需行政许可的项目凭许可证经营)		
主营业务	主要承运海南省电力工业所需的进岛煤炭和国内大型钢厂所需的出岛矿石及国内外化学品、沥青等特种运输货物		

让你知道它属于什么板块

可以登录公司网站深入了解

地点在哪里很重要。有时候区域板块爆发,这个卖点就是价值

经营范围是让你知道它还可以干什么,主营业务是让你知道它主要干什么,行业板块爆发的时候这里就很有价值了

图 2-34 上市公司基本概况

如果对该公司的一些细节情况了解得不是特别充分,还可以从这里找到公司的网站,登录进去,从而寻找更多信息。

2. “关联企业”蕴涵未来战机,需要充分挖掘,尤其是关联企业较为复杂时

如图2-35所示,“关联企业”是重点,尤其是对于面对一些公司关联企业比较复杂的状况,更是有可能暗含未来战机。在这里,需要逐一观察,尤其是当发现跟该公司主业不一致的关联企业时,就要注意这到底是怎么回事,要了解其实质,一些信号很可能就蕴藏其中。

【3.关联企业】

关联方名称	关联关系	所占权益（万元）	比例（%）	是否控制
招商证券股份有限公司	参股公司	8257.25	2.15	否
中国海运（集团）总公司	控股股东	15980.25	27.49	是
海南中海海盛海连船务有限公司	控股子公司	-	51.00	是
深圳市中海海盛沥青有限公司	控股子公司	-	60.00	是
深圳市三鼎油运贸易有限公司	控股子公司	-	43.00	是
Jin Hai Yang Shipping Co.Ltd	控股子公司	-	100.00	是
中海（海南）海盛贸易有限公司	控股子公司	-	95.00	是
Jin Hai Tong Shipping Co.Ltd	控股子公司	-	100.00	是
中海海盛香港船务有限公司	控股子公司	-	100.00	是
上海金海船务贸易有限公司	控股子公司	-	100.00	是
广州振华船务有限公司	控股子公司	-	80.00	是
Jin Hai Hu Shipping Co.Ltd	控股子公司	-	100.00	是
Jin Hai Wan Shipping Co.Ltd	控股子公司	-	100.00	是
中石化中海船舶燃料供应有限公司	同一控股股东	-	-	否
中海国际船舶管理有限公司	同一控股股东	-	-	否
上海海运（集团）公司	同一控股股东	-	-	否
广州海运（集团）有限公司	同一控股股东	-	-	否
中海电信有限公司	同一控股股东	-	-	否
中海船务代理有限公司	同一控股股东	-	-	否
中海发展股份有限公司	同一控股股东	-	-	否
中海工业有限公司	同一控股股东	-	-	否
中海集团国际贸易有限公司	同一控股股东	-	-	否

参股招商证券，这个信息就是告诉你它有参股券商题材，作为航运股，多了个这样的题材，在适当的时候，具有非常大的操作价值

平时多积累，多从关联企业中寻找有价值的信息，做到心中有数，一旦相关题材行情爆发，你就能够及时快速参与进去。那时候，时间就是金钱，谁手快谁就赚更多

图 2-35　上市公司关联企业情况

这里的中海海盛，就是一个非常典型的例子，第一行就赫然告诉你它参股了招商证券。近亿元的原始投资，手笔显然不算小。此时，要马上联想到这部分股权未来一旦上市流通所带来的价值回报。

通过计算，结合当下的市场定位，得出的结果可能非常惊人。那么，这是否就成了隐藏的金矿呢？其内在的价值是否要进行重新估值？答案显然是肯定的。

如果市场刚好出现炒作参股券商的苗头，这里的信息含量是否具备实战价值呢？同时，相关行情一旦爆发，也可以大概估算出可能带来的股权投资回报，平摊到每股上会对业绩带来什么影响。按照这种思维深入思考下去，就很容易知道，一旦爆发行情，其较为合理的炒作价格是多少，我们也会更敢于杀进与持有。显然，一切就从这里的具体数据开始。

因此，作为操盘手，要在战斗前对这个区域做好充分研究，这属于基本功。

（二）理解“主营业务”以及“年报、半年报等内容摘要”

1. “经营分析”的重点是“主营业务”与“年报、半年报等内容摘要”

图2–36与图2–37都是涉及“经营分析”内容的，一个是主营业务情况，一个是年报、半年报等内容摘要，两者都有其独特价值。作为操盘手，这里的内容需要好好详细琢磨，以便对该企业形成较为深入、本质的认识。

【2008年度概况】

项目名称	营业收入（万元）	营业利润（万元）	毛利率(%)	占主营业务收入比例(%)
运输收入(行业)	92323.56	31602.82	34.23	78.77
贸易收入(行业)	24241.48	2266.70	9.35	20.68
海南(地区)	83947.50	-	-	71.63
广东(地区)	19915.76	-	-	16.99
上海(地区)	591.39	-	-	0.50
境外(地区)	13828.27	-	-	11.80
内部抵减(地区)	-1222.09	-	-	-1.04
合计(地区)	117060.83		-	99.88

毛利的高低让你清楚其经营是否具有足够利润空间

观察哪部分收入占主营业务收入比例高，可以让你更清楚其经营的实质是什么

这里告诉你该企业所在的市场区域。图中显示公司海南为主战场，也就是说海南好它就好，海南板块一旦爆发，这只股票机会很多

图 2–36　上市企业主营业务情况

【2008年年报】

下面内容节选自某公司年报，类似报表平时务必要多阅读。“书中自有黄金屋”，年报内容会比较具体地让你感知该上市公司的状况，对于以后战机的把握是极具价值的

(一)报告期内公司经营情况的回顾

1、报告期内整体经营情况的讨论与分析

（1）报告期内整体经营情况概述

2008年，美国次贷危机迅速演变为全球性金融危机，经济运行由热趋冷甚至衰退，并快速传导至航运业，导致运输需求大幅下滑，运价大幅下降。面对航运市场的剧烈变化，公司董事会领导经营班子坚持“安全第一、优化管理、优质服务、科学发展”的工作方针，规范管理，稳健经营，落实各项工作措施，确保营运生产正常，安全形势稳定。公司采取多种措施，积极组织货源，提高运输效率，狠抓成本控制，努力降低因航运市场剧烈变化和燃油价格剧烈波动带来的不利影响。受2008年前三个季度散货运输价格和油价同比大幅上升的影响，公司全年营业收入比去年同期增长22.18%，营业成本比去年同期增长 27.22%。随着金融危机在第四季度对实体经济不利影响的集中体现，散货运输需求大幅下滑，运价大幅下降，公司第四季度主营业务利润也大幅下降，同时受“剑池”轮、“永池”轮、“大庆244轮”三艘改造船大额计提资产减值准备、“定安海”轮和“万泉海”轮两艘沥青船处置损失及投资收益下降的影响，公司净利润比去年同期下降48.55%。报告期内，公司完成货运量644万吨，货运周转量91亿吨海里，实现营业收入117200万元，营业利润20560万元，净利润13582万元。

（2）报告期内公司营业收入、营业利润、净利润的同比变动情况分析

单位:元　币种:人民币

项目	2008年	上年同期	增减（%）
营业收入	1 171 998 116.60	959 263 657.03	22.18
营业利润	205 596 302.32	313 254 146.55	-34.37
净利润	135 821 344.02	263 990 549.07	-48.55

①营业收入比上年同期增长主要是因为公司报告期内增加了三艘改造船投入营运和运价上涨导致运输收入增长；贸易收入也比上期有一定的增长。

②营业利润比上年同期下降主要是因为公司报告期内计提三艘改造船资产减值准备，资产减值损失大幅增加；由于报告期无新股申购产生的投资收益，且受招商证券股份有限公司分红减少的影响，公司投资收益下降。

③净利润比上年同期下降主要是因为报告期内营业利润下降及公司处置“万泉海”轮、“定安海”轮产生1757万元营业外支出。

（3）报告期利润构成或利润来源与上年度相比发生重大变化的原因分析

①由于报告期内主营业务收入与主营业务成本都有所增长，且主营业务收入的增长额大于主营业务成本的增长额，公司报告期主营业务利润比上年同期增长12%。

②由于报告期无新股申购产生的投资收益，且受招商证券股份有限公司分红减少的影响，公司报告期投资收益比去年同期下降31%。

③由于报告期内计提三艘改造船资产减值准备，公司报告期资产减值损失比上年同期增长27060.65%。

④由于处置的“万泉海”轮、“定安海”轮产生1757万元营业外支出，且上年同期处置报废的“兴安岭”轮获得3274万元营业外收入，公司报告期营业外收支净额比上年同期减少5196万元。

图 2–37　上市公司年报内容摘要

2. 主营业务中，要抓住三个要点进行深入研究

主营业务告诉我们的信息其实不复杂，要抓住三个要点：一是“毛利率有多高”，二是“哪个收入占据主营地位”，三是“主战场在哪里”。

“毛利率有多高”，透过它的高低我们可知晓企业经营领域的竞争情况，以及该企业是否具有核心技术。毛利率高往往就意味着竞争不够充分或者本身具有核心技术，这样的企业未来只要能够保持好市场优势并不断发展，空间是比较稳定与值得期待的。如果过低则往往意味着竞争过于充分或者本身不掌握核心技术，这样的企业未来会面临较大困难，如果没有新突破，需要警惕。

“哪个收入占据主营地位”，通过这个信息，可以清晰地知道公司到底是做什么的、是多元化发展还是单一化发展、到底主要靠什么来支撑自己。这很重要，有些企业，经营很乱且不专一，题材看上去挺多，但你要抓住其最重要的题材，那才是最本质的，其余都是补充。

“主战场在哪里”，这里包括两点，一是经营的主要范围，二是产品的主要销售范围。经营的主要范围其实就是主营，这里不再赘述，从很多渠道可以知晓；产品的主要销售范围也要重点关注。

要知道，市场决定一个企业未来的空间，如果它目前在地方市场做得很好，这样的企业未来空间是比较大的，因为还有全国市场甚至国际市场。

相反，如果一个企业本身的市场就已经拓展到全国甚至全世界，那我们就要看它这些市场里哪些是最重要的，看看这些市场销售还有多大的增长空间；然后排除这些市场，去看看哪些是还有潜力的分块市场，结合起来，看看它未来的空间还有多大。

总之，要把握一个思路：做得好的市场看看还有没有空间，没开始做的市场或做得一般的市场看看还有没有大的潜力，保持这两个原则去挖掘信息，就会找到其中的价值。

3. “年报、半年报等内容摘要”是基本功环节最关键的部分，只有多付出，才能多收获

“年报、半年报等内容摘要”，这是绝对不容忽视的研究阵地，这个栏目文字内容可能是最多的，但需要有耐心，通篇看完。这还仅仅是摘要，如果觉得有必要，可以去上证所或深交所网站下载完整版进行深入研究。

当然，不是逐字阅读，而是用自己的“火眼金睛”去发现真正有价值的信息，企业未来的动向以及蕴藏的各种题材等，都可以从其中挖掘出来。

可以这样说，懂得阅读年报、半年报的操盘手，才是一个真正合格的操盘手，这是基本功环节里最关键的部分。

有句话叫作“养兵千日，用兵一时”，这里可以稍微改动引用过来，那就是“阅读千日，用在一时”。

有句话叫作“书到用时方恨少”，如果不在平时多点阅读与积累，那么在以后具体操盘的过程中，往往会有类似“书到用时方恨少”的感触。

为何市场有人能够赢呢？要知道，除了运气等因素，最关键的是他比那些输的人至少多付出了一分耕耘与努力。

市场上有些人看起来赢得挺简单，但在简单背后，其实是要付出相当多的劳动与思考的。作为操盘手，必须记住只有多付出，才能多收获。

（三）涨停的背后原因

1. 要吃到涨停，排除技术等因素外必须清楚两点

图2-38是具体实战操盘过程中这个大环节的运用案例，事件发生在2009年7月8日中海海盛身上，涨停的原因就是它参股招商证券这一题材刚好被市场炒作。

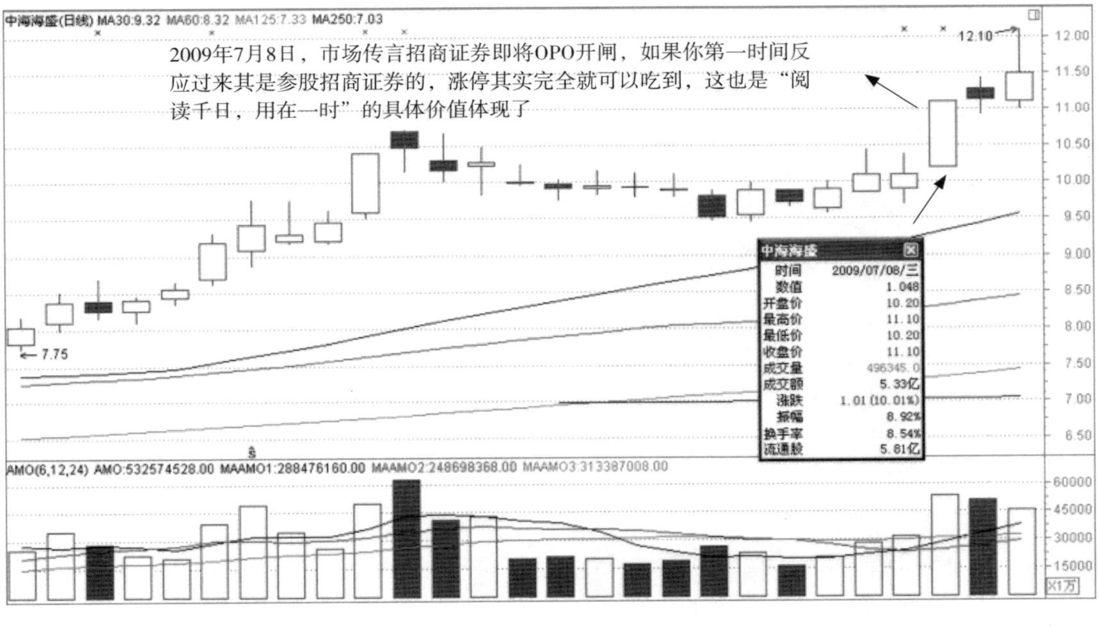

图 2-38　2009 年 7 月 8 日中海海盛股市分析

这个涨停能否吃到，排除技术等因素，必须清楚两点：

一是参股券商题材自己早已心中有数。否则，就算市场在传其可能参股招商证券，你也分辨不出真假，会犹豫，而一犹豫就很可能失去战机；就算你不犹豫，觉得是真的，你也不是特别清楚具体状况，以及到底参股到什么程度、能否涨停等问题，这些都会让自己

迟疑，一迟疑机会也就给其他人了。所以，平时要多积累，心中有数，一旦火候到了，你自然就敢于出击了。

二是对中海海盛的基本状况要有一定的了解。否则，就算市场传言炒作开始，一结合大的形态，你肯定会担心这是不是主力要趁机套现等，因为你不知道它本身的情况，现在它是否高估，如果是高估很多，这样的题材，还能让它封死涨停吗？还会有很大空间吗？你会有很多的疑问。你的疑问一多，行动就必然迟钝，最终就错失机会，变成欣赏别人果断的操作了。但是，如果你对其基本状况本身已经有所了解，比如你已经在平时阅读过其年报等信息，你知道它本身业务其实就很不错，所在区域未来也将带给它很多机会等信息。你提前知道了这些，至少在行动上就会果断很多。这就是为何平时要养成“阅读千日”的习惯，才能最终“用在一时”，抓到至少一个涨停就是你过去付出带来的回报。

2. 机会总是留给有准备的人

任何涨停的背后，总是有这样或那样的原因。要提前洞察资金的流向，就必须对选择品种本身有较为清晰的认识。靠技术层面去把握一些涨停机会，这是一个方法，但纯粹的技术面在具体实战过程中，往往都会遇到这样或那样的瓶颈，更多的是要结合消息面、基本面等因素。

爆发的时点往往是相关消息等因素推动所致，资金的短期流向更多是受到投资者情绪波动的影响，一旦市场投资者的情绪导向向着预期中的方向走，资金自然就会流向消息所属的品种中去。中海海盛在传言招商证券IPO时涨停的走势就是非常经典的例子。

作为操盘手，不仅要懂得随时留意市场消息的变化，更要提前熟知并选择品种的基本面，以便在消息出来后，能够最及时地做出反应。不打没有准备的仗，强调的就是提前准备，机会都是留给有准备的人。

（四）小结

1. 基本功夫在于平时的积累，基本情况从“公司概况”与“经营分析”中去寻找，别小看它，“阅读千日，用在一时”，一旦用上，价值足矣，平时就要多看、多研究。不必面面俱到，要有所侧重，把握住最有价值的信息，部分细节必须好好研究。

2. 在“公司概况”中，“关联企业”这一小环节价值突出，很多题材都出自此，尤其是关联企业众多的上市公司，更是要特别留意其与主营业务关系不大的关联企业，题材往往就蕴涵其中。

3. 在“经营分析”中，对于小环节“主营业务”要抓住三个要点进行研究，分别是“毛利率有多高”“哪个收入占据主营地位”以及“主战场在哪里”。

4. 在“经营分析”中，小环节“年报、半年报等内容摘要”可以说是最重要的基本功，需要平时多阅读、多研究，别到最后发出“书到用时方恨少”的感叹。

5. 本部分案例中的吃到涨停，排除技术等因素，要注意两点：一是参股券商题材自己早已心中有数，二是对中海海盛的基本状况要有一定的了解。涨停机会是留给有准备的人的。

6. 术业有专攻，人的精力毕竟有限，沪深两市那么多上市公司，要对每一家上市公司的基本情况都了如指掌，这不是不可能，而是没有太大必要，把握住自己熟悉领域的上市公司即可。市场机会有很多，把握住属于自己的才是真，这样才会更踏实。所以，平时的积累重在对自己熟悉的领域，至于不熟悉的领域也不是说一点都不用了解，可以知道，但没必要深入，把更多的时间与精力花在自己熟悉的领域。一旦机会来临，能把握到的概率才会更大，同时也才能真正把握到大机会。切记，研究最忌“点到为止”，务必要“入木三分”，方能“成竹在胸”。

三、市场随笔

（一）从心理波动谈如何成为大赢家

市场波动是由于参与市场所有人的情绪波动影响而产生的，因此，从根本上说，研究市场的波动就是研究参与大众的情绪波动，或者叫心理波动。一买一卖都在人的意识指导之下完成，不论你是机构大户或者是一般散户，无一例外。那么，影响人的意识、影响人心理波动的因素是什么呢?

因素有很多，也比较复杂，比如，一些影响市场的政策，甚至也可能是一些影响人情绪的事情，生活中会遇到很多不同的事情，比如家里失窃了，又比如中大奖了，这些看似跟市场无关的事情，会影响一些参与者的情绪，因此，最终也会间接影响整个市场。或许那是微不足道的，但在特殊的条件下，那种微不足道，往往可能最终影响整个市场，这就是蝴蝶效应——在南美洲一只蝴蝶偶尔扇动翅膀，可能引发印度洋上的飓风。这个市场有时候就可能发生如此奇妙的事情，就比如日本的乌龙指事件，一个不小心的错误下单，直接引发了整个市场的大跳水。

一旦人的情绪受到影响，而且这种情绪引发的动作在市场有一定人群基础的时候，就很容易引发羊群效应。举一个例子，当有一部分人开始看空做空时，另一部分人看到了，还没明白为什么，反正看到有人这样做了，那也就不管三七二十一，也跟着那样做，慢慢地，人数越来越多，规模越来越大，最后演变成市场中绝大多数人的盲目跟随动作。羊群效应的事例是举不胜举的，而这也往往是散户的致命弱点，因此，有时候主力资金会利用这一弱点来给散户派发或吸纳筹码。

研究市场，研究的就是人的心理波动，从某个角度看，市场波动何尝不是人的情绪波动的一种真实反映呢！所谓波浪理论，人的情绪不也如波浪一样，有起也有落，起起落落，幅度不一，有大起也有大落，虽然看似复杂，但也似乎有一定的规律可循，只不过要看透这规律是要付出努力的，不是一言半语可道出的，更不是随随便便就可以看清的。这正如人的情绪波动，有时候有点深不可测。

复杂的一面固然有，简单的一面更是不可忘却，正所谓复杂的背后隐藏着简单，而简单的背后也同样蕴藏着复杂。有些东西看起来很复杂，就如波浪理论，就如人的内心情绪波动，但有时候跳出来看，站高一点，别想得太复杂，平静地去看，其实也没那么复杂了，所谓起落，不是起，就是落，两个结果，看中了起就买起，看中了落则买落，并不复杂，确实很简单，只不过想得复杂罢了。

不论简单也好，复杂也好，都是身处这个市场必须去面对的，也只有明白了简单，才更明白了复杂，在这个市场里，成为最后的大赢家才会变得顺理成章，才会赢得明明白白、舒舒服服。

（二）认识到风险后再去谈机会

只有充分认识到风险后，再去谈机会，这样才能尽可能让风险最小化。这里并非刻意放大或夸大市场的风险。笔者认为，虽然在具体操作过程中，尤其是达到了一定层次的时候，市场的风险可以变得相对有限，但在向这个境界前进的过程中，如果没有对风险的充分认识，那么最终都将不是一个完善的分析系统。

不过笔者也很清楚，就算如何强调风险性，最终也依然会有相当的人无视风险，陷入“盲目的从众”之中，最终成为市场的输家。这其实很好理解，毕竟每个人都有其独特的思想，面对一件事情的时候，不可能拥有一致的观点，肯定存在着一定数量的不正确观念，这是无法避免的。看了笔者文章的投资者，对具体内容的理解，笔者认为也是仁者见仁、智者见智的，不可能都是一种体会。这并非学会如何技术分析就可以成为赢家的市场，更多的是一门讲究艺术的市场，能够成为真正的最大赢家，就看你对这市场艺术的理解与把握能力了。

笔者是从一开始的什么都不懂，到现在能够看透一些本质的东西，虽然不敢说自己有多么多么厉害，但至少有一点是可以肯定的，那就是现在面对市场能很从容也很平静，对成为市场的赢家有一种淡定的自信。笔者希望将自己对这个市场的理解与把握，分享给读者们。若能为读者们带来价值，笔者将感到自豪与欣喜。

第六节 “行业分析”与“公司大事”，为行情做准备

一、基础认识

（一）理解“行业分析”与“公司大事”，必须“点面结合”去剖析上市公司

“行业分析”里体现的是对上市公司在其行业的地位以及状况（这里仅针对该行业的所有上市公司）进行纵向与横向对比，从而对上市公司在该行业的现实情况有着更为清晰的认识。

“公司大事”体现的是上市公司过去发生的重大事项，这些事项完全有可能对该上市公司的股价波动产生实质影响。

如果说剖析“行业分析”是对“面”的剖析，那么剖析“公司大事”就是对“点”的剖析。“点面结合”是最好的剖析方式，也是必需的。

（二）“行业分析”中，“擒贼先擒王”，充分对比，是清醒认识的必要步骤

在“行业分析”里，很容易就能够获知自己选择的上市公司在所有该行业上市公司中的地位。地位很重要，这很大程度上会影响到其在二级市场所受到的关注程度。“擒贼先擒王”，如果地位不够重要，对机构的吸引力也就会大打折扣。

作为操盘手，务必要学会对比，判断在行业里选择的标的到底是处于什么样的水平，以及相近的公司其股价状况如何，或者对比龙头估算出差价，结合当下的股价，看是否有低估的嫌疑。

在对比的过程中，你必然会对该行业所有的上市公司有更清晰的认识，最重要的是，从中更加清楚自己选择的标的品种是否具有足够的竞争力。

（三）“公司大事”最大的作用就是实战短线价值突出

“公司大事”，这就具体落实到“点”上了，选择标的到底有什么特别之处，往往可以从中找寻。其最大的作用，就在于实战短线价值比较突出。

为何？道理不复杂，很多品种的爆发点往往都跟最近的公司大事披露有关，如重组、送股、收购等，这些都会对短期波动带来实质性影响。

结合“行业分析”对面的观察后，然后再结合“点”的具体状况，把握起来就更得心应手。

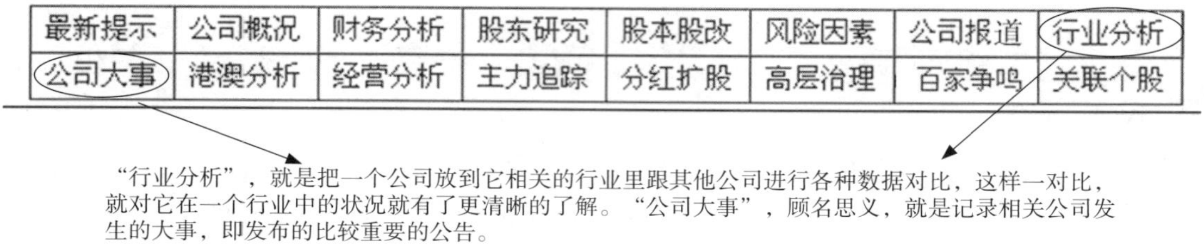

图 2-39 “公司大事”“行业分析”栏目示意图

二、操盘论道

（一）学会对比

1. 重点是数据的比较，而不是对数据本身的研究

这里重点是透过行业地位的比较更进一步的认识选择标的，而不是研究其中的具体数据。记住，“数据的比较”才是重点，而不是对数据本身的研究。

数据本身并非在这里独有，其他很多地方都可以找到，这里的价值就在于给投资者提供了一份数据比较图，大大节省了自己去统计、比较的时间与精力。

2. “主营收入”对比是重点，数据高低能代表行业位置

这里涉及总股本、实际流通A股、总资产、主营收入以及净利润增长率共五个数据的行业综合比较，要有的放矢，抓住比较重要的或自己需要的数据进行比较。

在图2-40和图2-41中，“主营收入”是最重要的环节。

【行业地位】
【截止日期】2009-03-31

代码	简称	总股本（亿股）	实际流通A股	总资产（亿元）	排名	主营收入（亿元）	排名	净利润增长率	排名
002114	罗平锌电	1.84	0.72	10.95	32	1.27	33	105.02	1
002066	瑞泰科技	0.90	0.36	7.96	37	1.07	36	72.15	2
002075	*ST张铜	3.96	2.27	8.71	35	0.02	44	43.44	3
000795	太原刚玉	2.77	1.66	15.64	27	1.08	35	4.89	4
600714	ST金瑞	1.51	0.94	3.70	41	0.10	42	-0.94	5
002088	鲁阳股份	2.15	0.77	11.71	31	1.52	30	-6.08	6
600691	ST东碳	1.14	0.60	1.40	44	0.07	43	-7.91	7
002203	海亮股份	4.00	1.28	34.37	18	13.34	7	-10.64	8
000969	安泰科技	4.41	2.93	42.05	17	5.60	13	-27.37	9
600172	黄河旋风	2.68	1.68	20.39	24	1.34	32	-34.94	10
000630	铜陵有色	12.94	5.58	196.69	4	50.87	2	-38.46	11
600478	科力远	2.86	1.61	14.98	28	3.51	20	-41.03	12
000657	*ST中钨	2.23	1.44	4.26	40	1.79	28	-46.44	13
002149	西部材料	0.91	0.49	10.25	34	1.16	34	-49.84	14
600516	方大炭素	6.40	1.94	62.14	11	4.37	18	-61.16	15
000928	ST吉炭	2.83	1.40	26.74	20	2.89	22	-61.71	16
600255	鑫科材料	4.50	3.21	18.49	25	4.94	17	-62.29	17
600961	株冶集团	5.27	2.58	56.71	13	14.22	6	-69.70	18
000655	金岭矿业	3.21	1.55	13.95	29	1.73	29	-71.34	19
000970	中科三环	5.08	2.90	23.34	23	2.57	24	-74.82	20
600531	豫光金铅	2.28	2.28	28.98	19	10.93	9	-75.00	21
000962	东方钽业	3.56	2.13	25.66	22	2.00	26	-78.68	22
600456	宝钛股份	4.30	2.03	51.64	15	4.95	15	-80.60	23
600549	厦门钨业	6.82	6.73	88.80	6	5.21	14	-82.38	24
601168	西部矿业	23.83	17.11	212.62	2	17.02	3	-83.78	25
600362	江西铜业	30.23	3.53	350.17	1	98.86	1	-89.27	26
601958	金钼股份	26.89	5.38	145.58	5	4.94	16	-90.56	27
002057	中钢天源	0.84	0.50	3.63	42	0.71	37	-91.42	28

对比有色行业2009年第一季度的状况，江西铜业在主营收入上的“老大”位置在所有品种中一目了然

图 2-40 有色金属行业股主营收入数据分析（1）

道理不复杂，“主营收入”的高低最能代表一家企业在该行业的地位。“主营收入”就好像分蛋糕一样，蛋糕就那么大，谁分得的份额越大谁就是“老大”。

在一个行业里如果企业的“主营收入”占据整个市场的份额极其微小，这样的企业面临淘汰的风险很大。当然，以逆反思维来考虑，也正好说明其未来成长的空间很大。问题是，这家企业并非成立不久的新企业，市场份额是在市场竞争中逐步形成的结果。这样想想，风险大不大?

“主营收入”达到一定规模的企业才会比较安全，同时具备一定的投资机会，“主营收入”太小，你就要观察其“主营收入”从过去到现在是递增还是递减，如递增说明还在成长过程，未来还有机会；相反，就有可能被淘汰。另外，需要注意的是其有没有非经营性的卖点，看有没有重组等可能，当然，这不是要在这里谈论的问题了。

总之，不管如何，“主营收入”太小一般风险较大，主营收入达到一定规模或者是进入行业龙头位置，其基础才够扎实，才具备吸引机构投资者的可能。“擒贼先擒王”，行情一来，龙头位置的品种往往是众多资金争夺的对象。

3. 龙头品种流通股数量偏小往往隐藏着未来市场机会

在具有中国特色的股票市场里，流通股与非流通股的比例关系，是个非常微妙且有很大实战价值的数据。

权重股或者是行业龙头品种，尤其是在流通股占比特别小的情况下，往往更受青睐。

为何？道理很简单，权重股或行业龙头品种在市场上的地位很特殊，很多时候，它们是市场的焦点所在，也是各路机构资金的必配品种。当要发动行情的时候，只有这些品种的上涨才能真正推动市场和行情进一步发展。

所以，从中可以发现，两市的权重品种或者这里探讨的有色金属板块中的江西铜业，之所以总是在市场行情运行的过程中不时地展示自己的爆发力，既是市场的需要，也是展示其牵一发而动全身地位的需要。

图2-41显示其流通股比例明显偏小，作为市场的“龙头老大”，这样的品种，必然会阶段性受到市场的特别关照，机会不就出来了吗？

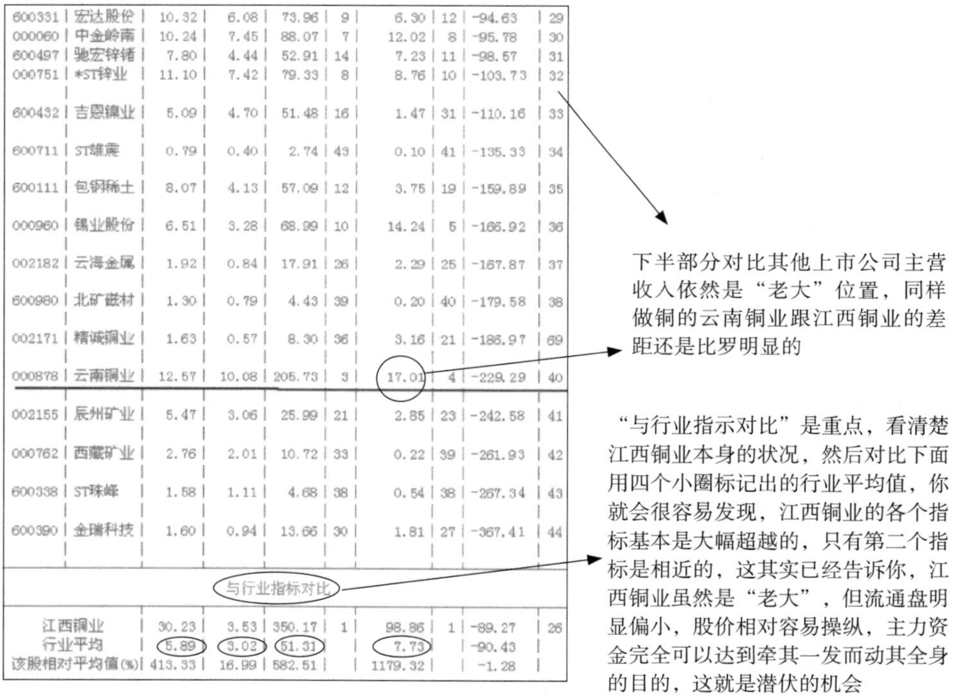

600331	宏达股份	10.32	6.08	73.96	9	6.30	12	-94.63	29
000060	中金岭南	10.24	7.45	88.07	7	12.02	8	-95.78	30
600497	驰宏锌锗	7.80	4.44	52.91	14	7.23	11	-98.57	31
000751	*ST锌业	11.10	7.42	79.33	8	8.76	10	-103.73	32
600432	吉恩镍业	5.09	4.70	51.48	16	1.47	31	-110.16	33
600711	ST雄震	0.79	0.40	2.74	43	0.10	41	-135.33	34
600111	包钢稀土	8.07	4.13	57.09	12	3.75	19	-159.89	35
000960	锡业股份	6.51	3.28	68.99	10	14.24	5	-166.92	36
002182	云海金属	1.92	0.84	17.91	26	2.29	25	-167.87	37
600980	北矿磁材	1.30	0.79	4.43	39	0.20	40	-179.58	38
002171	精诚铜业	1.63	0.57	8.30	36	3.16	21	-186.97	69
000878	云南铜业	12.57	10.08	205.73	3	17.01	4	-229.29	40
002155	辰州矿业	5.47	3.06	25.99	21	2.85	23	-242.58	41
000762	西藏矿业	2.76	2.01	10.72	33	0.22	39	-261.93	42
600338	ST珠峰	1.58	1.11	4.68	38	0.54	38	-267.34	43
600390	金瑞科技	1.60	0.94	13.66	30	1.81	27	-367.41	44
与行业指标对比									
江西铜业		30.23	3.53	350.17	1	98.86	1	-89.27	26
行业平均		5.89	3.02	51.31		7.73		-90.43	
该股相对平均值(%)		413.33	16.99	582.51		1179.32		-1.28	

图 2-41　有色金属行业股主营收入数据分析（2）

（二）“销售毛利率”很重要

1. 研究行业地位的延续，四大数据中我们最看重“销售毛利率”

这里，是探讨行业地位的一种延续，如图2-42所示，对比涉及销售毛利率、销售净利率、净资产收益率以及每股收益这四大数据。

【截止日期】2008-12-31

代码	简称	销售毛利率(%)	排名	销售净利率(%)	排名	净资产收益率(%)	排名	每股收益(元)	排名
000655	金岭矿业	56.76	3	37.09	3	30.88	2	1.20	1
601958	金钼股份	69.54	44	47.12	44	20.46	4	1.12	2
600516	方大炭素	39.18	35	16.31	35	20.66	3	0.95	3
600362	江西铜业	12.61	29	4.23	29	11.01	9	0.76	4
600456	宝钛股份	23.74	32	13.23	32	7.87	17	0.70	5
002088	鲁阳股份	38.53	17	18.15	17	18.57	5	0.68	6
000630	铜陵有色	6.52	2	1.71	2	10.96	10	0.49	7
600432	吉恩镍业	39.19	31	12.81	31	8.70	13	0.46	8
002203	海亮股份	5.38	23	2.22	23	12.72	7	0.44	9
000060	中金岭南	21.46	1	5.38	1	11.22	8	0.39	10
002066	瑞泰科技	29.87	15	8.21	15	13.51	6	0.38	11
000969	安泰科技	15.41	12	4.94	12	7.52	18	0.34	12
002149	西部材料	13.32	19	3.93	19	8.27	14	0.32	13
600549	厦门钨业	20.00	37	4.10	37	10.26	12	0.30	14
600338	ST珠峰	15.63	28	8.79	28	-52.89	39	0.28	15
600390	金瑞科技	13.86	30	3.29	30	6.05	21	0.27	16
600531	豫光金铅	4.58	36	0.80	36	6.43	20	0.27	17
601168	西部矿业	12.06	43	4.52	43	5.68	23	0.24	18
002182	云海金属	14.13	22	1.82	22	4.75	25	0.22	19
600111	包钢稀土	22.71	24	5.25	24	10.33	11	0.21	20
600497	驰宏锌锗	22.22	34	3.29	34	6.50	19	0.20	21
000962	东方钽业	16.32	11	6.58	11	5.52	24	0.19	22
000970	中科三环	23.30	13	4.71	13	8.16	15	0.19	23
000762	西藏矿业	40.94	6	9.86	6	8.11	16	0.18	24
600711	ST雄震	22.41	39	10.29	39	45.46	1	0.17	25
600172	黄河旋风	28.60	25	5.93	25	3.72	27	0.14	26
600478	科力远	7.35	33	2.11	33	5.80	22	0.13	27
002155	辰州矿业	28.30	20	5.17	20	3.91	26	0.13	28
600980	北矿磁材	5.56	42	2.59	42	1.96	28	0.05	29

销售毛利率是个非常重要的指标，可以充分说明产品的利润空间到底有多大，越大则说明企业具有越大的产品自主定价权，在竞争中处于相对垄断地位，企业抗风险能力以及把握市场机会的能力也会由此变得比较突出。就如微软，卖的都是技术，软件本身没什么成本，当产量达到相当数量的时候，你可以想象，这样的公司在高速发展过程中往往容易受到关注与追捧

江西铜业的销售毛利率显然并不算高，但图中圈中了另外三个比较高的企业，如金岭矿业、金钼股份以及西藏矿业，在市场上都是相当牛的牛股

图 2-42　有色金属行业股销售毛利率数据分析

四大数据中最为关键的就是销售毛利率。一家企业如果连毛利都谈不上高的话，可以想象其最终能够有的利润寥寥无几。缺乏利润增长的企业就好像缺乏活力，最终会郁郁而“亡”。

当然，不能排除那些特殊行业的特例，如类似沃尔玛这些靠周转率来提升最后利润的企业，这类企业是例外，毛利率可以很低，但周转快，最终利润也就多，这样的企业更多是商业类的上市公司。

2. 虽然评估需要综合数据的比较结果，但销售毛利率这个指标具有很大的实战参考价值

在比较中，除了各个单一数据的比较外，还需要综合数据的比较结果。单一数据是高是低有时候并不能说明一切，需要观察更多的数据对比，才能够更好地去评判一家上市公司的优劣。

如图2-42与图2-43所示，在江西铜业各个数据的比较过程中，可以发现销售毛利率并不算高，还达不到行业平均水平，但我们可以发现其余三个数据都是高于行业平均水平的，这正好可以说明其综合实力是不错的，整体依然还是有潜力的。

再结合其本身的龙头地位，这样的结果已经不错了，只要价格合理，至少能够吸引一些机构资金的充分关注。

600980	北矿磁材	5.56	42	2.59	42	1.96	28	0.05	29
000928	ST吉炭	23.20	9	0.58	9	1.32	29	0.04	30
000960	锡业股份	12.62	10	0.28	10	1.05	31	0.04	31
600961	株冶集团	6.48	41	0.23	41	0.98	32	0.04	32
600255	鑫科材料	2.53	26	0.28	26	0.96	33	0.02	33
000657	*ST中钨	4.28	4	0.31	4	1.24	30	0.02	34
002057	中钢天源	13.34	14	-3.64	14	-5.41	35	-0.15	35
600691	ST东碳	16.62	38	-68.04	38	0.00	34	-0.21	36
002171	精诚铜业	2.16	21	-1.71	21	-7.63	36	-0.26	37
002114	罗平锌电	1.61	18	-6.08	18	-11.22	37	-0.29	38
600714	ST金瑞	4.10	40	-139.99	40	-100.51	43	-0.49	39
600331	宏达股份	18.50	27	-14.86	27	-26.72	38	-0.57	40
000795	太原刚玉	6.39	7	-32.95	7	-84.64	42	-0.68	41
000751	*ST锌业	-3.36	5	-16.00	5	-56.82	40	-0.88	42
002075	*ST张铜	-4.06	16	-36.36	16	-760.05	44	-1.29	43
000878	云南铜业	2.65	8	-10.84	8	-78.22	41	-2.22	44
与行业指标对比									
江西铜业		12.61	29	4.23	29	11.01	9	0.76	4
行业平均		17.65		-1.69		-19.63		0.10	
该股相对平均值(%)		-28.54		-350.42		-156.10		639.17	

一对比就很清晰了，江西铜业的销售毛利率显然比不上行业平均值，但销售净利率、净资产收益率以及每股收益则还是具有竞争优势的，这也算是其本身的亮点，说明它的综合实力是不错的

图 2-43 所选标的股与所在行业平均值对比分析

话说回来，销售毛利率这个数据的高低依然是具有很大参考价值的。对于图2-42圆圈中的三个数据最前列的品种，下面的章节将对阶段性波动状况进行综合对比，你就会发现不简单了。

这些数据为何重要？很简单，既然企业的生命在于利润，那么销售毛利率越高，利润就越有保障，这样的企业难道不能够吸引足够的眼球吗？不能够吸引足够多的资金去进行博弈吗？这基本是没有太多悬念的。不过前提是，大行情要配合。

3. 数据突出的魅力

（1）重要数据相当突出的品种，“牛”起来绝对让人目瞪口呆。

销售毛利率最高，未必意味着股价阶段性涨幅最大。原因固然有很多，但有一个因素是需要记住的：最高往往就有最多人关注，参与其中的机构资金博弈过于激烈，最终也未必是最好的。

图2-44是2008年年底数据统计有色金属行业销售毛利率排第二的金岭矿业，从2008年11月4日到2009年7月31日，最低到最高涨幅超过4倍。不到一年，如此涨幅，绝对是大牛股！

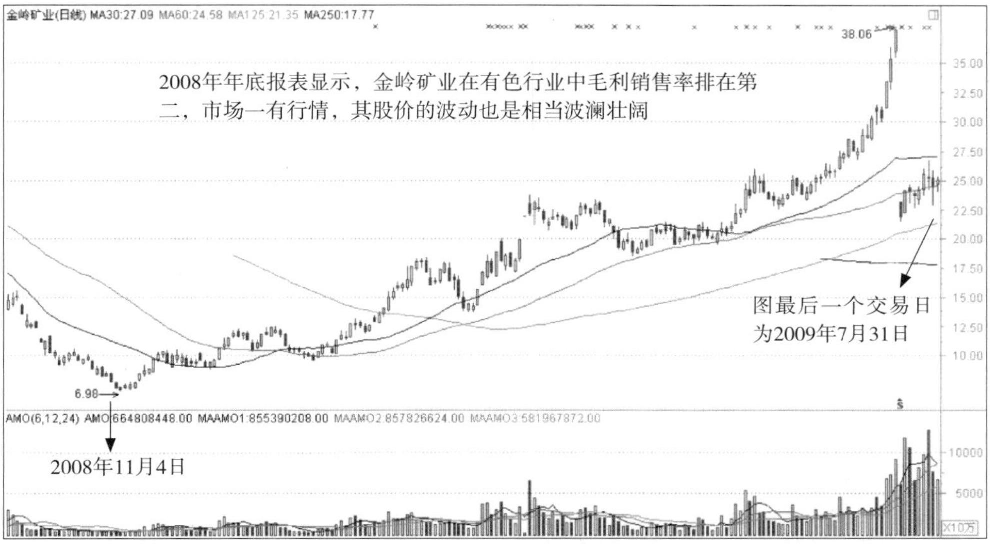

图 2-44　金岭矿业 2008 年 11 月 4 日至 2009 年 7 月 31 日股势

图2-45是2008年年底数据统计有色金属行业销售毛利率排第一的金钼股份，从2008年年10月28日到2009年7月31日，最低到最高涨幅超过2倍，也相当可观。

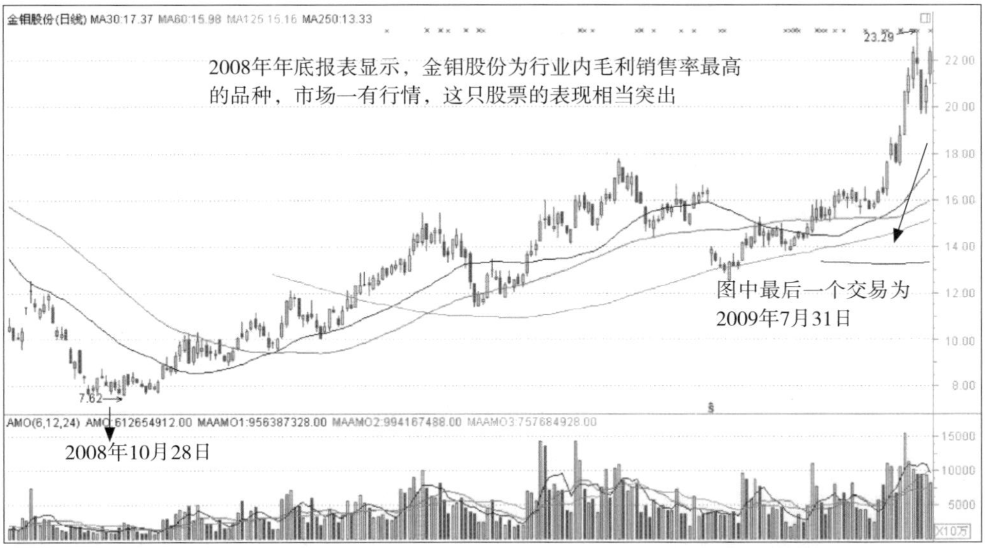

图 2-45　金钼股份 2008 年 10 月 28 日至 2009 年 7 月 31 日股势

图2-46是2008年年底有色金属行业销售毛利率排第三的西藏矿业，从2008年11月4日到2009年7月31日，最低到最高涨幅超过4倍，也算得上大牛股。

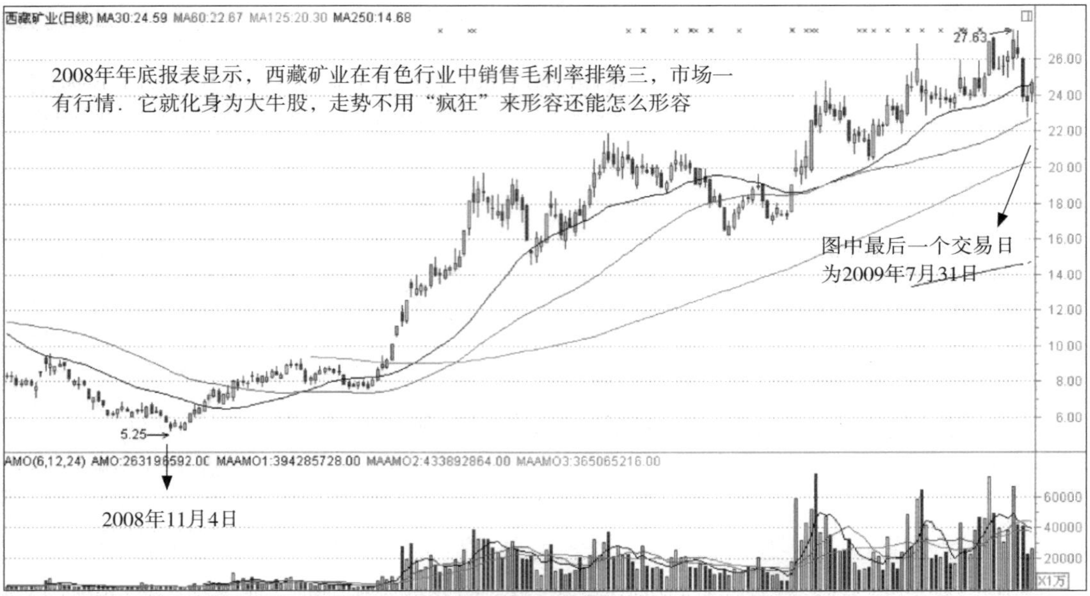

图 2-46 西藏矿业 2008 年 11 月 4 日至 2009 年 7 月 31 日股势

图2-47是作为主营收入老大的江西铜业，在本身流通盘不大的背景下，从2008年11月6日到2009年7月31日，最低到最高涨幅超过5倍，王者风范尽显，绝对是牛气冲天。

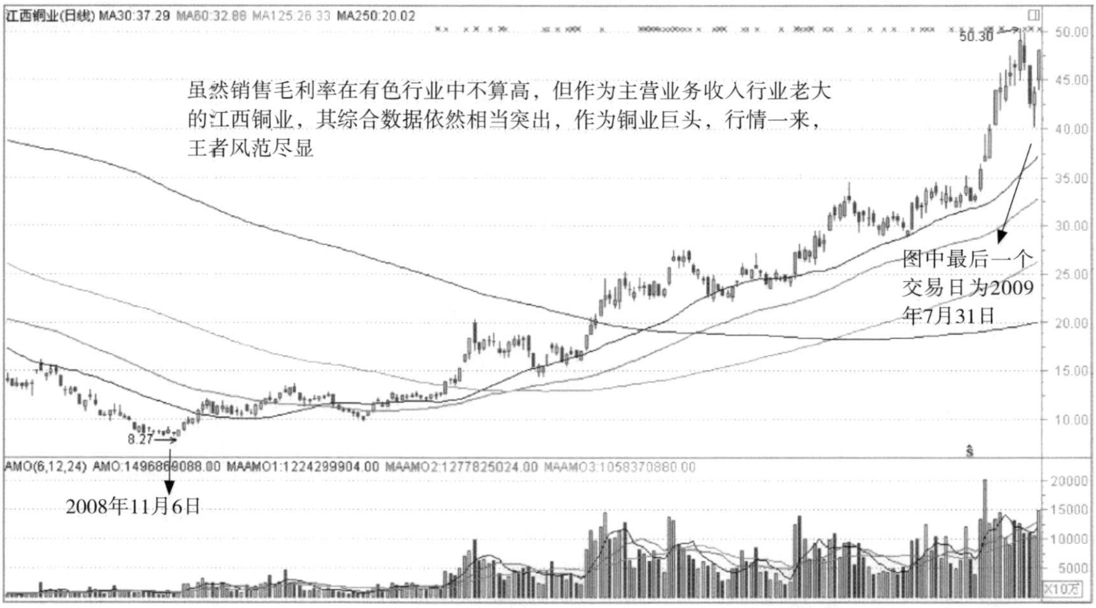

图 2-47 江西铜业 2008 年 11 月 6 日至 2009 年 7 月 31 日股势

【二级市场表现】

截至日期：2009-05-06

统计区间	累计涨跌幅(%)	振幅(%)	同期大盘累计涨跌幅	行业平均涨跌幅(%)
1周	7.39	16.88	5.04	4.99
1个月	11.20	22.18	7.14	0.26
3个月	67.02	97.18	18.86	35.51
6个月	195.93	215.34	50.93	123.50
年初至今	154.71	170.12	42.38	97.33
1年	-26.38	77.72	-30.56	-38.65

从江西铜业在二级市场的数据统计中可以看到其阶段性超越大盘，强者恒强

图 2-48　江西铜业在二级市场的数据统计

上面逐一对比下来，就会发现除了2008年底有色销售毛利率排第一的金钼股份，涨幅刚好超过2倍，其余都超过4倍，而且不相上下，一齐进入阶段性大牛股的行情。

一旦市场有行情，类似这些有可圈可点数据的品种，表现一旦牛起来会超出绝大多数人的想象。

作为操盘手，在选择标的过程中就务必要注意这些数据的对比，从这些数据的对比过程中你不仅可以更清晰地认识选择标的，同时也可以从中去挖掘新的战机。

（2）对比大盘，就会发现什么叫“恐怖”。资本市场是造梦的地方。

接下来不妨进一步跟当时的大盘做个对比，看图2-49，大盘从2008年10月28日到2009年7月31日，最低到最高涨幅刚好超过100%。

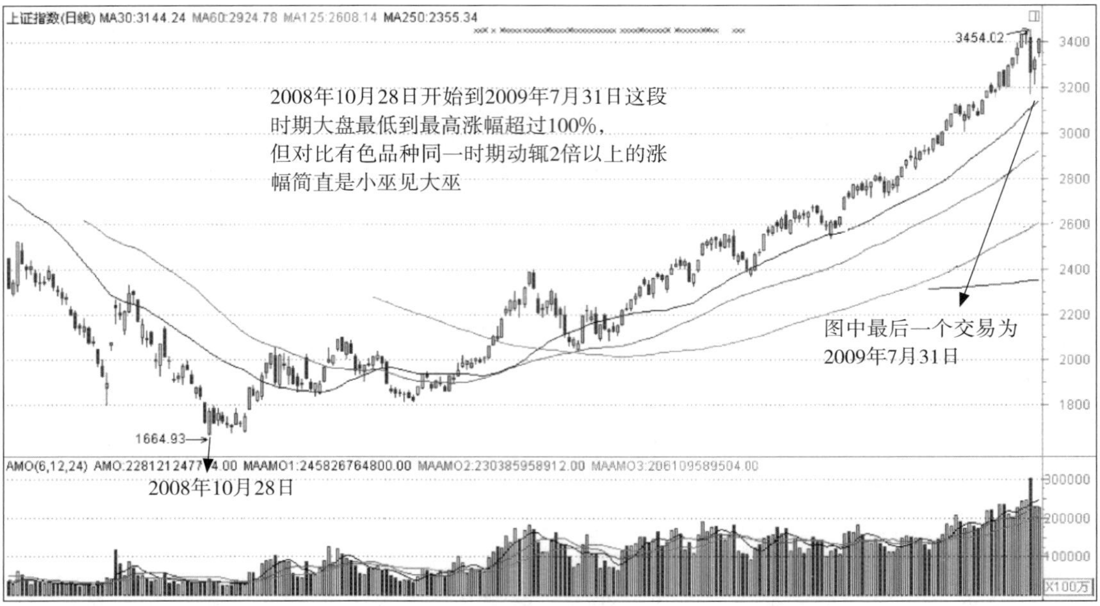

图 2-49　大盘 2008 年 10 月 28 日至 2009 年 7 月 31 日股势

销售毛利率等数据突出的有色品种，涨幅最小的金钼股份也超过2倍，大幅超越大盘，更别说其余三个涨幅超越4倍了。

这也从一个侧面反映出数据对比挖掘的重要性，更是告诉大家，只要有大盘行情配合，一切皆有可能！资本市场是造梦的地方（有大盘行情配合的时候），也是破梦的地方（大盘行情结束的时候）。作为操盘手，造梦阶段就尽情发挥，破梦阶段就尽量休息，这样才能长久生存，成为最后的大赢家。

这里的数据只是让你把选择标的更好地在数据上跟大盘进行对比，仅仅起到对比作用，让你思路更清晰而已。

4. 如何面对“公司大事”

（1）真正有价值的“公司大事”不是天天有，要有长时间没有的心理准备。

“公司大事”是“点”，是操盘过程中影响最为直接的环节，是需要经常关注的，看看有没有让股价爆发的事件发生，但请不要妄想“公司大事”天天有，那是不可能的，而且要有心理准备，有可能大半年都没有一件真正有价值的“公司大事”发生。

从图2-50中可以很清晰地看到，江西铜业在一定阶段是没有任何真正有价值的“公司大事”发生的。

【2009-07-29】
刊登预计09年1-6月归属于母公司所有者的净利润将比上年同期减少57%～64%公告
江西铜业2009年半年度业绩预告

预料中的“利空”在市场强势背景下不会构成太大影响

经江西铜业股份有限公司初步测算，预计2009年1-6月归属于母公司所有者的净利润将比上年同期（归属于母公司所有者的净利润为308120万元人民币）减少57%～64%。具体财务数据公司将在2009年半年度报告中予以详细披露。

业绩变动原因：受国际金融危机影响，2009年上半年本公司主要产品销售价格比上年同期大幅下跌，导致主营业务利润下降。

【2009-07-13】
刊登江铜CWB1行权价格调整公告
江西铜业江铜CWB1行权价格调整公告

根据有关约定，江西铜业股份有限公司A股股票除息时，公司认股权证"江铜CWB1"的行权比例不变，行权价格按有关公式调整，调整后的新行权价格为15.40元。"江铜CWB1"行权价格变更的实施日期为公司A股2008年度股利分配除息日（2009年7月13日）。

非常正常的公告，几乎对股价本身不会带来任何的刺激影响

【2009-07-09】
刊登江铜CWB1行权价格调整的提示性公告
江西铜业江铜CWB1行权价格调整的提示性公告

根据有关约定，江西铜业股份有限公司A股股票除息时，公司认股权证"江铜CWB1"（代码：580026）的行权比例不变，行权价格按有关公式调整。"江铜CWB1"行权价格变更的实施日期为公司A股2008年度股利分配除息日（2009年7月13日）。

非常正常的公告，几乎对股价本身不会带来任何的刺激影响

【2009-07-07】
刊登2008年度分红派息实施公告
江西铜业2008年度分红派息实施公告

江西铜业股份有限公司实施2008年度利润分配方案为：每股派人民币0.08元（含税，扣税后每股派0.072元）。

股权登记日：2009年7月10日

除息日：2009年7月13日

现金红利发放日：2009年7月17日

图 2-50　江西铜业公告（2009 年 7 月 7 日至 2009 年 7 月 29 日）

（2）别忘记盯住联动品种的“公司大事”。

很多人只盯着自己选择标的的“公司大事”，却忽略了一个非常重要的环节，那就是没有盯住联动品种的“公司大事”，从而错失机会。

联动品种就是能够相互影响的品种。怎么相互影响？比如宝钢股份涨停了，武钢股份等钢铁股的重要品种会不会跟涨，一般情况下是会的，这就是联动的结果。

在这里，江西铜业的联动品种，影响最明显、最直接的就是同为铜行业个股的云南铜业。两者很多时候都是呈现“一涨则共涨，一跌则共跌”的状况。所以，关注江西铜业的同时不能够忽略其联动品种云南铜业。在关注江西铜业本身的“公司大事”过程中，也必须关注云南铜业的“公司大事”。

（3）搞清楚四个有价值的“公司大事”，分别是传言、重组、增发与收购合并，并懂得针对不同市场做出相应的操作策略。

在图2-51云南铜业的公司大事里，对比图2-50，很容易就发现，在相同的时间段里，云南铜业明显有真正有价值的“公司大事”发生。没错，就是“传闻”与“增发”。

2009年7月17日因传闻停牌，2009年7月23日才澄清复牌并公布增发消息。这里对江西铜业则存在两大关联作战机会影响，一是云南铜业停牌期间的无限遐想会助推江西铜业，二是云南铜业复牌后的澄清与增发消息会让云南铜业继续疯狂同时继续助推江西铜业

一、传闻情况

2009年7月17日，《每日经济新闻》刊载了张奇所撰写的《云南铜业普朗铜矿注入传闻刺激股价涨17%》。与云南铜业股份有限公司（以下简称“本公司”）相关报道的主要内容如下：

传闻（1）：普朗铜矿现阶段探明储量达180万吨，远景资源量可达500万吨；

可能会在9月底召开世界自然遗产大会中把这个矿划出自然遗产范围，集团将可以开采这个矿，并很快将其注入云南铜业；

传闻（2）：云铜将在赤峰建冶炼厂，当地政府可能会给配一些小矿山和探矿权；

传闻（3）：公司要整合“四矿一厂”的剩余股权；

传闻（4）：玉溪矿业的大红山矿西段勘探有新进展，有可能会有新增储量。

二、澄清说明

经核实，本公司针对上述传闻事项说明如下：

（一）关于传闻（1）

本公司向云铜集团公司核实，普朗铜矿是云铜集团控股的迪庆有色金属有限公司下属的一个矿山，目前对该矿山只拥有探矿权。经初步勘探，普朗铜矿具有一定的远景资源储量，但至今未获得相关专业部门的储量核实报告。

本公司不知道9月份召开世界自然遗产大会，也不能获悉会把这个矿划出自然遗产范围。

2009年内，云铜集团不可能将普朗铜矿注入本公司

（二）关于传闻（2）

本公司已于2006年与赤峰金峰公司合资兴建了赤峰云铜公司，本公司持有65%的股权。该公司现已建成投产，生产能力为年产10万吨高纯阴极铜，目前生产经营正常，2009年上半年实现利润6,105万元。公司已于2007年7月12日在指定媒体和网站上发布了《云南铜业股份有限公司赤峰项目投产公告》。

据2005年11月24日《云南铜业（集团）有限公司、赤峰市人民政府关于合作开发赤峰地区铜产业的协议》，双方就合作开发赤峰地区铜产业达成的协议：云南铜业（集团）有限公司可以在赤峰市范围内进行风险探矿，赤峰地区今后新发现的铜矿资源按市场规则优先配置给云南铜业股份有限公司和赤峰金峰铜业有限责任公司。

（三）关于传闻（3）

本公司在2007年3月份完成定向增发。在进入本公司的“四矿一厂”中，除持有金沙矿业51%的股权外，对其余公司均持有100%的股权。

金沙矿业公司剩余的49%股权中，海南金阜实业有限公司占20%，自然人持股占29%。按照现行的《国务院国有资产监督管理委员会关于规范国有企业职工持股、投资的意见》（国资发改革[2008]139号）和《国务院国有资产监督管理委员会关于实施<关于规范国有企业职工持股、投资的意见>有关问题的通知》（国资发改革[2009]49号）的相关规定要求，对不规范的职工持股清理工作正有序推进，现清理方案已上报云南省国资委、中国铝业公司待批。待该部分股权整合完毕后，本公司将会及时披露相关信息。

（四）关于传闻（4）

对本公司全资子公司玉溪矿业公司大红山西部矿段新增储量事宜的说明：2009年3月3日，云南省国土资源厅《云南省划定矿区范围批复》（<滇>矿复[2009]第18号）对本公司全资子公司玉溪矿业公司大红山铜矿矿区范围进行了划定批复。根据此批复，矿区面积约8.97平方公里，开采深度由1000米至-300米标高。其中：目前已探明西矿段地质储量34.9万吨，可采储量27.92万吨，现矿产资源开发利用方案已编制完成待审，并在探矿权基础上申办采矿权。迄今为止，采矿权正在办理当中，该矿区也未发现有新增的铜矿资源储量。

【2009-07-17】

因媒体报道了公司有关传闻，今起停牌

江西铜业上的点上找不到爆发的重大事项时，就要把注意力转移到同一板块的关联品种身上去寻找机会了，没错，就是云南铜业

云南铜业临时停牌

因《每日经济新闻》报道了云南铜业股份有限公司的有关传闻，经公司申请，深圳证券交易所将于2009年7月17日开市起对云南铜业（证券代码为000878）进行临时停牌，待公司刊登相关公告后复牌。

图 2-51　云南铜业公司大事一览（2009 年 7 月 17 日）

真正有价值的“公司大事”，无外乎以下四点：

①传闻。传闻有好也有坏，一般而言，在阶段性大的上涨行情中，更多的是利好传言，有利于股价进一步上扬；阶段性大跌过程中，更多的是利空传闻，促使股价进一步下跌。不管是利好传闻还是利空传闻，我们都要结合具体环境辩证地看待。需要特别记住两点：

一是在阶段性大的上涨行情中，对于主力品种，传闻往往会让股价上扬，不用管是利好还是利空。不论主力还是散户，只要传闻在市场扩散开来，会吸引很多人对其重点关注，在人心“思涨”的背景下，资金更多的都是趁机采取买入的策略，股价能不继续疯狂上扬吗?

二是在阶段性大跌过程中，如果是利空的传闻，往往会促使其加速下跌；当然有真正利好的传闻能促使股价出现一定反弹，但往往也难以持久，因为更多的人都是“思跌”。所以阶段性大跌过程中，千万别贸然按照传闻去操作，会很危险。

②重组。重组要看其本身的力度有多大，如果非常大，大到彻底脱胎换骨，那股价暴涨是必然的。如果仅仅是一般性的重组，只是稍微锦上添花，就要结合大环境辩证看待了。

正如传闻要记住的两大点一样，关键是要看大的环境是在上涨过程中还是在下跌过程中。具体如何做跟面对传闻时的处理方式差不多。需要特别记住的是，别成为最后的接盘者，一般情况下，重组消息公布前，股价都或多或少有异动，如果异动非常疯狂，建议敬而远之；如果异动较为正常，才具有可操作的机会。

③增发。增发其实就是上市公司为了一些项目进行的融资。对企业而言，如果项目本身能够带来较大收益，那肯定是利好的。

相反，如果项目本身最终带来的将是负担，那肯定是利空的。

在项目还没最终结果前，都只能是预期，所以，这就非常微妙而且有意思了。大环境阶段性向上，市场情绪较为乐观，增发肯定是利好，因为大家都憧憬增发后未来的结果会非常成功。

相反，大环境阶段性向下，市场情绪较为悲观，那么，增发肯定是利空的，因为大家对未来本身就没什么信心，现在还要“圈钱”做项目，结果往往是利空。

④收购合并。收购合并本身也是类似重组的一种具体模式，毕竟一个项目需要资金，也很可能结合增发来展开。因此，这里可以看成是“重组”与“增发”的结合，具体把握上，也要辩证去看，结合大的市场环境，依照上面的思路，在此就不再详细阐述了。

（4）一旦基本确定停牌品种复牌后大涨，就要提前一步积极杀进没停牌的联动品种。

透过剖析，图2-51里云南铜业的“传言”停牌发生日期是2009年7月17日，当时的大盘状况正处于一个大的阶段性上涨过程中，所以大的环境完全能够让这“传言”成为股价的爆发点，再结合图2-52，即云南铜业本身形成的突破形态，就可以更加确定这一点是没有太多悬念的。

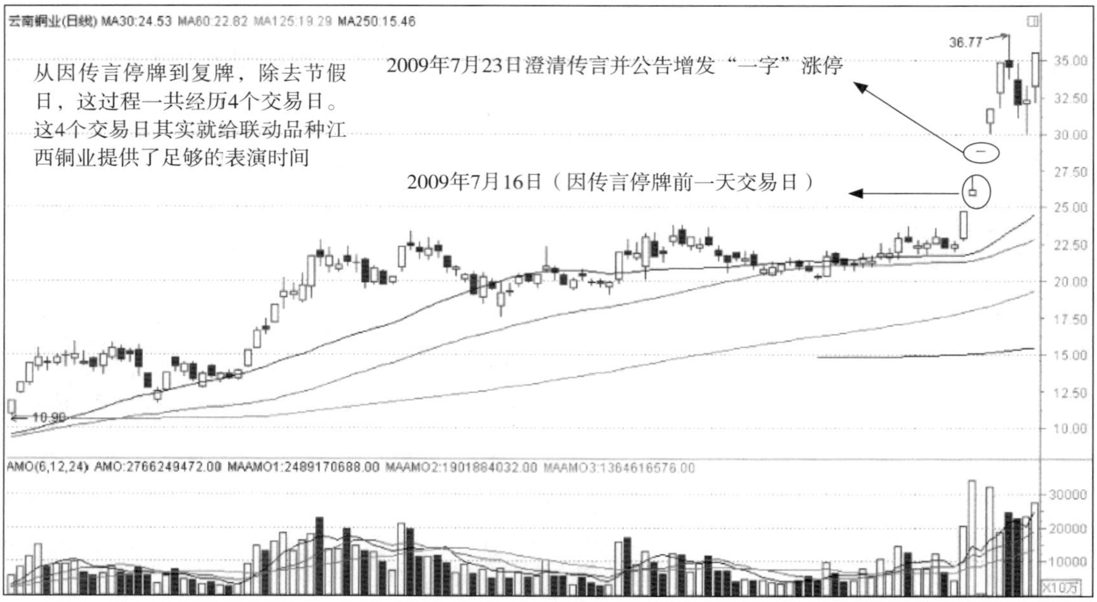

图 2-52　云南铜业股势

“公司大事”导致云南铜业停牌，一旦复牌将支持继续上涨。如果你在盯着江西铜业的同时也没忘记云南铜业，就应该非常清楚，江西铜业作为没停牌的联动品种短期进一步上涨的爆发契机来了。

一旦基本确定联动品种复牌后会继续大涨，此时要做的，就是在停牌品种复牌前积极杀进没停牌的联动品种。道理很简单，就是冲着联动的影响而去。

（5）停牌品种停牌的时间越久，越有利于联动品种行情的走势。

由于云南铜业停牌时间最终达到了4个交易日，这对江西铜业而言，是非常好的真空期，此时，多方完全可以近似天马行空的方式向上推进。停牌越久往往说明传言背后的真实就越不简单，这不就可以提供最好的炒作契机了吗？

图2-53中，可以清晰地看到，在云南铜业停牌的4个交易日里，江西铜业本身出现了4个阳线持续上攻的动作，1根大阳，1个涨停与2根小阳。作为操盘手，一般情况下，是能够至少在云南铜业停牌当下迅速采取行动杀进江西铜业的，也就是说，停牌期间，因联动影响带来操盘收益至少应有一个涨停以上。

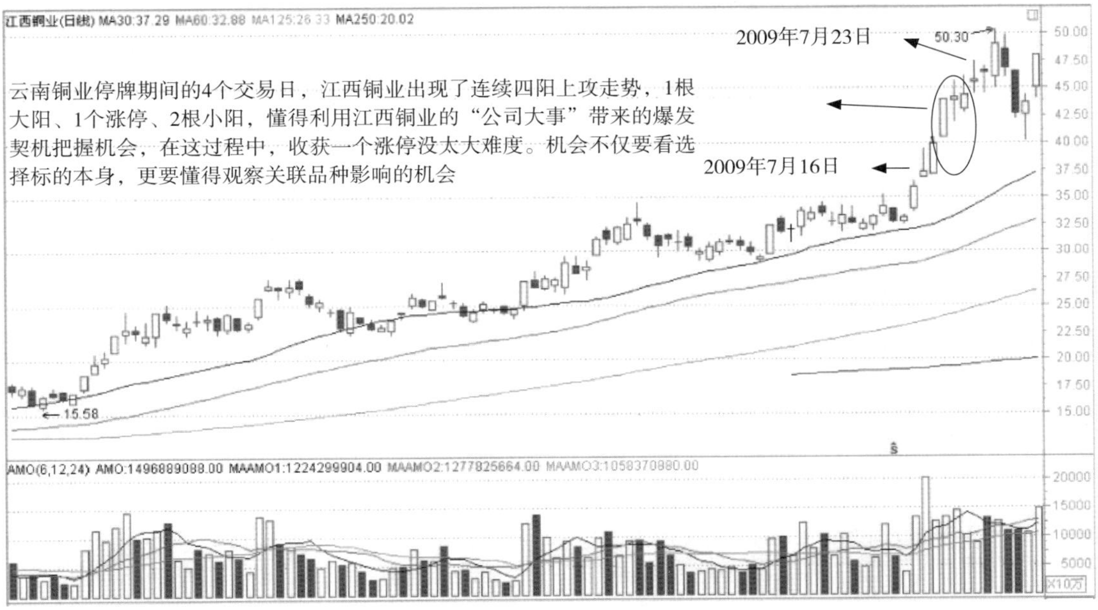

图 2-53　江西铜业 4 个阳线持续上攻走势

一个涨停以上的收获，发生在短短4个交易日，这就是懂得研究把握联动品种“公司大事”带来影响的结果。这个过程中，最难的就是你是否早就有这样清晰的操盘思路、是否能够在第一时间果断做出决策，剩下的就是等待云南铜业复牌后的状况再做打算。

总的来说，停牌品种停的时间越久，越有利于联动品种行情的走势。

（6）复牌因超预期信息带来进一步上攻的收获叫“送的收获”，要记得留点利润给别人，别太恋战。

最终云南铜业复牌带来的消息是“澄清传言”与“增发”，“澄清传言”一般都是上市公司面对“传言”的常规动作，这非常合理，但“增发”就充分解释了为何停牌时间较长，带来的结果是实质性的。

前面已经知道，“增发”在市场环境阶段性向好的背景下有利好的作用，“传言”本身就已经等于一个利好了，再来个“增发”，“双利好”夹击，很显然，云南铜业的进一步上攻可以再看高一线，联动品种江西铜业当然也是如此。

复牌后因消息的超预期带给联动品种的进一步上攻，多出来的收获具有不可控性、不确定性，所以可以归结为“送的收获”。

因此，作为前面已经潜伏的操盘手，面对“送的收获”，继续笑纳即可。让利润更大，本身也是操盘所追求的。只是，此时切记，不可过于恋战，毕竟短期累计的获利盘已经非常多，留点利润给别的投资者是非常有必要的。话说回来，如果没有超预期的消息，联动品种复牌之时就是跟随品种短期出货之时。

5. 小结

（1）“行业分析”是“面”，“公司大事”是“点”，作战就是需要“点面结合”来实现目的。“行业分析”要懂得“擒贼先擒王”，“公司大事”实战价值是比较突出的。

（2）在“行业分析”里，数据的对比才是重点，而不是对数据本身的研究。“主营收入”对比可以告诉你企业的行业地位，这是剖析的重点之一。流通盘占比的信息也不容忽视，对于权重品种或行业龙头品种，数据的对比很有价值。“销售毛利率”对比具有非常大的实战价值，排名前列的品种往往是市场各路资金关注的对象，大环境一旦配合，里面往往有可能出大牛股。

（3）资本市场是造梦的地方，在“行业分析”里，对各种重要数据一定要有相当的深入认识，很多机会蕴藏其中，在充分对比后选择标的，才能对其价值有更全面、更清晰的认识。大牛股要真正抓到，运气固然需要，但更多的还是从各种基本功着手，这里的数据对比分析就是一个不可或缺的重要环节。

（4）“公司大事”里，真正有价值的“公司大事”不可能天天有，要有长时间没有的心理准备。在盯住选择标的“公司大事”的同时千万别忘记其联动品种的“公司大事”。既然是联动，某个层面来说，两者的“公司大事”虽然隶属不同，但影响却有集中于一体的效果。

（5）真正具有价值的“公司大事”无外乎“传言”“重组”“增发”与“收购合并”。

要懂得辩证地去看待这些信息，在不同环境下要采取不一样的策略。总的来说，市场阶段性上涨时，不管是什么，只要是大事就以利好来看待；市场阶段性下跌时，不管是什么，只要是大事，非真正具有冲击力的大事，以一般事件或“利好出尽是利空”的平和心态看待，不贸然采取行动是上策，如动则要把握“快进快出”的原则。

（6）在大环境向上的背景下，利用联动品种停牌带来的交易性机会，原则有三：

第一，一旦基本确定停牌品种复牌后大涨，就要提前一步积极杀进没停牌的联动品种。

第二，停牌品种停牌的时间越久，越有利于联动品种行情的走势。

第三，复牌因超预期信息带来进一步上攻的收获叫“送的收获”，记得留点利润给别人，别太恋战。

（7）机会很多时候都是在平时充分积累准备后耐心等出来的，就如上面的机会一样，不可能天天有，但只要把握住了几次，收益多得难道还不足以让你“笑傲江湖”吗？

学到这里，你会发现，很多市场波动的表象背后其实都是有一套逻辑的，并非盲目。

因此，面对资本市场里的波动，难道不应多一分景仰与谦虚吗？市场有没有意义，就看你自己的修炼有没有达到一定层次，如果每天仅仅是用“赌博”一样的心态面对市场，最终的结果将是什么收获也没有。

成为一个成功的操盘手，外在的技巧并不重要，内在的底蕴才是最重要的。

第三章

股票技术面分析——形态篇

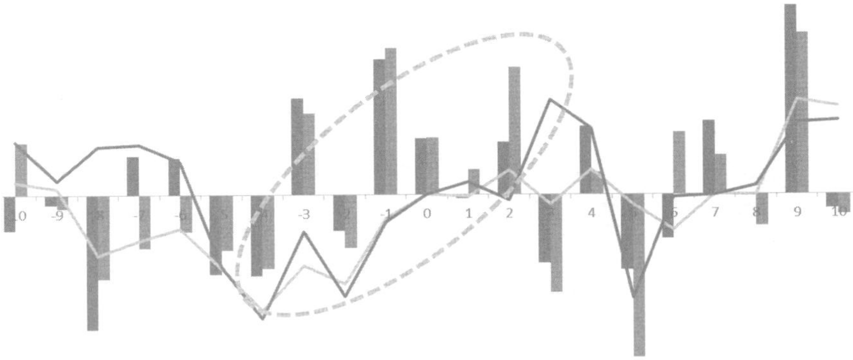

导 读

什么是技术分析？技术分析研究的内容是什么？刚接触股票的时候，笔者曾一度以为技术分析就是利用图形分析股票市场，不过，随着时间的推移，接触面与学习面逐步扩大，笔者对技术分析的理解也逐步加深。技术分析是股票交易者必须掌握的内容，与专业素养价值分析相比较，这种方法在传授性、学习性方面的价值远远高于价值分析理论。从投资绩效上讲，在股票交易中，技术分析取得的成绩毫不逊色，它一样可以将“价值投资者”发掘的所有大牛股一网打尽，还可以捕捉到后者遗漏的牛股。

技术分析的研究范围可以扩展到所有可以利用图形来分析的市场。如商品市场，进一步来说其实就是商品期货市场，这个商品包含的范围是极其广泛的，几乎所有可以交易的物品都可以归纳到这个范畴。了解这点后就可以明白，股指期货分析本质上也就是股票市场分析的进一步深入。

其实，只要能够利用过去的数据描绘出具体的图形走势，就具备了技术分析的前提条件。比如，利用以往的数据预测经济增长的未来走势，看起来似乎有点神奇，但只要你能够深入地去了解技术分析，一切都将变得十分自然。你要知道，技术分析很多是基于人的心理波动规律以及大自然的基本规律而总结出来的可供借鉴的、规律性的东西。

第一节　技术分析的基本概念

一、技术分析的四个要素和三大前提

技术分析包括以下四个要素：价格、成交量、时间和空间。

价格：市场行为最基本的表现价，是指股票过去和现在的成交价。技术分析中主要依据的价格有开盘价、最高价、最低价和收盘价。

成交量：是指股票过去和现在的成交量（或成交额）。技术分析要做的工作就是利用过去和现在的成交价和成交量资料来推测市场未来的走势。

时间：指股票价格变动的时间因素和分析周期。一个已经形成的趋势在短时间内不会发生根本改变，中途出现的反方向波动，对原来趋势不会产生大的影响。一个形成了的趋势又不可能永远不变，经过一定时间又会有新的趋势出现。

空间：指股票价格波动的空间范围。从理论上讲，股票价格的波动是“上不封顶、下不保底”的。但是，市场是以趋势运行的，在某个特定的阶段中，股票价格的上涨或下跌由于受到上升趋势通道或下跌趋势通道的约束而在一定的幅度内振荡运行，空间因素考虑的就是趋势运行的幅度有多大。

其中，时间、空间体现了趋势的深度和广度。

（一）市场行为包含一切信息

市场行为包含一切信息，这听起来确实有点绝对。“包含一切”这样表达绝对的字眼本不该出现在没有绝对的技术分析研究里。为何不少人把技术分析看成一门艺术？从本质上说，就是由于这里有一个任人发挥的空间。研判准确率的高低，相应地代表了研判者在这个市场的艺术水平。20世纪美国股票作手杰西·利物莫说：“大众应该始终记住股票交易的要素。一只股票上涨时，不需要花精神去解释它为什么会上涨。”简单理解就是无论是大盘还是个股，也无论是上涨还是下跌，永远不必问当天市场出了什么消息，以及是什么因素导致波动上涨或下跌，结合图表你就可以从中获利或是提前回避风险。

当然，这里有点说远了，但笔者认为在这里还是有必要让读者朋友明白技术分析的艺术性，不要以为学会技术分析后，就可以“天下无敌”了，那样的想法其实是相当幼稚的。这也是笔者刚开始学技术分析时的状况，只不过随着对市场认识的深入，才慢慢明白技术分析的艺术性。

回到刚才谈到的“包含一切”，其实也不难理解。这个市场的行为本质上是受人的买卖意识所影响的，而这个买卖意识其实就是需求与供给，毕竟价格的波动、市场信息的体现，最终要由需求与供给来决定，这也符合经济学原理。

根据笔者的经验和理解，可以得出价格变化应当反映供求的变化。如果需求大于供给，价格应上涨；如果供给大于需求，价格应下跌。这种关系是所有经济预测的基础。技术分析人士把这句话倒过来就会得出结论，如果价格上涨，那么无论出于什么具体原因，需求必定超过了供给，而且基本面必定看涨；如果价格看跌，那么基本面必定走熊。或许对于一般投资者而言，上述所言看上去有些难以理解，其实并非笔者刻意说复杂，只是觉得这些东西不论对谁而言，都是值得回味咀嚼、深入理解的。

（二）价格呈趋势运动

“趋势”，别小看这两个字，它是股市赢利的关键。在技术分析里，它可以带给我们无限的机会，同样也可以带给我们无限的风险。股票价格波动取决于买卖双方的力量对比，这种力量互相抗衡、此消彼长，对于技术分析而言，这是相当重要的精髓，趋势既代表了方向，又代表了惯性（图3–1）。

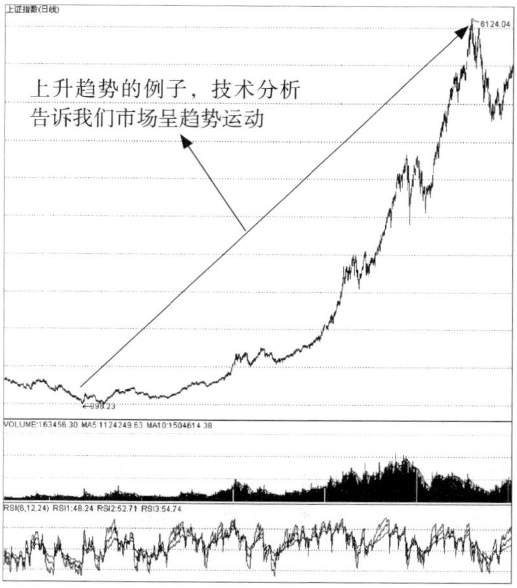

图 3–1　上升趋势示例

趋势代表的方向，一是向上，二是向下，三是横向。只要市场存在，多空双方的斗争中就没有一方能够完全消灭另一方。当一方占据优势的时候，就会走出趋势行情，即多方占优势走上升趋势，空方占优势走下降趋势；当双方势均力敌的时候，就会呈现横盘震荡整理的形态。简单来说就是一上一下一横。当然，“横”本质上也是由上上下下的细微“趋势”形成的。因此，如果最简要地阐述趋势的方向，趋势其实就是向上或向下。

读者需要的是把握好这个趋势，毕竟趋势是有尽头的。在向上的趋势里，最终的结局往往就是变成一个向下的趋势，反之亦然。“没有只涨不跌或者只跌不涨的品种”，这句话就是对上下趋势运动简单明了的注解。

（三）历史会重演

历史会重演，并不是说过去的走势会完全重复上演，而是指未来有可能阶段性地出现与过去非常类似的走势。世界上没有两片完全相同的树叶，但是所有的树叶看起来都差不多，同样的道理，走势中细微之处虽不尽相同，却有一个大体重复的过程。说白了，完全一样是不可能的，但存在一种相似性，需要对这一点有很清晰的认识，大部分形态或者说大的形态完全一样是非常有可能的。技术分析以及市场行为研究的大部分内容，都需要研究人类的心理。在过去100年中已经被确定并分类的各种走势形态，在价格走势图中表现为各种类型的图案。这些图案揭示了市场的看涨或看跌心态。既然这些形态过去很管用，那么就假定它们将来会同样有效。它们以研究人类的心理为基础，而人类的心理往往不变。最后一个前提——历史会重演的另一个说法是，了解未来的关键在于对过去的研究，或者说未来仅仅是对过去的重复。

道理是什么？其实并不复杂，就是人类的心理波动往往具有一定的规律性，或者说反复性，不随时间的推移而改变，而市场本质上是由人的心理波动带来的交易行为总和，因此，这样的交易行为在相似的环境下必然重演历史。研究好历史重演的规律，难道不就是非常好的技术分析吗？

在对技术分析的三大前提有所了解后，接下来最为核心的内容，就是具体的形态分析，认识和把握好各种具体形态，是技术分析的重要基础。投资者每天看着那些日线图，上上下下好像是在无序波动，其实这样的波动所形成的形态，反映了一定的心理波动及多空双方力量对比的变化，而这些变化又会给未来波动方向带来一些实质性的指向作用。前人对此做了大量的统计与研究，读者需要做的就是学好并领悟这些已经总结出来的东西，并且牢记在心，结合具体的市场波动慢慢发现并找出适合自己应用的新技术，在前人的基础上做更多的总结，把图例在电脑行情软件上调出并细细研读，模拟当时的走势，提升自己的交易水平。

二、千里之行始于足下：形态分析是一切的开始

股市技术分析包含的范围是非常广泛的，要想全部学通学精，不仅不现实，而且实际意义并不大。这就如大家读书一样，并不是说书读得越多，能力就越强；书读得多，只能说明知识水平达到相当的程度，但并不能说就一定具备非常强的实力或者能力。读书很重要，但更重要的是要懂得如何去读书。面对那么多的技术分析方法，结合自己过去的学习经历，笔者建议投资者在开始学习的时候，首先学习形态分析。毕竟投资者每天都要在电脑前看各种各样的图形，而从这些最直观的图形里去发现一些有价值的信息是最基础的。

形态分析中，要弄清楚的首先就是类别与概念问题。形态无非就两类：反转形态与持续形态。反转形态表明趋势中的重要转折正在发生；持续形态显示市场仅是暂作停留，可能是要对短期的超买或超卖做出调整，此后现存趋势将恢复。

最常见的反转形态有5种：头肩顶、三重顶和三重底、双顶和双底、圆弧底（顶）形态、“V”形底（顶）部反转形态。

持续形态，则包括三角形、旗形、楔形以及矩形。这些形态通常反映出现行趋势的停顿而不是反转，因此相对于主要形态而言，它们通常被归为中级形态或小形态。

两类形态结合起来看上去是不是有点繁杂？没错，确实如此，但花心思好好去研究和学习还是非常具有现实价值的。笔者刚开始学习这些形态分析时，自以为一旦把这些都能很好掌握，在这个市场将会“天下无敌”。现在回头去看，掌握后“天下无敌”固然是笑话，但为进一步提升能力打下坚实的基础倒是事实。学形态分析不要怕麻烦，它是需要好好静下心去学才能完成的事情。如果你真的想要在这个市场有所成就或是提升能力的话，首先要做的就是对掌握形态分析。

三、技术分析的优点和局限性

（一）技术分析的功用

1. 重要因素最终都会反映在市场价格与成交量的变动上。不能反映在价格、成交量上的变动因素就不是重要的因素。

2. 可以从市场行为的历史中推演出未来市场趋势的发展轨迹，然后顺势而为。

3. 投资者能充分利用其提供的精确买卖时机信号，若使用得当可大大获利。

（二）技术分析的优点

1. 是一种理性分析，其结论比较客观，图表、技术指标反映的各种信号都不能因人的主观意愿而改变。

2. 分析方法简明易懂，在科学技术手段发达的今天，任何投资者都可以运用。

3. 适用于各种交易媒介（股票、期货、汇率等）和时间尺度（数周、月、年等）。

4. 已经通过价格等市场行为容纳了基础性因素，因此可在很大程度上替代基础分析，甚至只应用技术分析就可以。

（三）技术分析的局限性

1. 只是透过理性的层面，告诉投资者市场趋势发展方向的最大可能性，而不可能揭示其必然性以及每一次价格波动的高低点及时间。

2. 指示的各种买卖讯号大多具有时滞性。

3. 有许多“死角”，常有错误信号发出或信号不灵敏，使信号可信度大打折扣。

4. 所指示的信号尽管是客观的，但不同的分析者仍会对信号有不同的解释。

5. 在特殊的大行情中，任何技术分析工具都有可能失效。

（四）技术分析方法应用时应注意的问题

1. 技术分析必须与基本分析结合，才能提高准确度，单纯的技术分析是不全面的。

2. 注意多种技术分析方法的综合研判，切忌片面地使用单一的技术分析方法。

3. 已经存在的结论要通过自己的实践验证才能放心使用。

第二节　K线形态

一、认识K线图

K线图最早是日本德川幕府时代大阪的米商用来记录当时一天、一周或一月中米价涨跌行情的图示法，后被引入股市等投资市场。

K线图有直观、立体感强、携带信息量大的特点，蕴涵着丰富的东方哲学思想，能充分显示股价趋势的强弱、买卖双方力量平衡的变化，预测后市走向较准确，是各类传播媒介、电脑实时分析系统应用较多的技术分析手段。

日K线是根据当天一天的走势中形成的四个价位，即开盘价、收盘价、最高价、最低价绘制而成的（图3–2）。

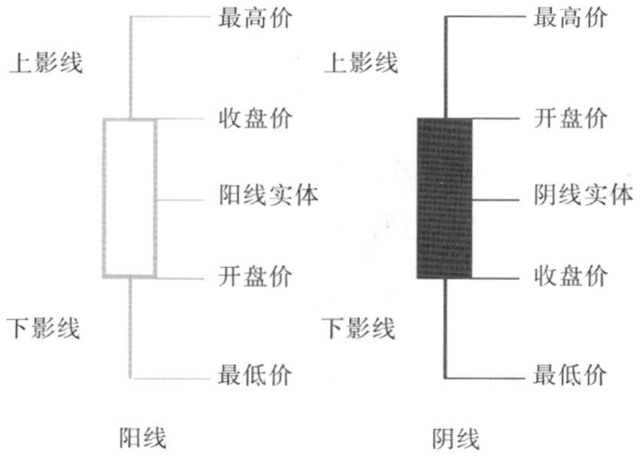

图 3–2　K 线图分类

收盘价高于开盘价时，则开盘价在下收盘价在上，二者之间的长方柱用红色或空心绘出，称之为阳线；其上影线的最高点为最高价，下影线的最低点为最低价。

收盘价低于开盘价时，则开盘价在上收盘价在下，二者之间的长方柱用绿色或实心绘出，称之为阴线，其上影线的最高点为最高价，下影线的最低点为最低价。

根据K线的计算周期可将其分为1分钟K线、3分钟K线、5分钟K线等短时间周期的分钟K线，以及日K线、周K线、月K线、年K线等长时间周期的K线。

根据开盘价与收盘价的波动范围，可将K线分为小阳星、小阴星、小阳线、小阴线、中阳线、中阴线和大阳线、大阴线等线型（图3–3）。

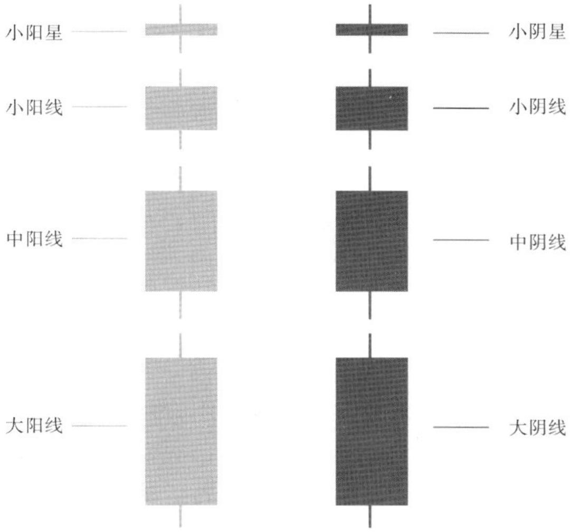

图 3–3　K 线分类

注意：

（一）K线是一种短线分析方法，即试图用第一天的特征去预测第二天的走势，而市场实际的变动是复杂的，与投资者的主观判断经常会出偏差，因此操作时依据想象的、不确定的结果进行买卖，成功率不可能很高。

（二）K线方法只能作为战术手段，不能作为战略手段。K线是一种战术决策手段，一般作为其他理论的辅助工具来使用。在实际操作中，将K线与趋势分析、指标分析结合使用，K线的优点可以表现得淋漓尽致。

（三）投资者要善于使用周K线。很多投资者习惯于看日线以指导操作，但日K线容易出错，而周K线反应的是中级行情，时间周期长，所以周K线的准确率远高于日K线。

（四）K线组合分析要根据实际情况进行修改和调整。K线组合形态是总结历史经验的产物。在实际市场中，完全符合前面所介绍的组合形态的情况并不多见，如果一成不变地照搬，可能会错失良机，所以投资者在实战中要根据实际情况适当改变策略。

二、阴线、阳线和十字星的种类

（一）小阳星

全天股价波动很小，开盘价与收盘价极其接近，收盘价略高于开盘价。如果收盘价等于开盘价，此时的K线图也称为阳十字星，小阳星的出现（图3-4），表明行情正处于混乱不明的阶段，无法预测后市的涨跌，此时要根据其前期K线组合的形状以及当时所处的价位区域综合判断。

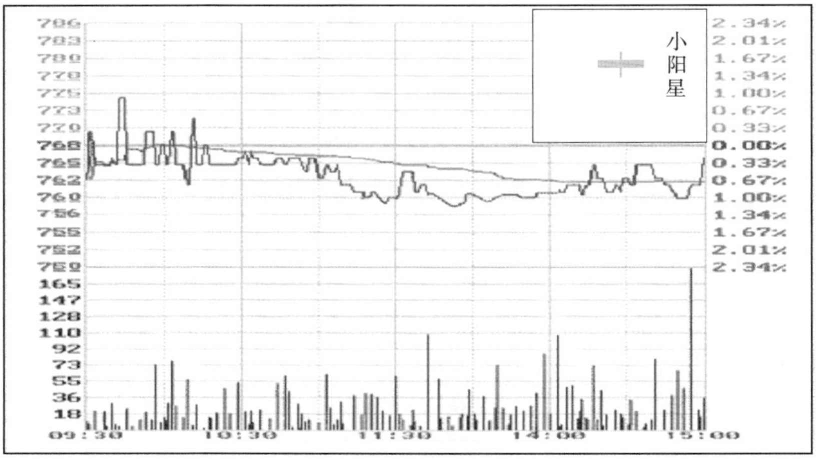

图 3-4　小阳星示例

（二）小阴星

小阴星的分时走势图与小阳星相似，只是收盘价格略低于开盘价格。表明行情处于疲软阶段，发展方向不明。同样，如果收盘价等于开盘价，此时的K线图也称为阴十字星。

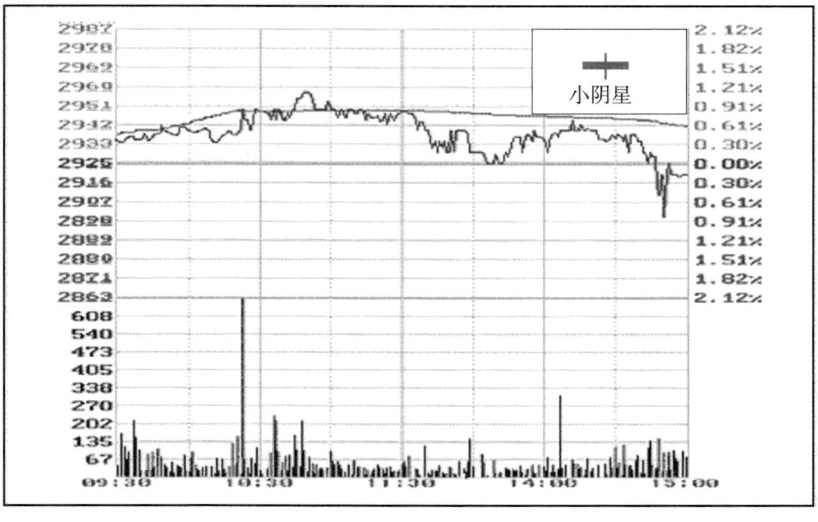

图 3-5　小阴星示例

（三）小阳线

小阳线波动范围较小，阳星增大，多头稍占上风，但上攻乏力，表明行情发展扑朔迷离。

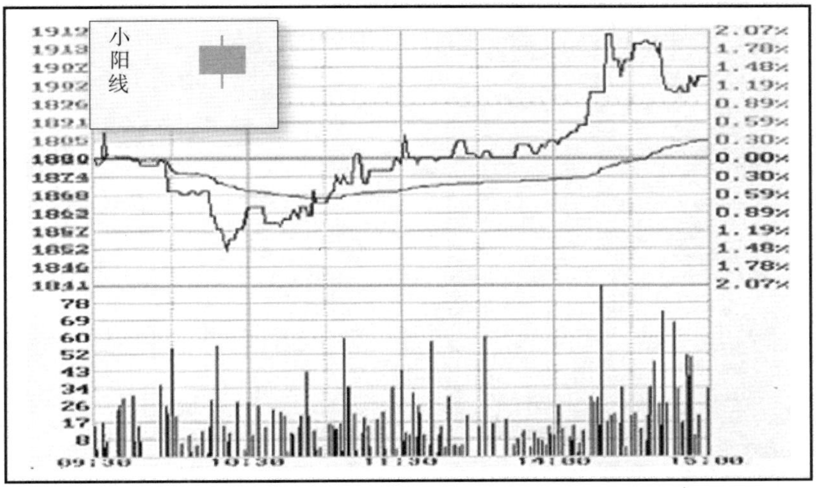

图 3-6　小阳线示例

（四）上吊阳线

如果在低价位区域出现上吊阳线，股价探底过程中成交量萎缩，随着股价的逐步攀高，成交量均匀放大，并最终以阳线报收，预示后市股价看涨。

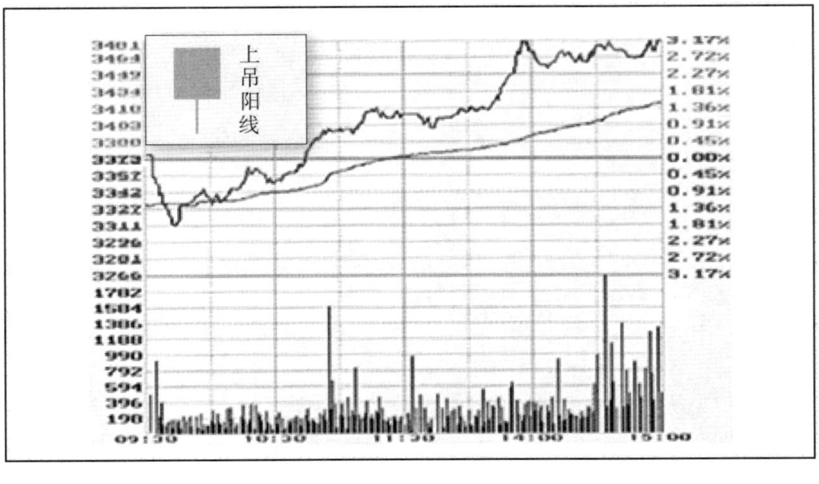

图 3-7　上吊阳线示例

（五）下影阳线

下影阳线的出现，表明多空交战中多方的攻击沉稳有力，股价先跌后涨，行情有进一步上涨的潜力。

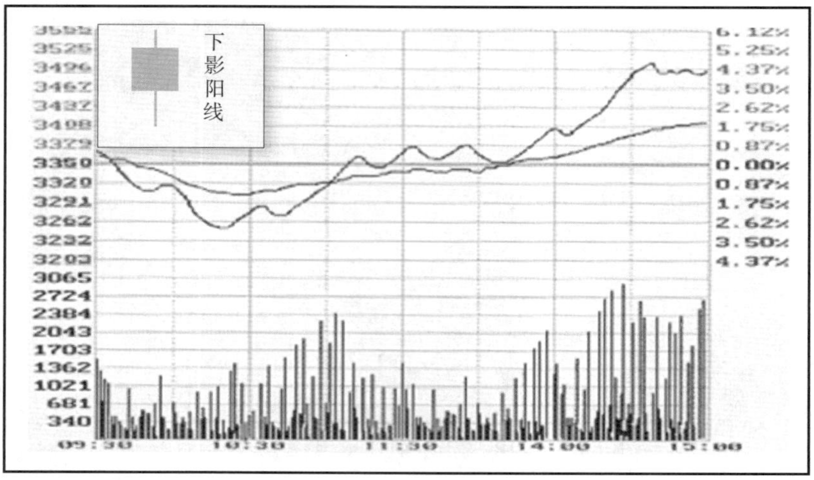

图 3-8　下影阳线示例

（六）上影阳线

上影阳线显示多方攻击时上方抛压沉重。这种图形常见于主力的试盘动作，说明此时浮动筹码较多，涨势不强。

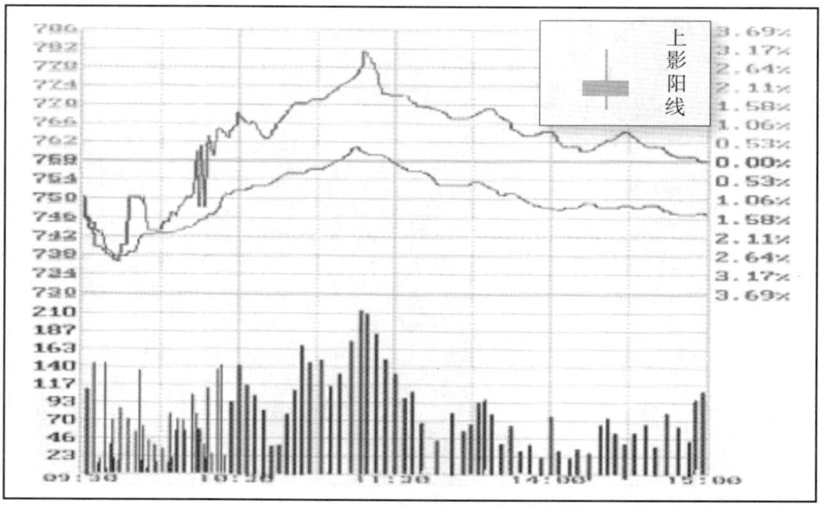

图 3-9　上影阳线示例

（七）穿头破脚阳线

穿头破脚阳线说明多方已占据优势，并出现逐波上攻行情，股价在成交量的配合下稳步升高，预示后市看涨。同样为穿头破脚阳线，股价走势若表现出在全日多数时间内横盘或者盘跌而尾市突然拉高时，预示次日可能跳空高开后低走。还有一种情况，股价走势若表现为全日宽幅振荡尾市放量拉升收阳时，可能是当日主力通过振荡洗盘驱赶坐轿客，然后轻松拉高，后市可能继续看涨。

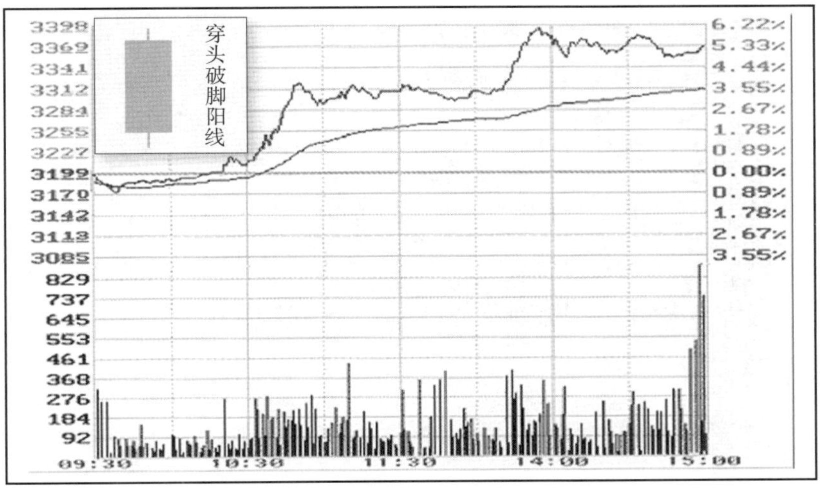

图 3-10 穿头破脚阳线示例

（八）光头阳线

光头阳线若出现在低价位区域，在分时走势图上表现为股价探底后逐浪走高且成交量同时放大，预示为一轮上升行情的开始。如果出现在上升行情途中，表明后市继续看好。

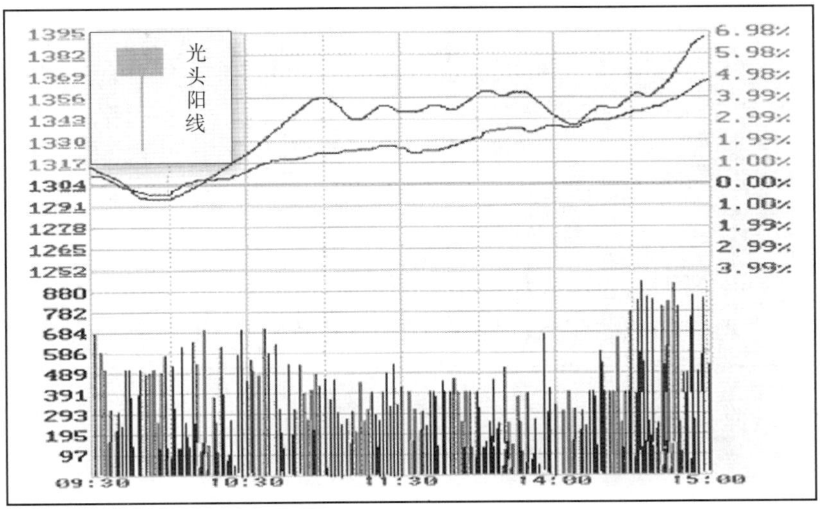

图 3-11 光头阳线示例

（九）光脚阳线

光脚阳线表示上升势头很强，但在高价位处多空双方有分歧，购买时应谨慎。

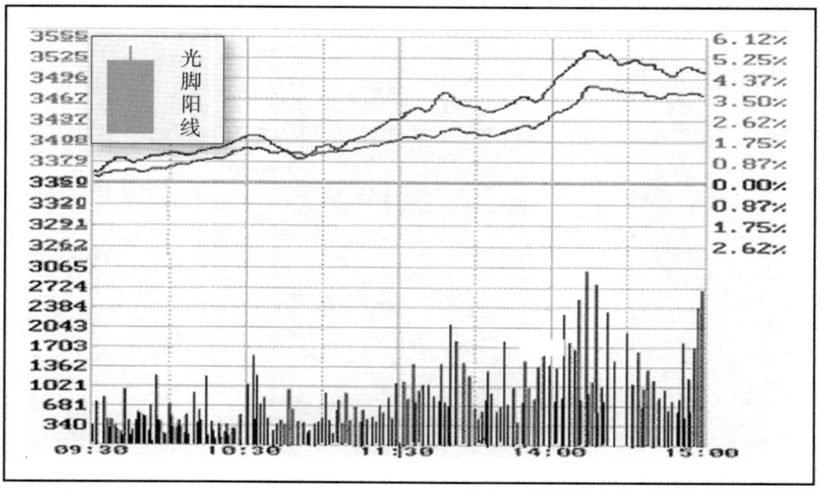

图 3-12 光脚阳线示例

（十）小阴线

小阴线表示空方呈打压态势，但力度不大。

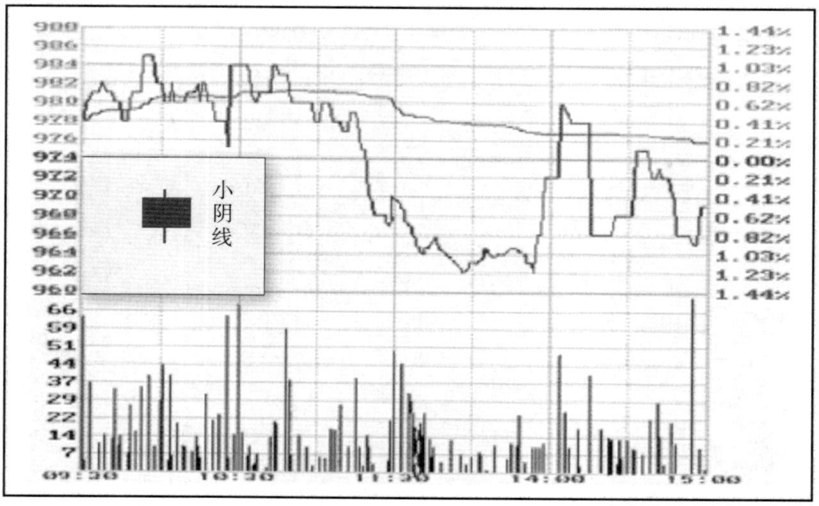

图 3-13 小阴线示例

（十一）光脚阴线

光脚阴线的出现表示股价虽有反弹，但上档抛压沉重。空方趁势打压使股价以阴线报收。

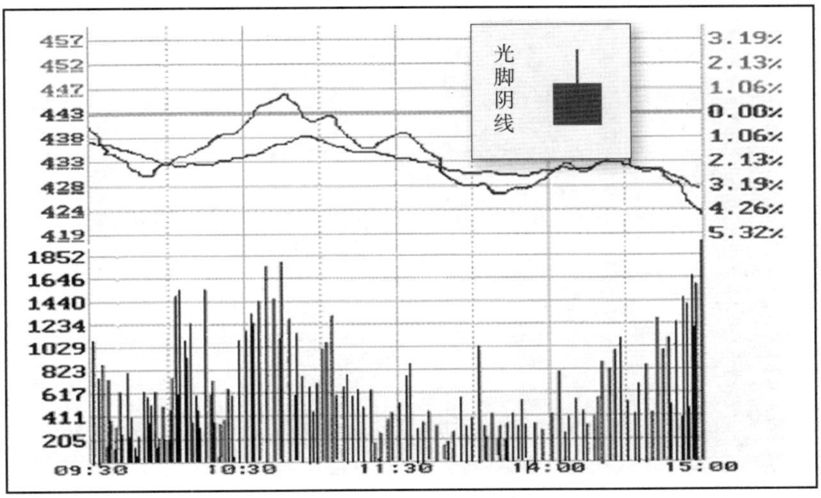

图 3-14　光脚阴线示例

（十二）光头阴线

光头阴线是一种带下影线的黑实体，开盘价是最高价。一开盘卖方力量就特别大，价格一直下跌，但在低价位上遇到买方的支撑。后市可能会反弹，但力度不大。

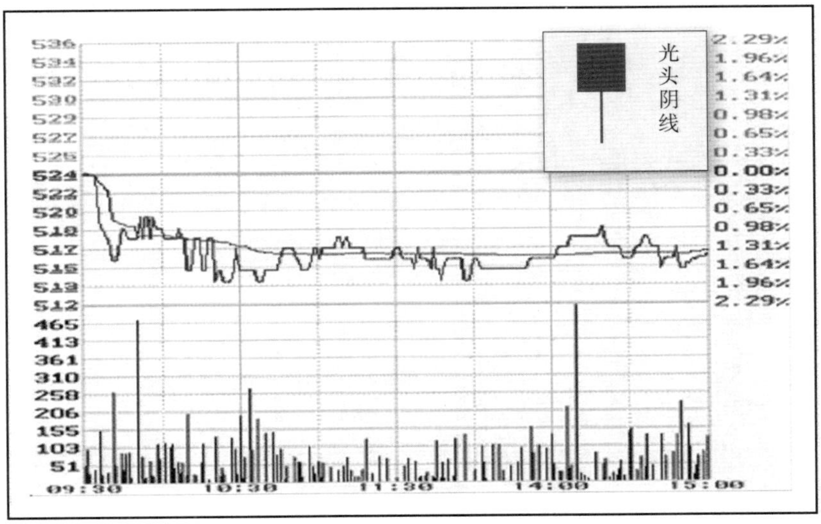

图 3-15　光头阴线示例

（十三）下影十字星、下影阴线、T型线

这三种线型中的任何一种出现在低价位区时，都说明下档承接力较强，股价有反弹的可能。

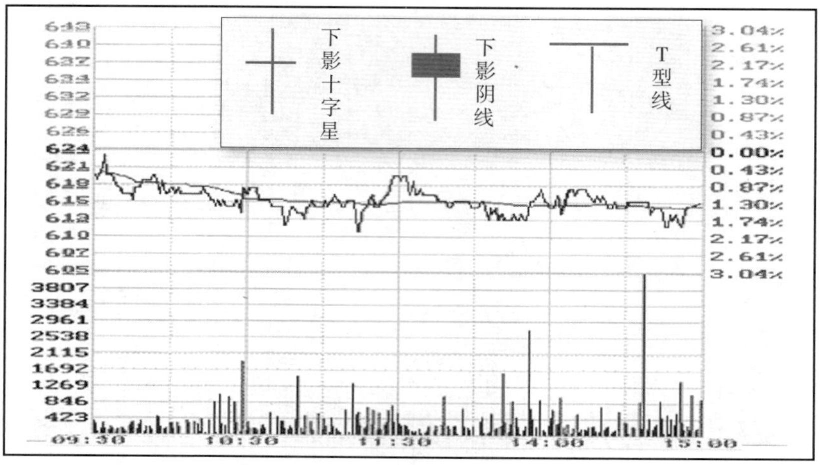

图 3-16 下影十字星、下影阴线、T 型线示例

（十四）上影阴线、倒T型线

这两种线型中的任何一种出现在高价位区时，说明上档抛压严重，行情疲软，股价有反转下跌的可能；如果出现在中价位区的上升途中，则表明后市仍有上升空间。

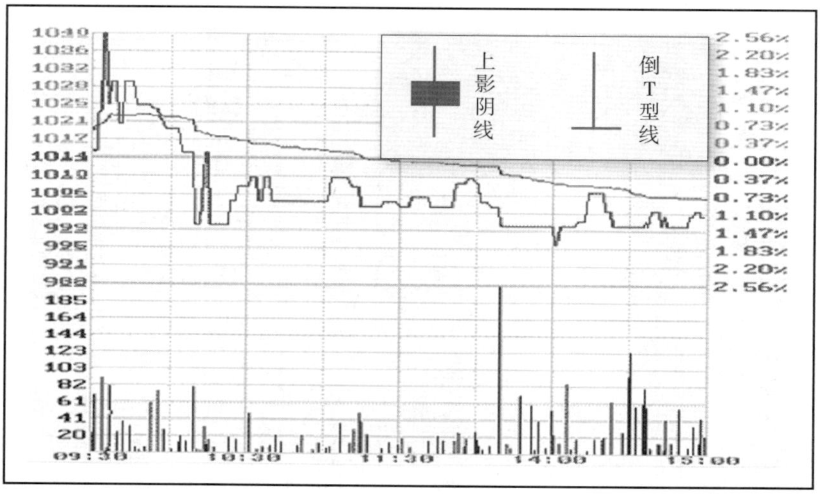

图 3-17 上影阴线、倒 T 型线示例

（十五）十字星

图3-18这种线型常称为十字星，无论出现在高价位区或低价位区，都可视为顶部或底部信号，预示大势即将改变原来的走向。

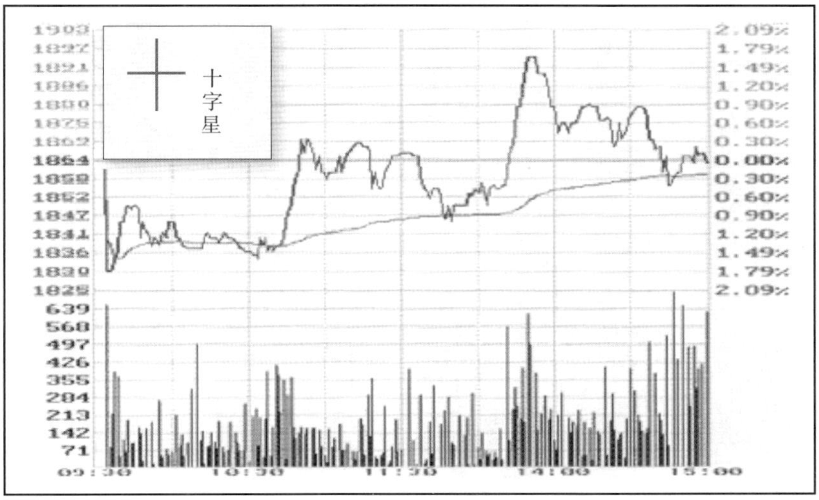

图 3-18　十字星示例

（十六）大阴线

股价横盘一日，尾盘突然放量下攻，表明空方在一日交战中最终占据了主导优势，次日低开的可能性较大。

如果股价走出如图3-19所示的逐波下跌的行情，这说明空方已占尽优势，多方无力抵抗，股价被逐步打低，后市看淡。

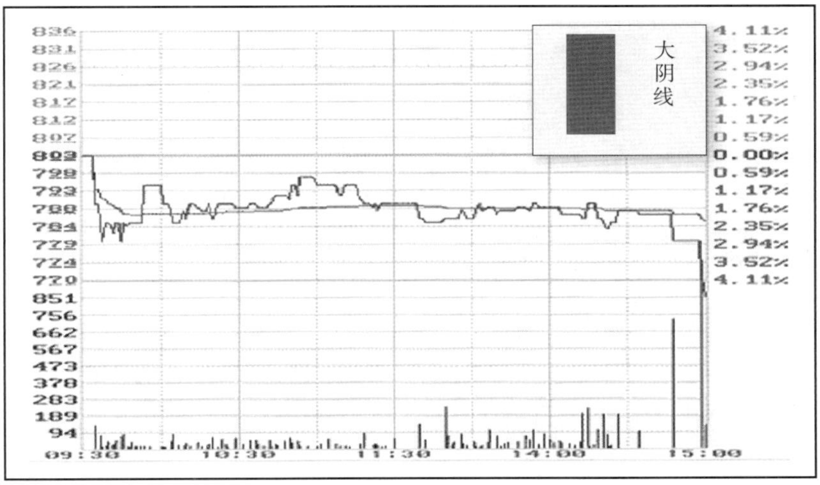

图 3-19　大阴线示例

第三节　经典K线组合

一、T型线

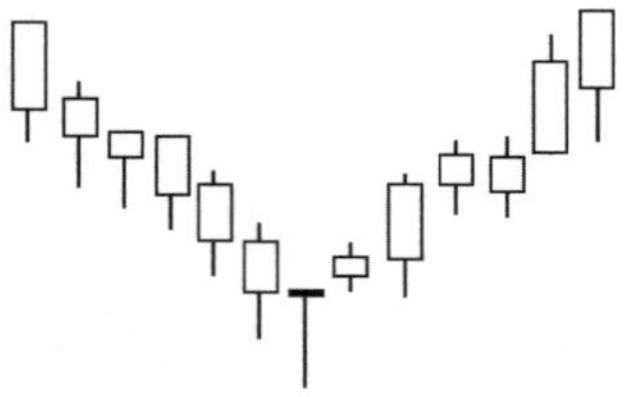

图 3-20　T 型线示例

应用法则：
底部看涨，顶部看跌的变盘线。

二、V型反转

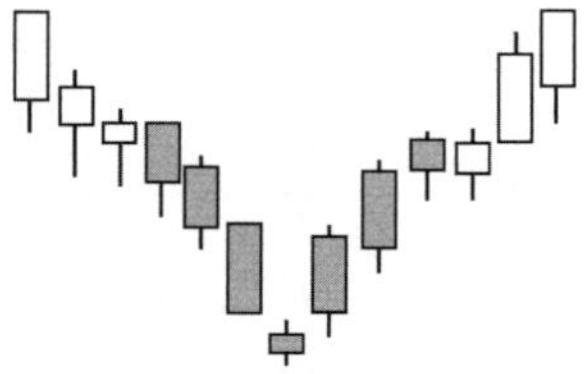

图 3-21　V 型反转示例

应用法则：
底部见底，反转上升。

三、长上影线

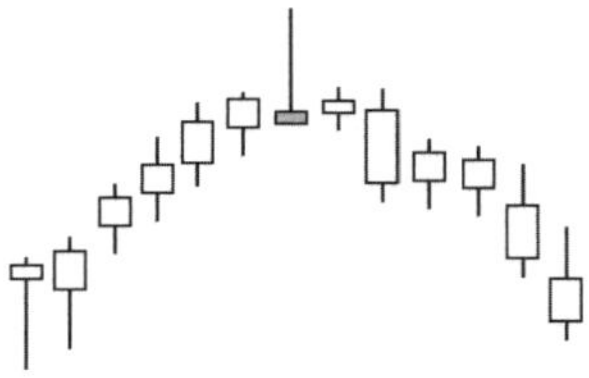

图 3-22 长上影线示例

应用法则：

长上影线出现在上升趋势的高位，若成交量放大，则意味着多头追高积极，但高位抛压沉重，价格向上攀越艰难，行情很可能调头回档或反转。

长上影线出现在下降趋势的低位，若成交量放大，则意味着多头抄底盘介入，但不能有效遏制抛压，多空双方已逐渐转向势均力敌。

四、十字线

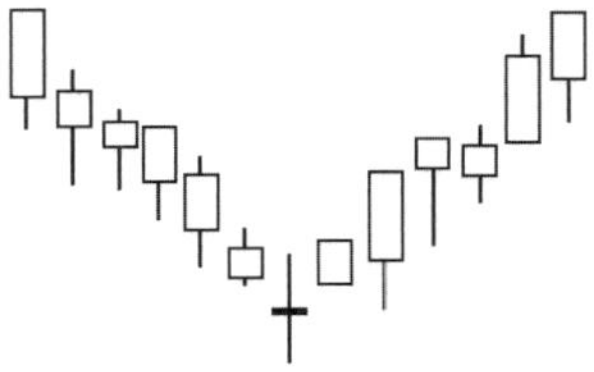

图 3-23 十字线示例

应用法则：

十字线可能构成重要的警告信号，原趋势停顿或反转。只有在一个市场不经常出现十字线的条件下，十字线才具有重要意义。如果具有很长的上影线，或者具有很长的下影线，则更加意味着市场犹豫不决，较普通的十字线更具有预示着原趋势停顿或反转的研判意义。

五、长下影线

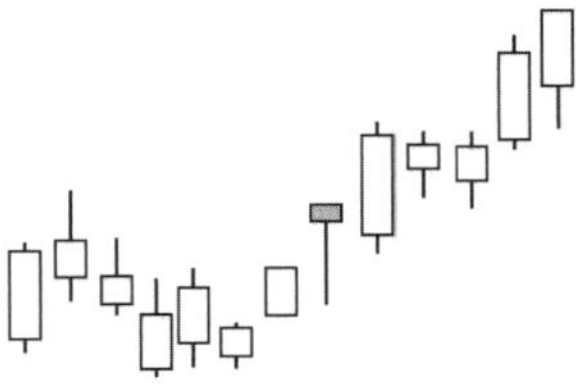

图 3-24 长下影线示例

应用法则：

长下影线出现在上升趋势的高位，若成交量放大，则意味着抛压加重，承接踊跃，但有多头力竭之感。

长下影线出现在下降趋势的低位，若成交量放大，则意味着有恐慌性筹码抛出，但低位接盘踊跃，有大量多头抄底盘介入。

六、出水芙蓉

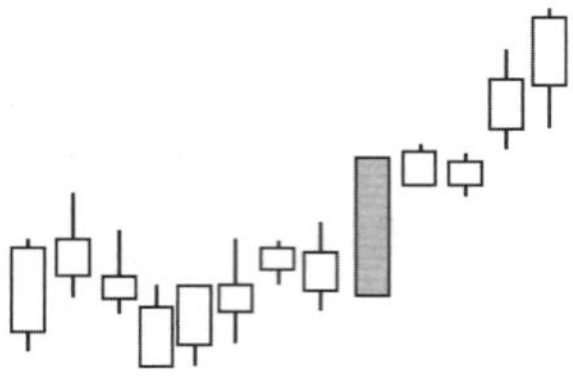

图 3-25　出水芙蓉示例

应用法则：

一根大的阳线上穿三条均线，改变均线为多头排列，后势看涨。

七、大阳线

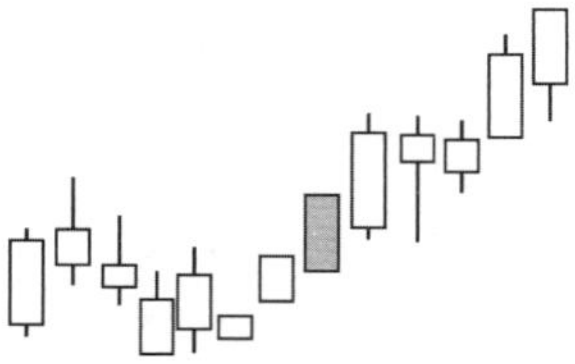

图 3-26　大阳线示例

应用法则：

大阳线在上升行情中出现，则意味着行情剧烈地向上攀升；大阳线在下跌行情中出现，则意味着行情剧烈地向上反弹。

八、大阴线

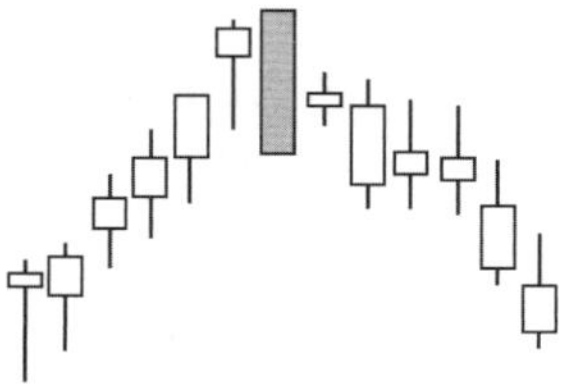

图 3-27　大阴线示例

应用法则：

大阴线在上升行情中出现，则意味着行情深幅向下回档；大阴线在下跌行情中出现，则意味着行情加速地向下惨跌。

九、倒V型反转

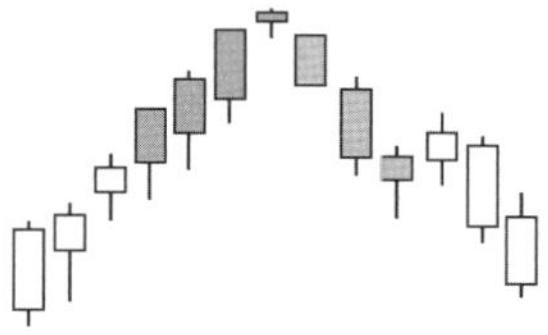

图 3-28 倒 V 型反转示例

应用法则：

反转形态，后势看跌。

十、倒锤子

图 3-29 倒锤子示例

应用法则：

如果倒锤子线出现在下降趋势之后，则构成一个看涨的K线图形态，这一点与普通的锤子线同出一辙。

在分析倒锤子线时，有一点非常重要：当倒锤子线出现后，必须等待下一个时间单位的看涨信号并对它加以验证。

倒锤子线的验证信号可能采取这样的两种形式：一种是倒锤子线次日的开市价向上跳空，超过了倒锤子线的实体。向上跳空的距离越大，验证信号就越强烈。另外一种形式是若倒锤子线次日是一根白色K线，并且它的价格处在较高的水平，则完成了看涨的验证信号。

第四节　经典形态组合

一、多空力量博弈：反转形态

（一）头肩底（顶）形态

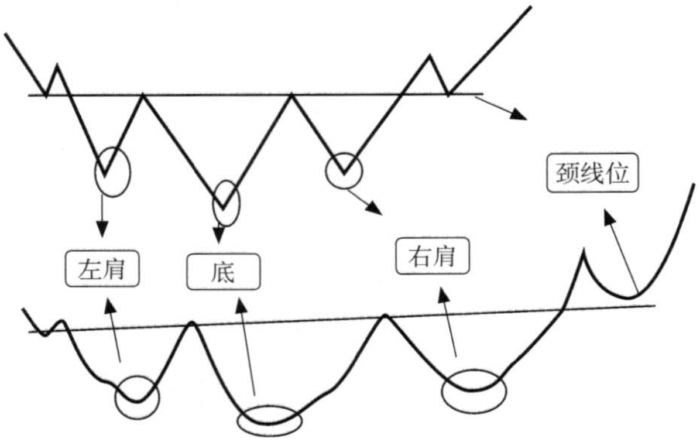

图 3-30　头肩底形态

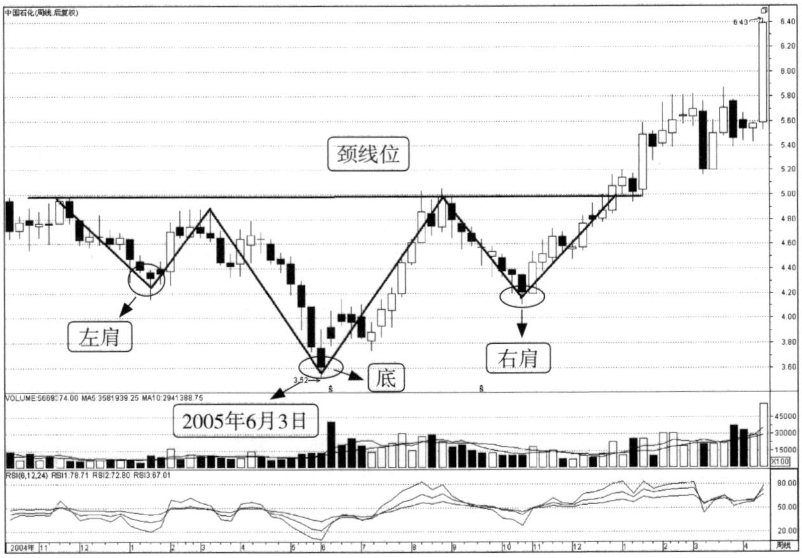

图 3-31　头肩底形态示例（1）

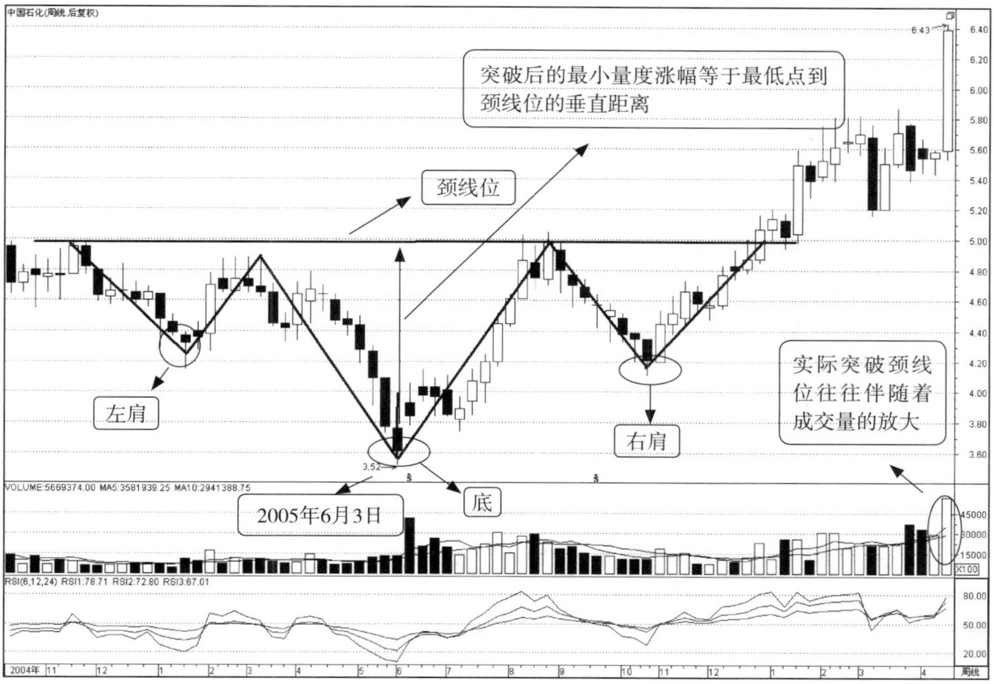

图 3-32 头肩底形态示例（2）

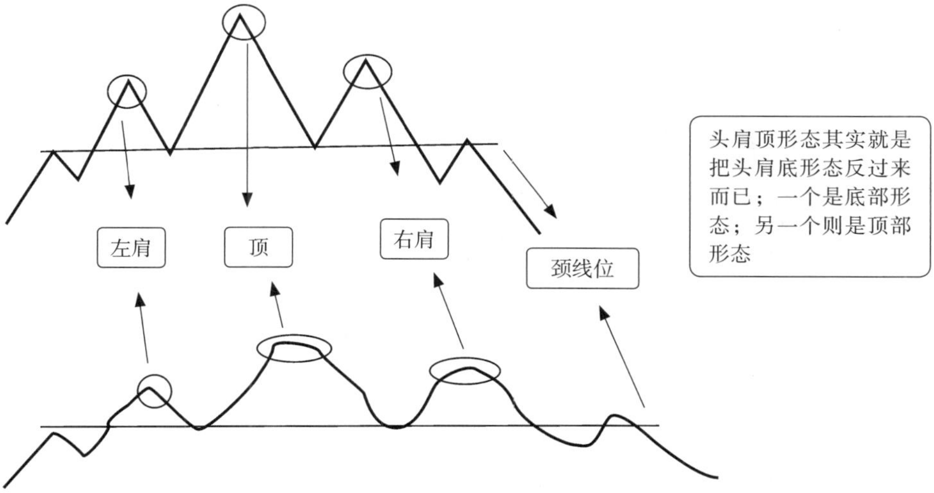

图 3-33 头肩顶形态

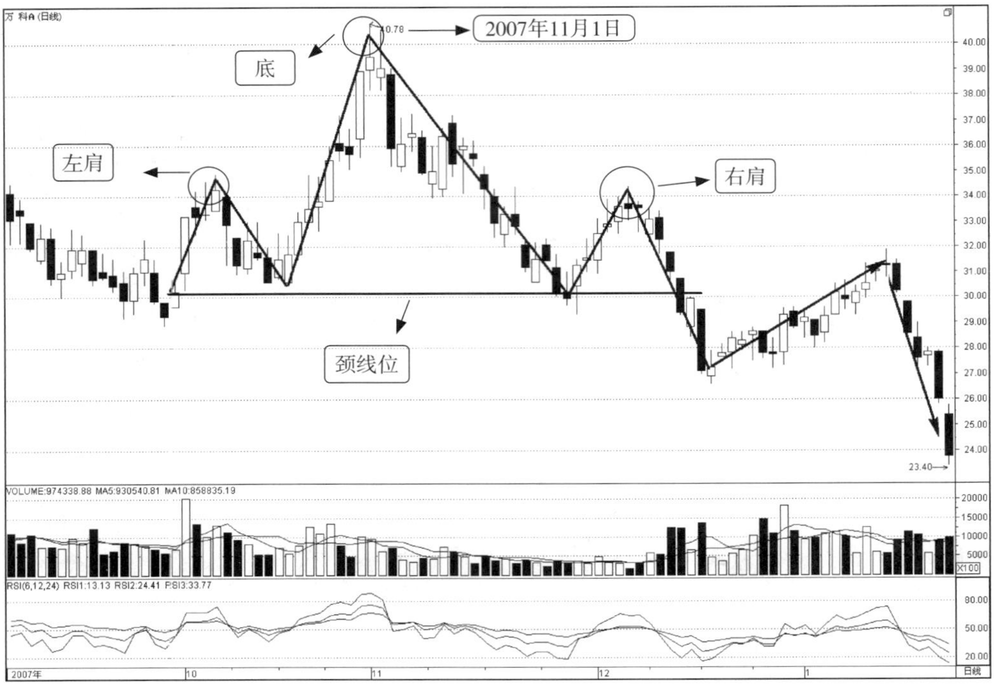

图 3-34　头肩顶形态示例（1）

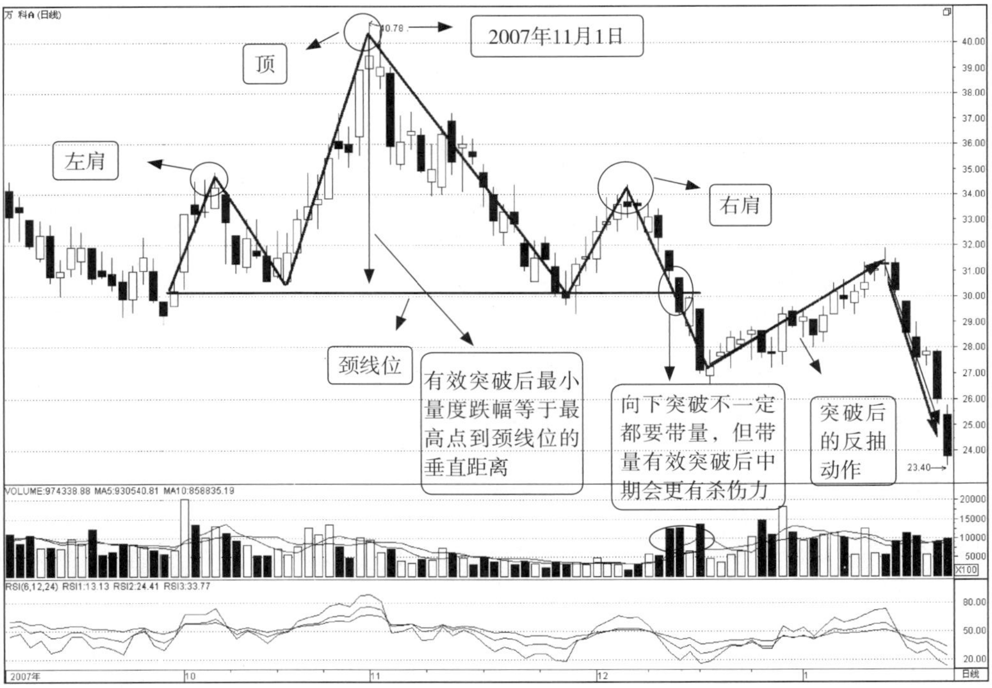

图 3-35　头肩顶形态示例（2）

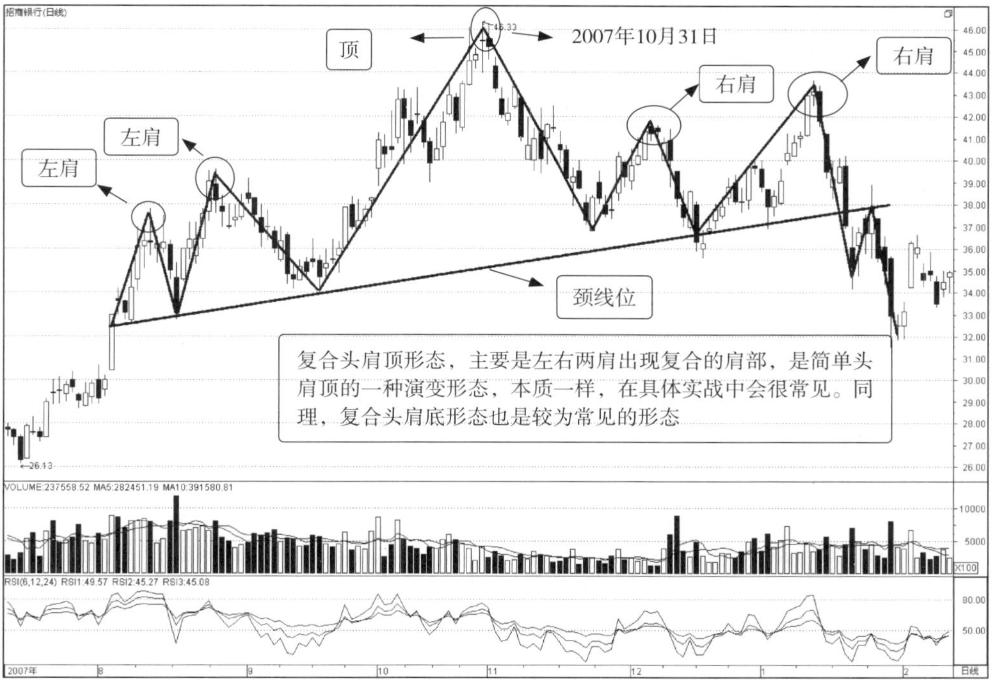

图 3-36　复合头肩顶形态示例

头肩底（顶）形态要点总结：

（1）头肩底（顶）形态都可演变为复合头肩底（顶）形态，在实战过程中，我们更多面对的是复合头肩底（顶）形态。

（2）在头肩底形态中，成交量在突破颈线位所体现的重要性远比头肩顶形态明显，道理就是向上需要更多的能量，向下往往可以自由落体。

（3）头肩底（顶）的最小量度涨（跌）幅等于最低（高）点到颈线位的垂直距离。

（二）双底（顶）形态和三重底（顶）形态

1. 双底（顶）形态

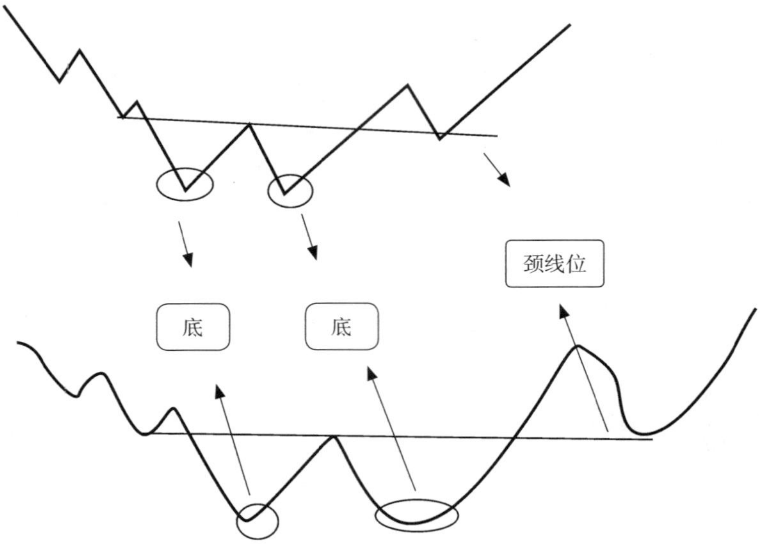

图 3-37　双底形态

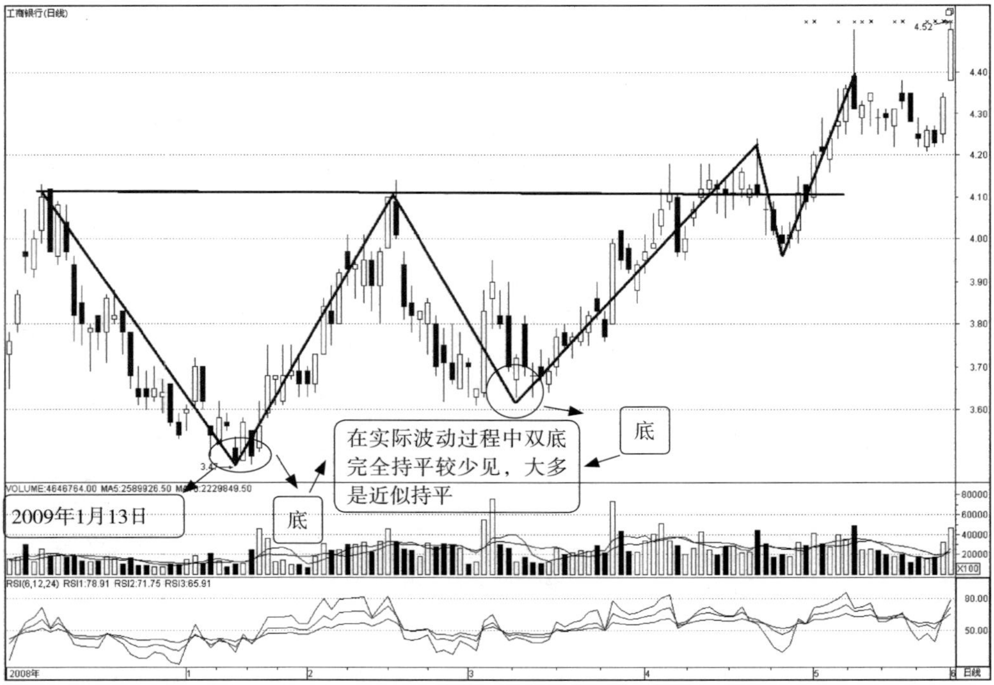

图 3-38　双底形态示例（1）

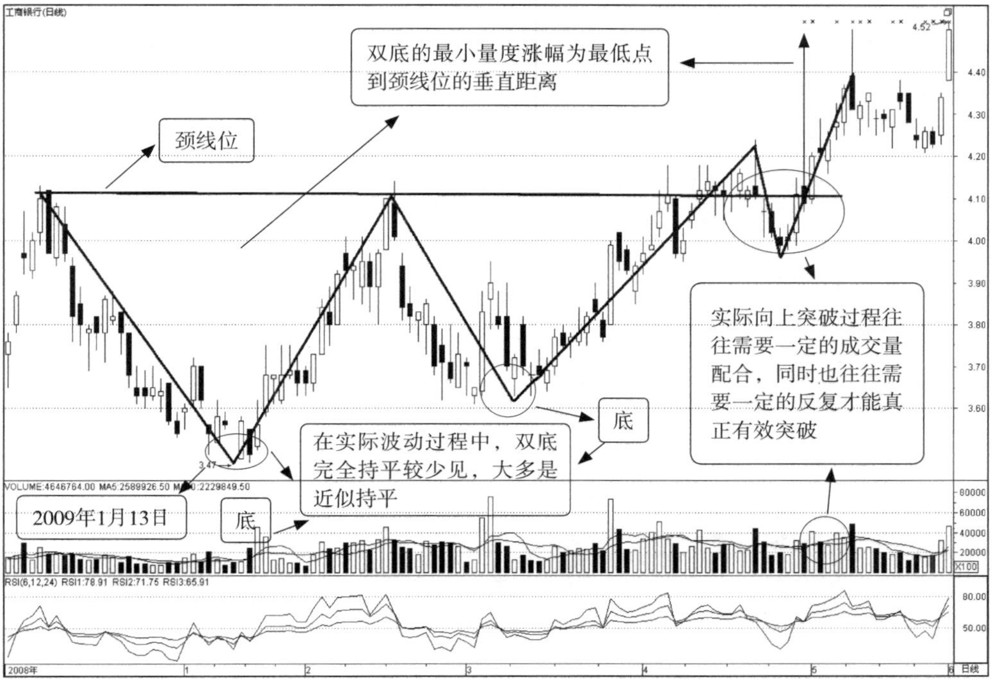

图 3-39　双底形态示例（2）

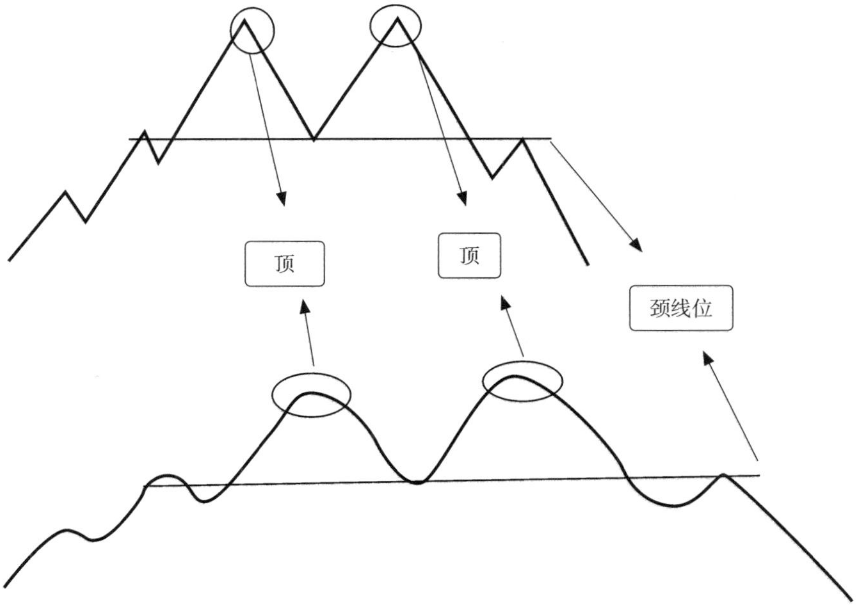

图 3-40　双顶形态

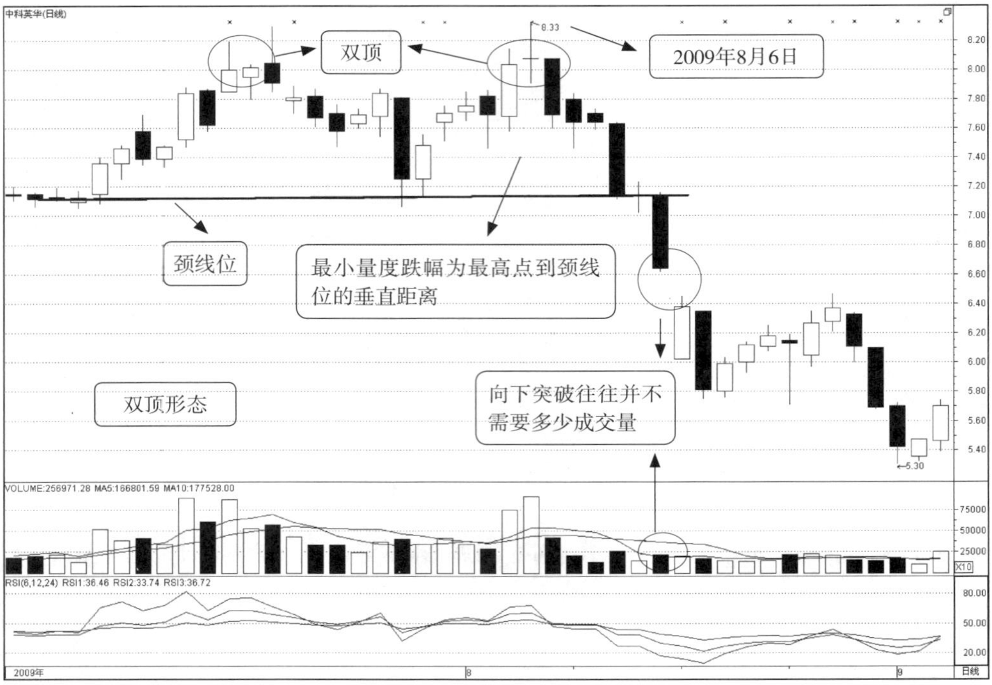

图 3-41　双顶形态示例

2. 三重底（顶）形态

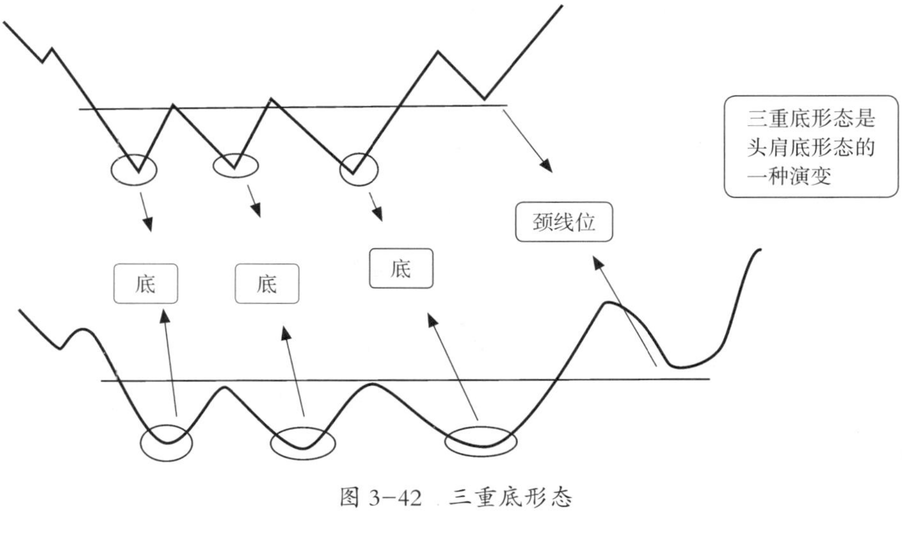

图 3-42　三重底形态

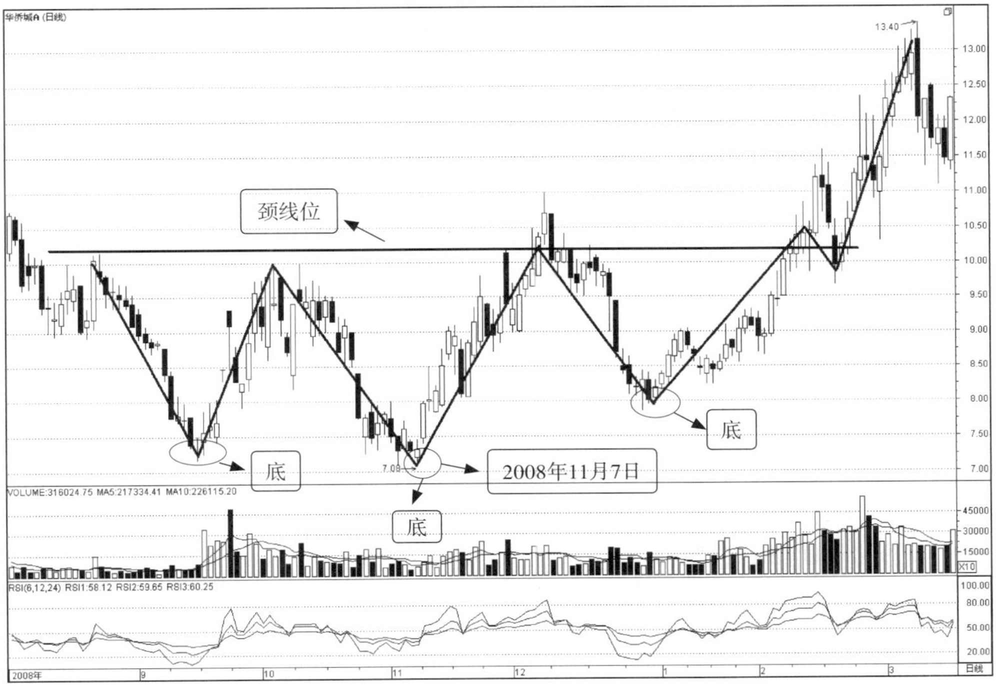

图 3-43 三重底形态示例（1）

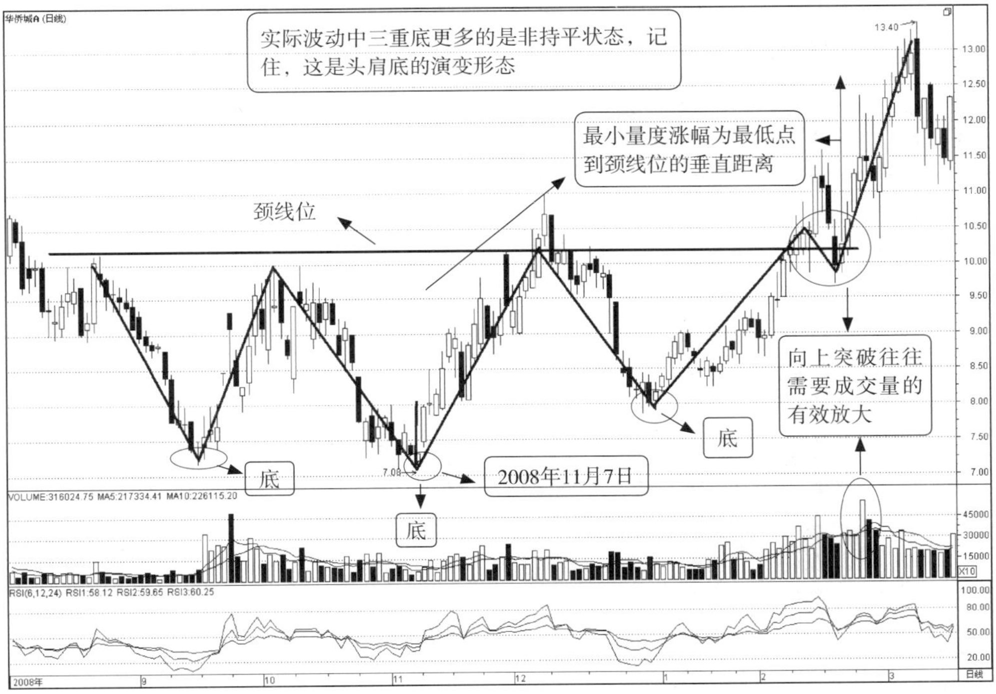

图 3-44 三重底形态示例（2）

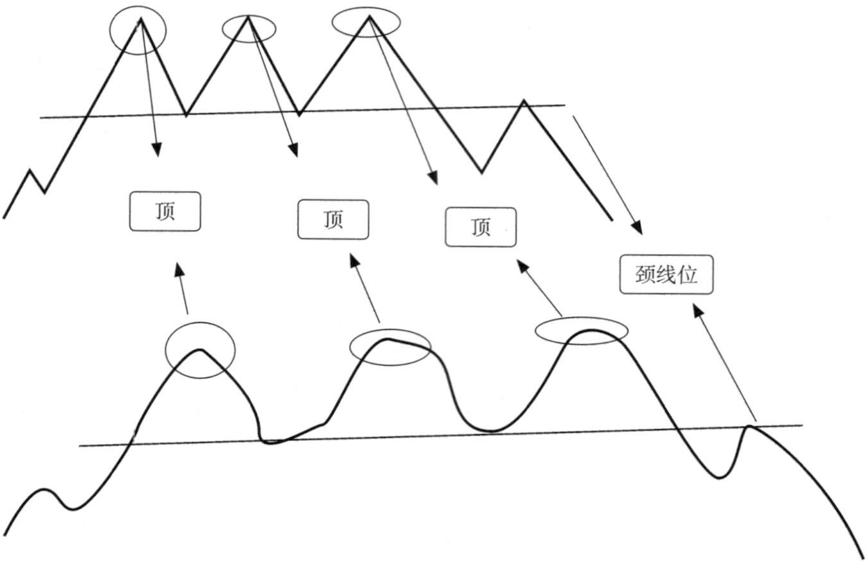

图 3-45　三重顶形态

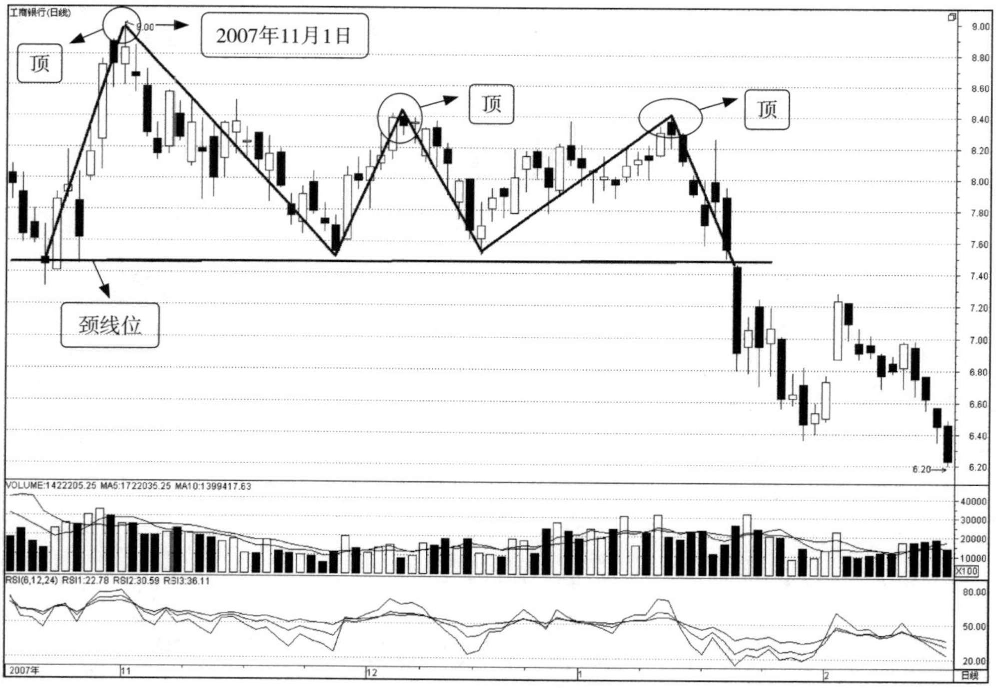

图 3-46　三重顶形态示例（1）

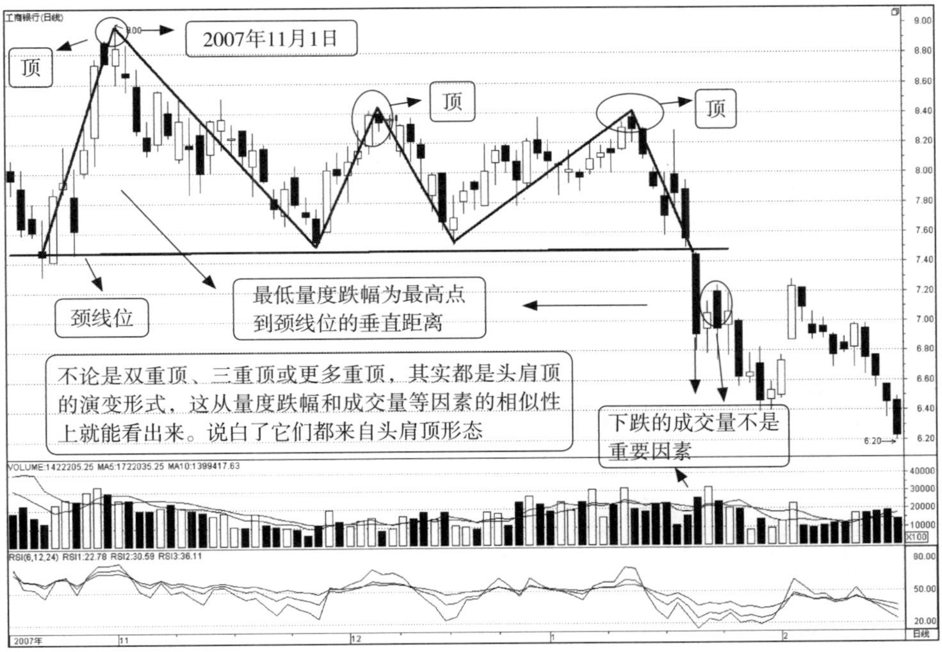

图 3-47　三重顶形态示例（2）

双底（顶）、三重底（顶）形态要点总结：

（1）不论是双底（顶）、三重底（顶），或者是更多重底（顶），本质上都是从头肩底（顶）演变而来的。

（2）形态上涨突破往往需要更多成交量，形态下跌突破则往往不需要太多成交量。

（3）最小量度涨（跌）幅等于最低（高）点到颈线位的垂直距离。

（三）圆弧底（顶）形态和V形底（顶）部反转形态

1. 圆弧底（顶）形态

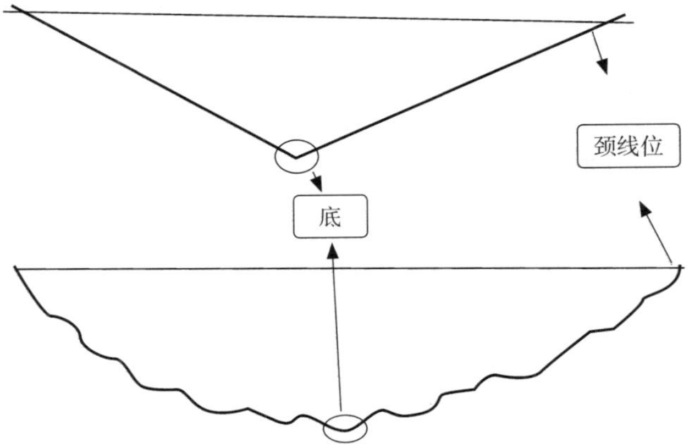

图 3-48　圆弧底形态

图 3-49　圆弧底形态示例（1）

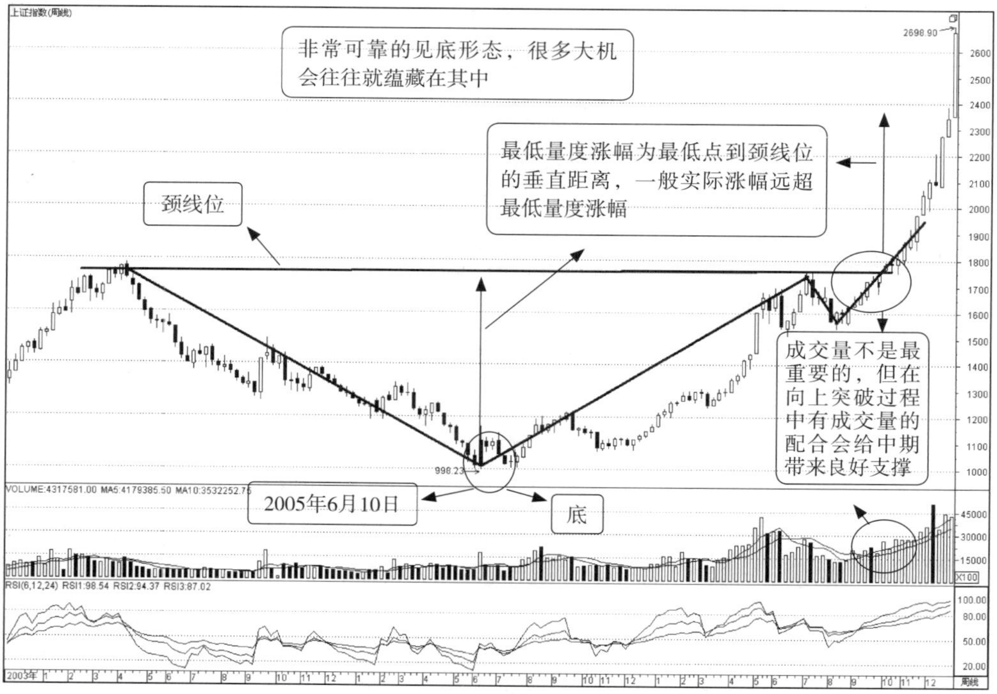

图 3-50　圆弧底形态示例（2）

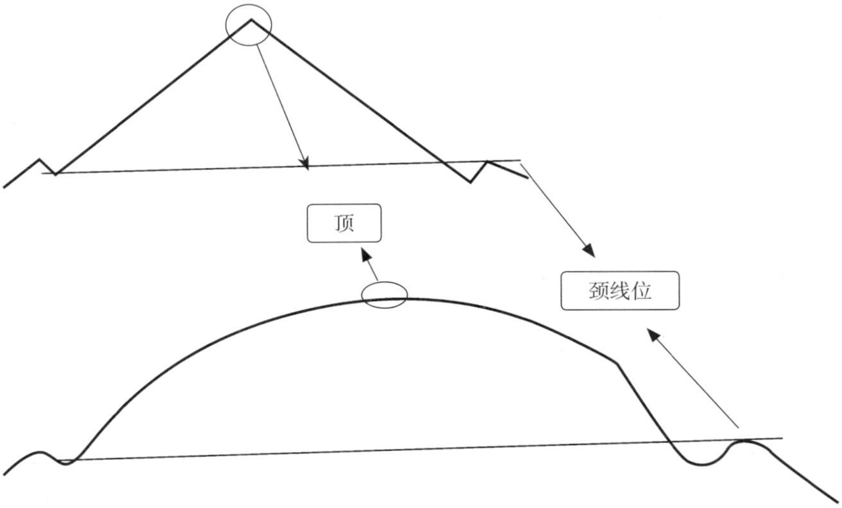

图 3-51　圆弧顶形态

图 3-52　圆弧顶形态示例（1）

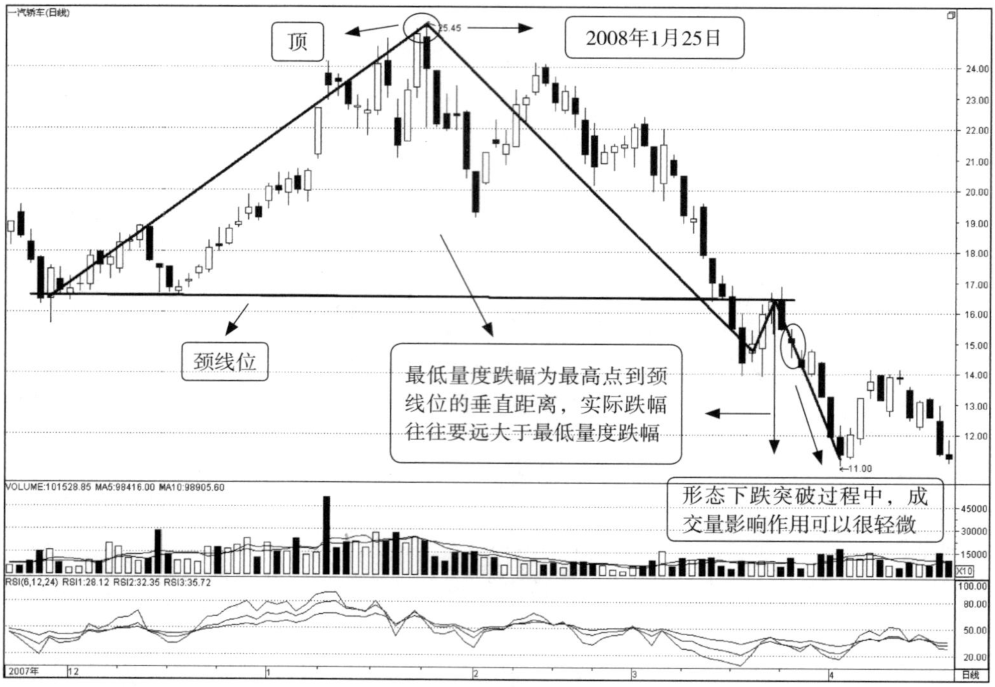

图 3-53　圆弧顶形态示例（2）

2. V形底（顶）部反转形态

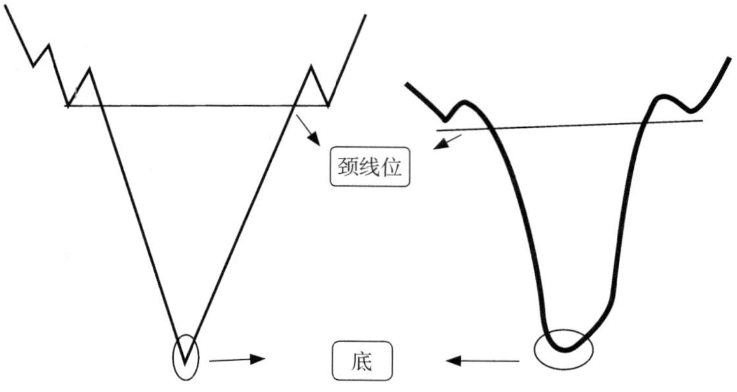

图 3-54　V 形底部反转形态

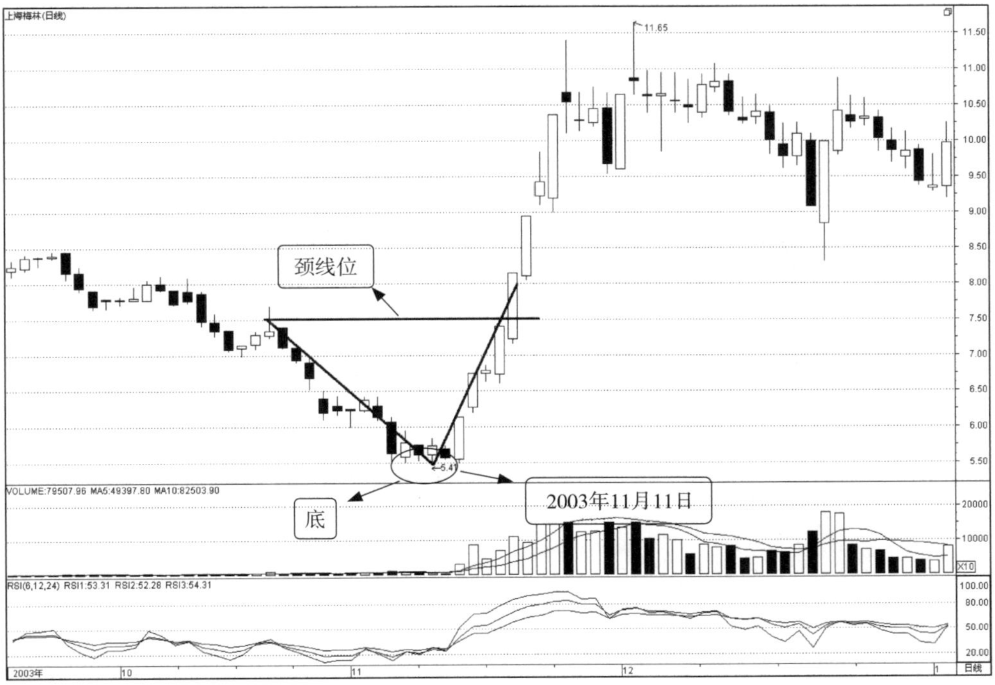

图 3-55　V 形底部反转形态示例（1）

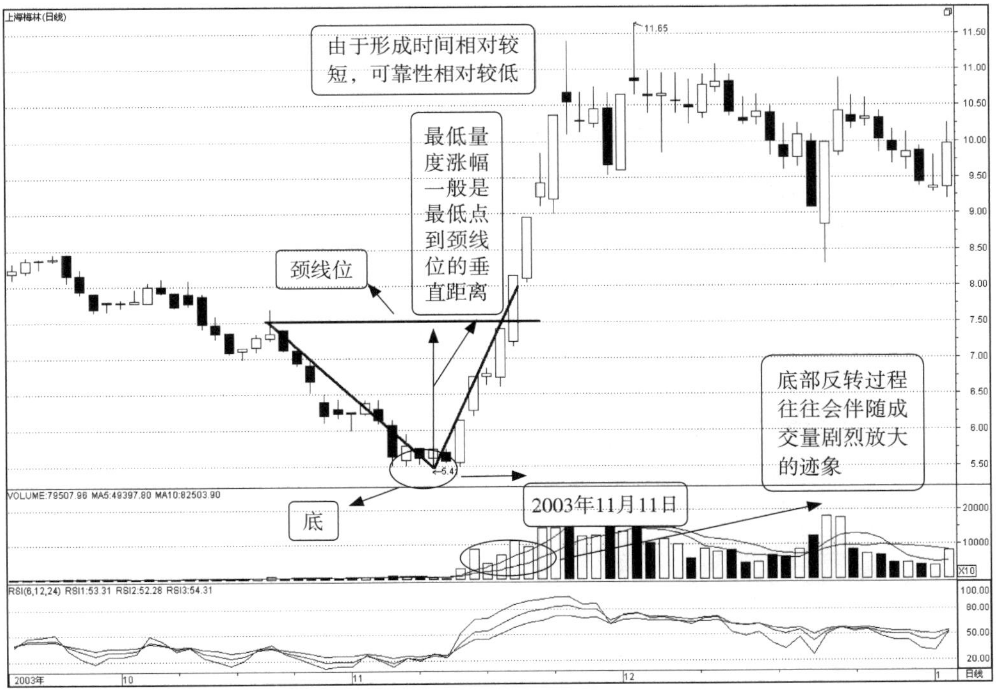

图 3-56　V 形底部反转形态示例（2）

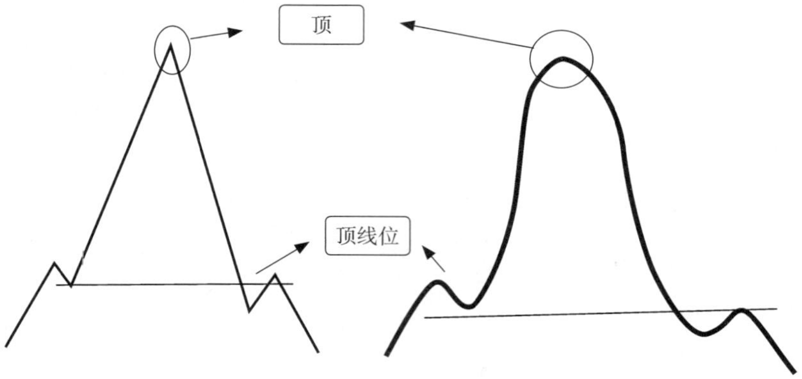

图 3-57　V 形顶部反转形态

图 3-58　V 形顶部反转形态示例（1）

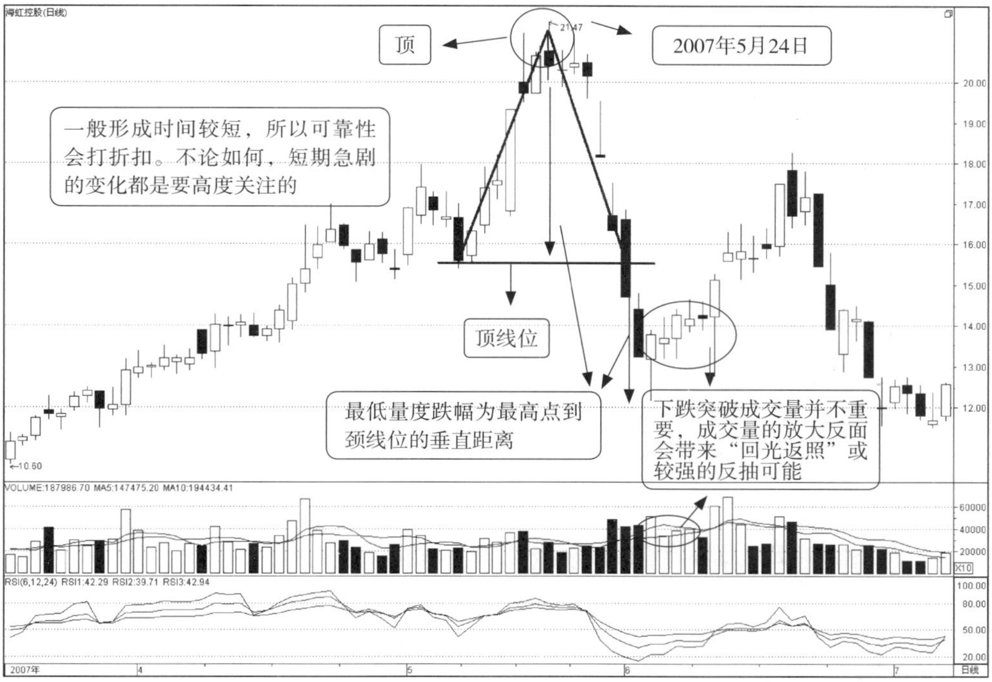

图 3-59 V 形顶部反转形态示例（2）

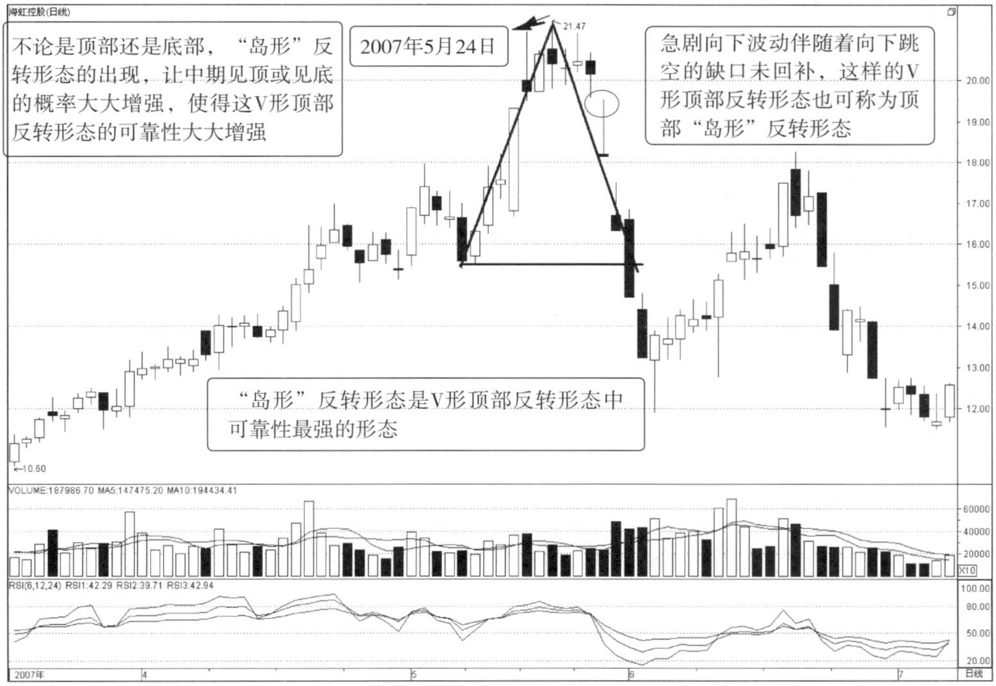

图 3-60 V 形顶部反转形态示例（3）

圆弧底（顶）形态、V形底（顶）部反转形态要点总结：

（1）最小量度涨幅（跌幅）等于最低（高）点到颈线位的垂直距离。

（2）圆弧底（顶）形态比V形底（顶）部反转形态的时间跨度要长，因此前者的可靠性更强。

（3）成交量在形态向上突破时具有比较显著的作用，形态向下突破时成交量意义不大。

（4）圆弧底（顶）形态与V形底（顶）部反转形态两者具有很多的相似性，最大的不同就是时间跨度以及形成角度的差别。

（5）岛形反转形态是V形反转形态中可靠性最强的形态，关键就是其未回补的缺口相当突出。

二、短期把握的操作智慧：持续形态

（一）上升（下降）三角形形态和上升（下降）旗形形态

1. 上升（下降）三角形形态

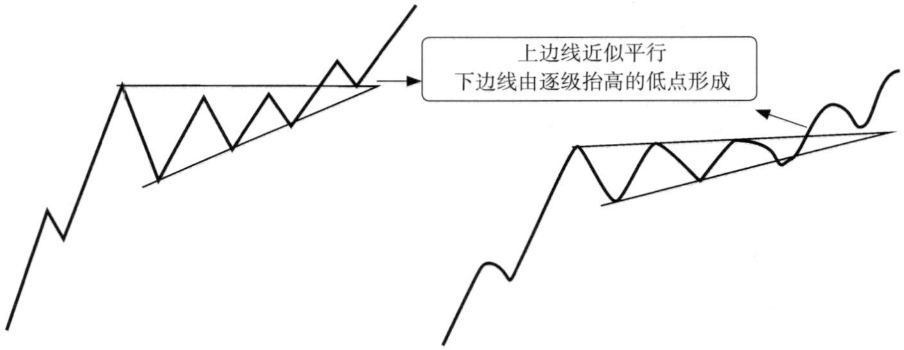

图 3-61　上升三角形形态

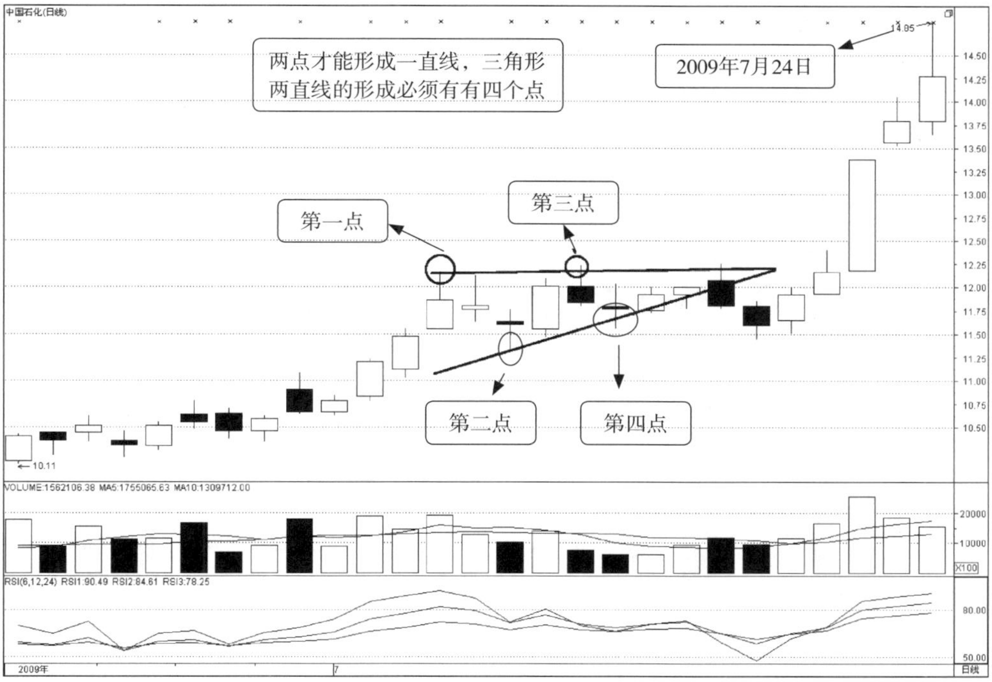

图 3-62　上升三角形形态示例（1）

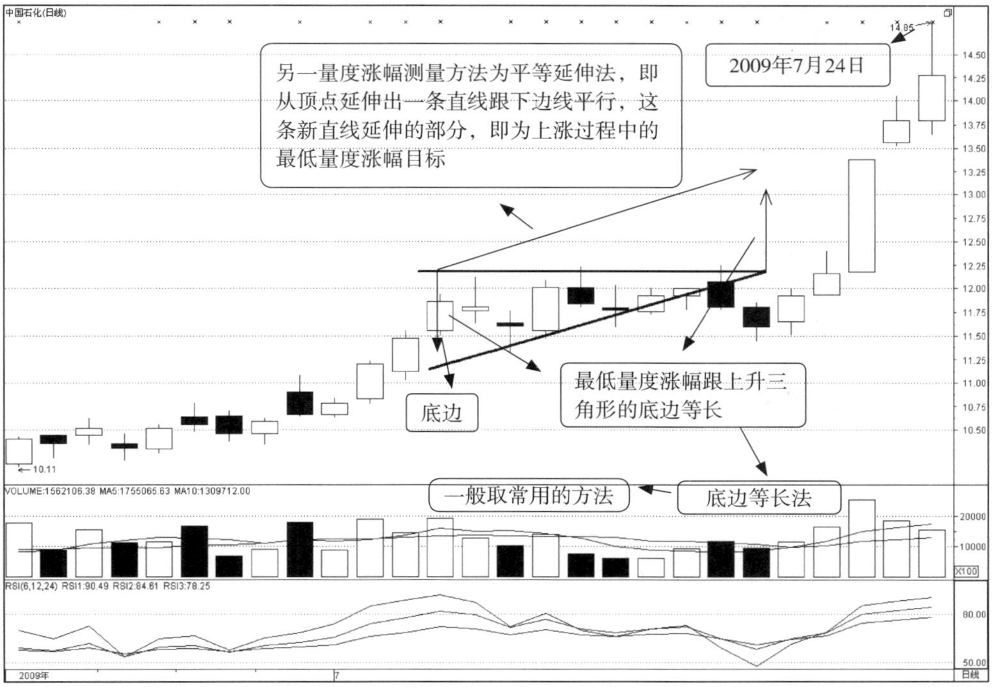

图 3-63　上升三角形形态示例（2）

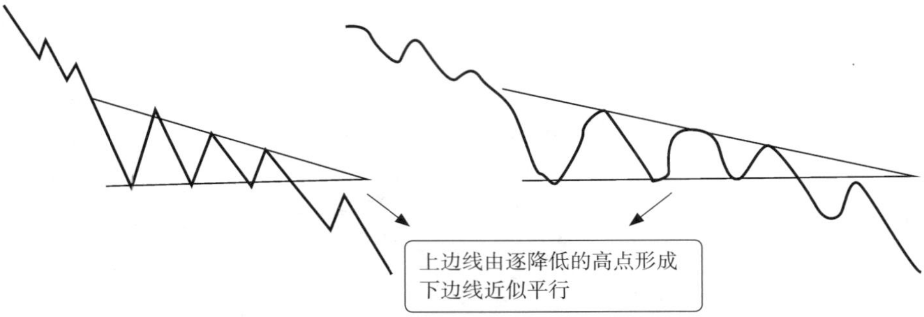

图 3-64　下降三角形形态

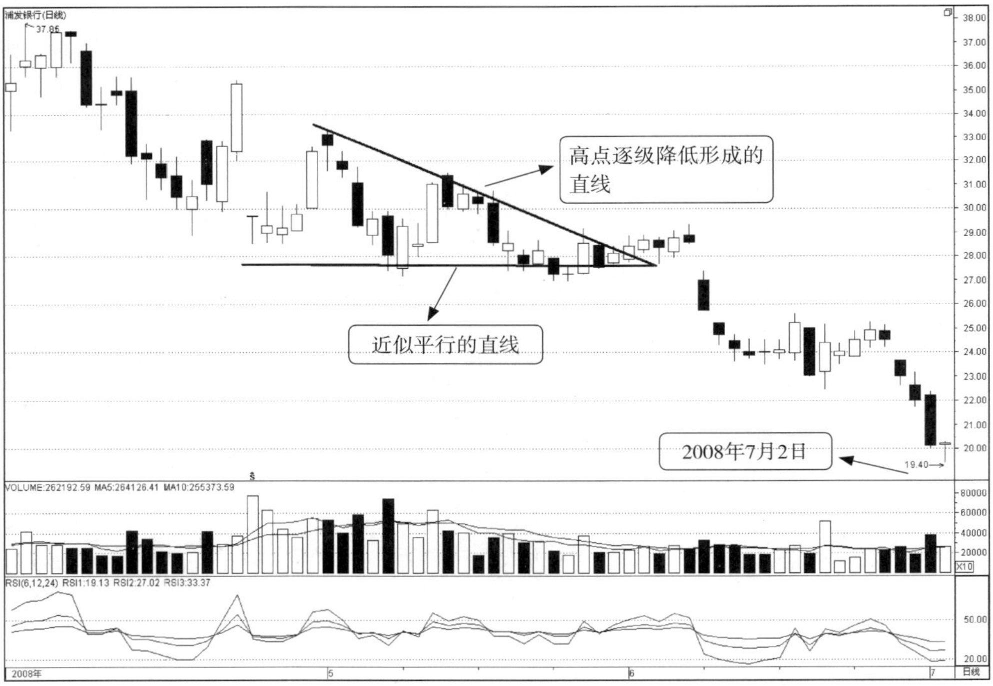

图 3-65　下降三角形形态示例（1）

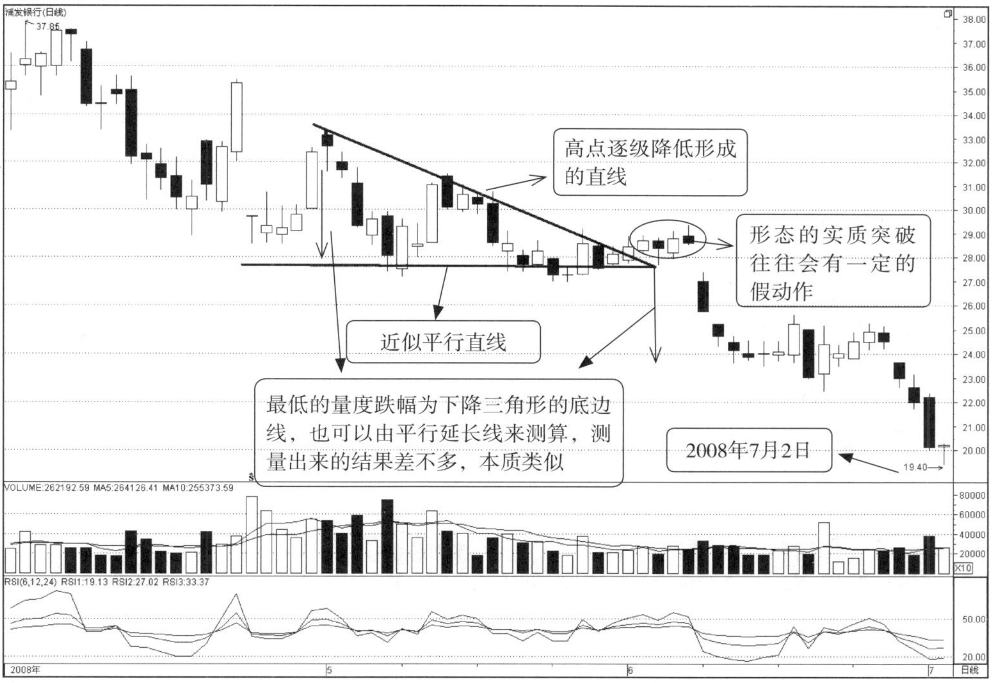

图 3-66　下降三角形形态示例（2）

2. 上升（下降）旗形形态

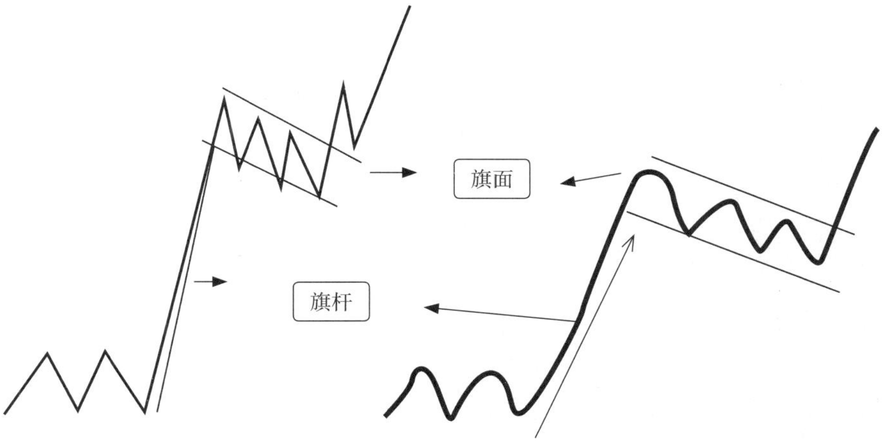

图 3-67　上升旗形形态

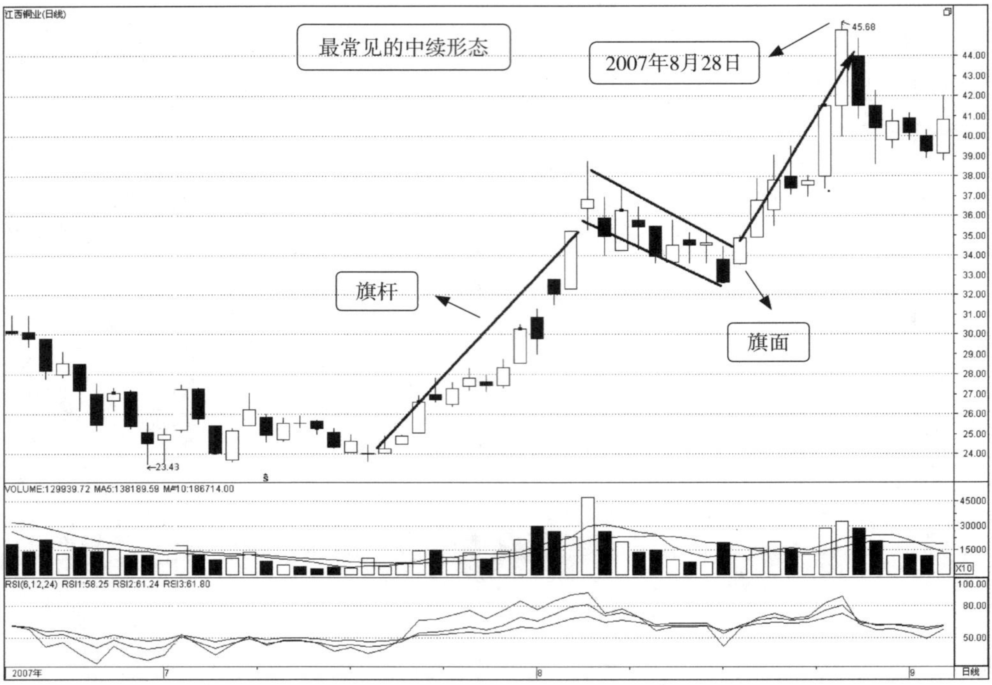

图 3-68　上升旗形形态示例（1）

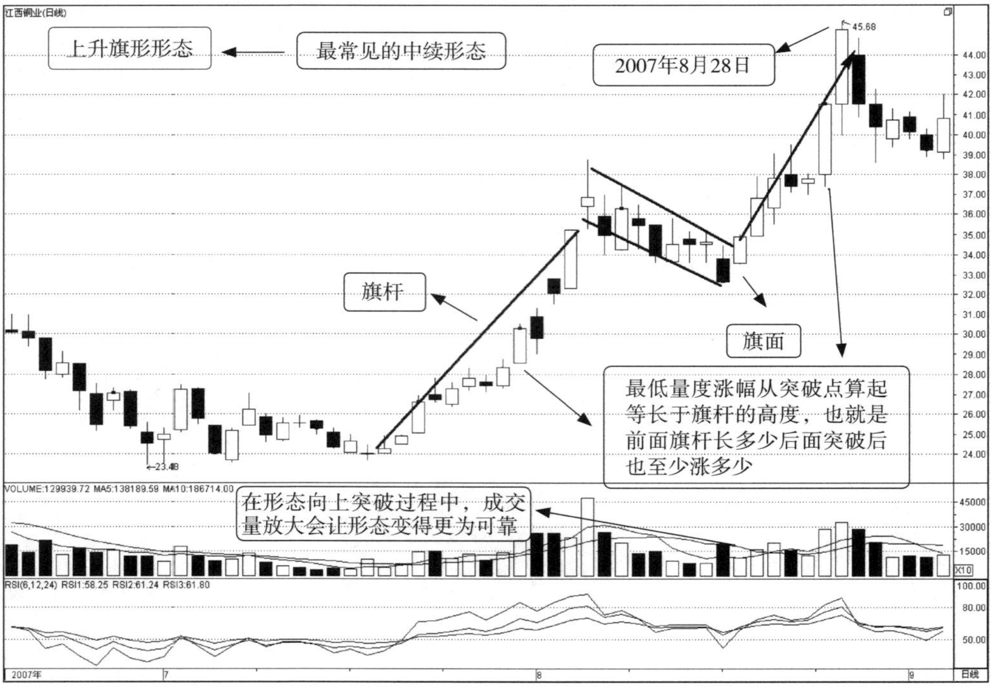

图 3-69　上升旗形形态示例（2）

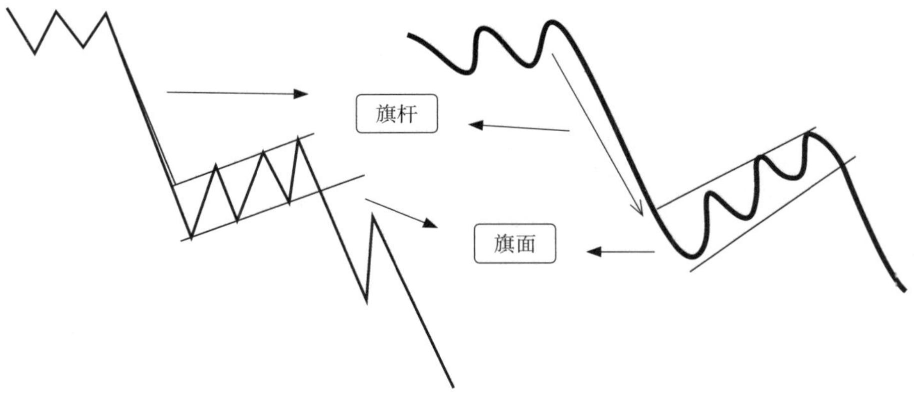

图 3-70　下降旗形形态

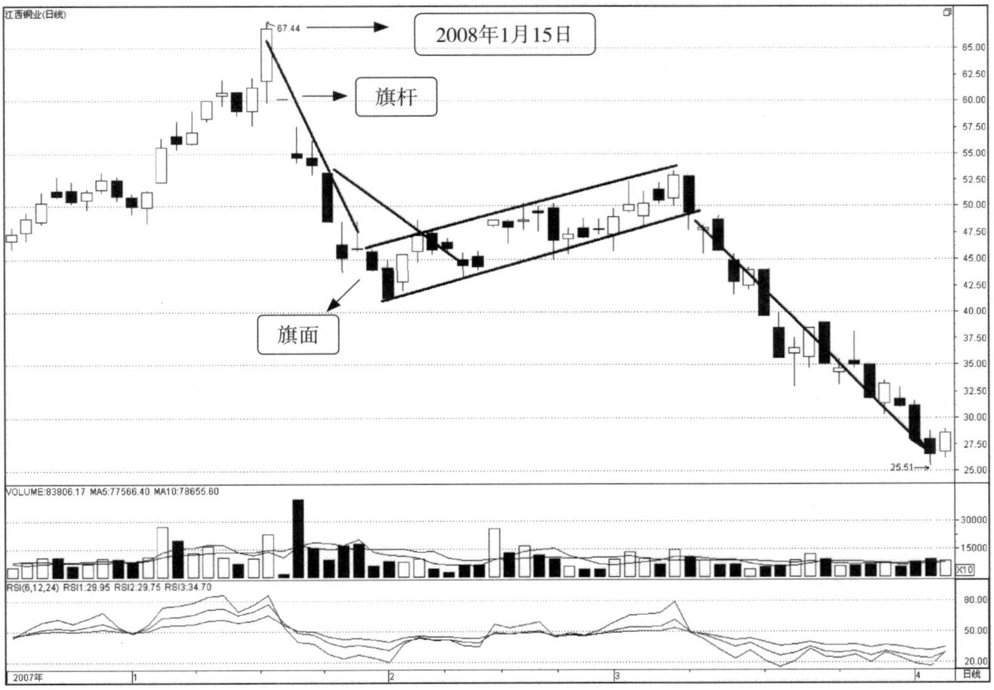

图 3-71　下降旗形形态示例（1）

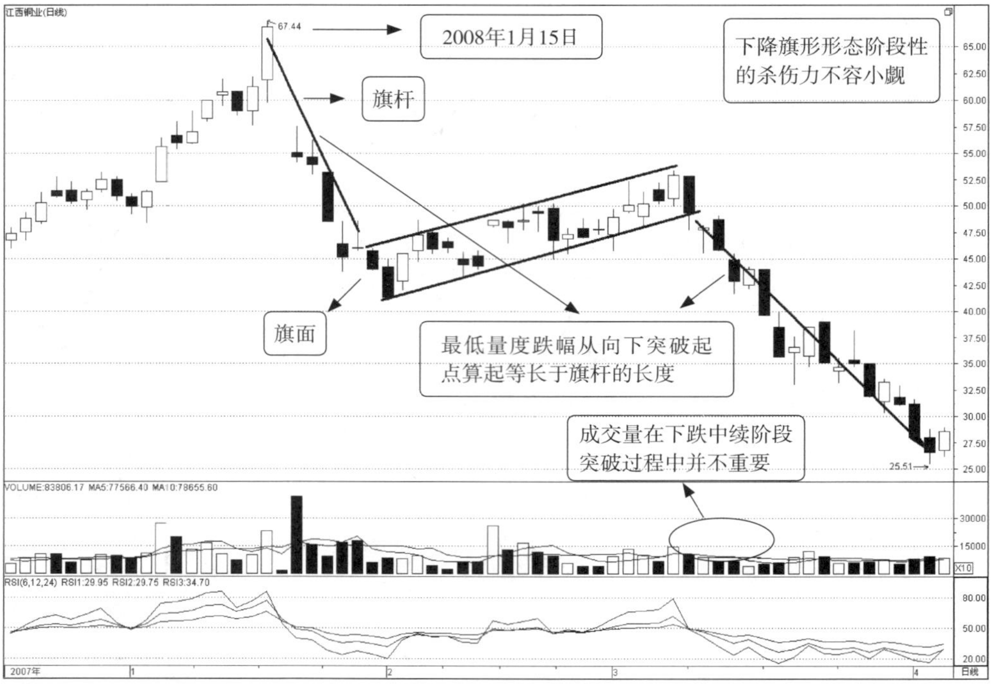

图 3-72　下降旗形形态示例（2）

上升（下降）三角形形态、上升（下降）旗形形态要点总结：

（1）上升（下降）三角形都有一条近似水平的线，上升三角形则上边线近似水平，下降三角形则下边线近似水平。

（2）上升（下降）三角形的最小量度涨（跌）幅的测量有两种：

①底边等长法：最小量度涨（跌）幅与上升（下降）三角形的底边等长。

②平行延伸法：从顶点延伸出一条跟上（下）边线平行的直线，这条新直线延伸部分即为上涨（下跌）过程中的最低涨（跌）幅目标。

（3）上升（下降）旗形都由旗杆与旗面两部分组成。

（4）上升（下降）旗形最小量度涨（跌）幅等于从突破起点算起等长于旗杆的长度。

（5）成交量在上升过程中的影响作用比在下降过程中重要得多。

（二）下降（上升）楔形形态和上升（下降）矩形形态

1. 下降（上升）楔形形态

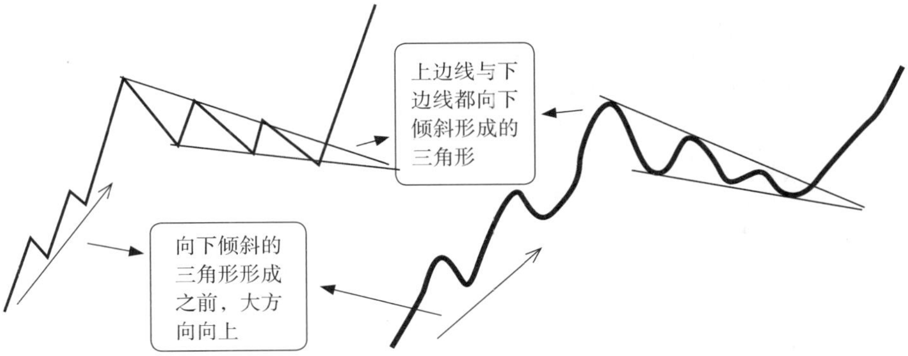

图 3-73　下降楔形形态

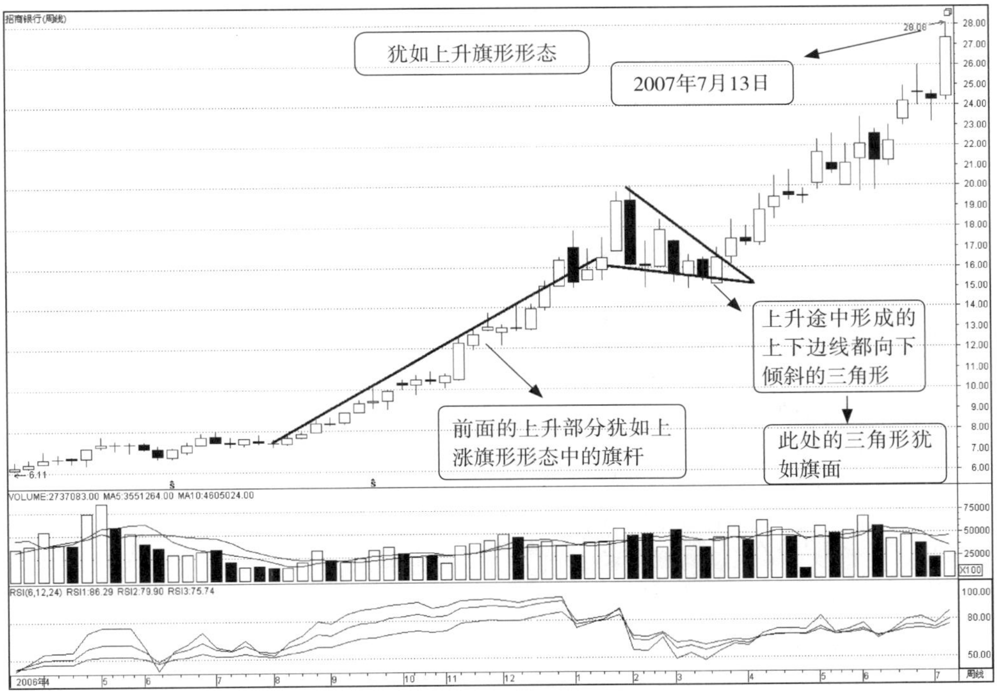

图 3-74　下降楔形形态示例（1）

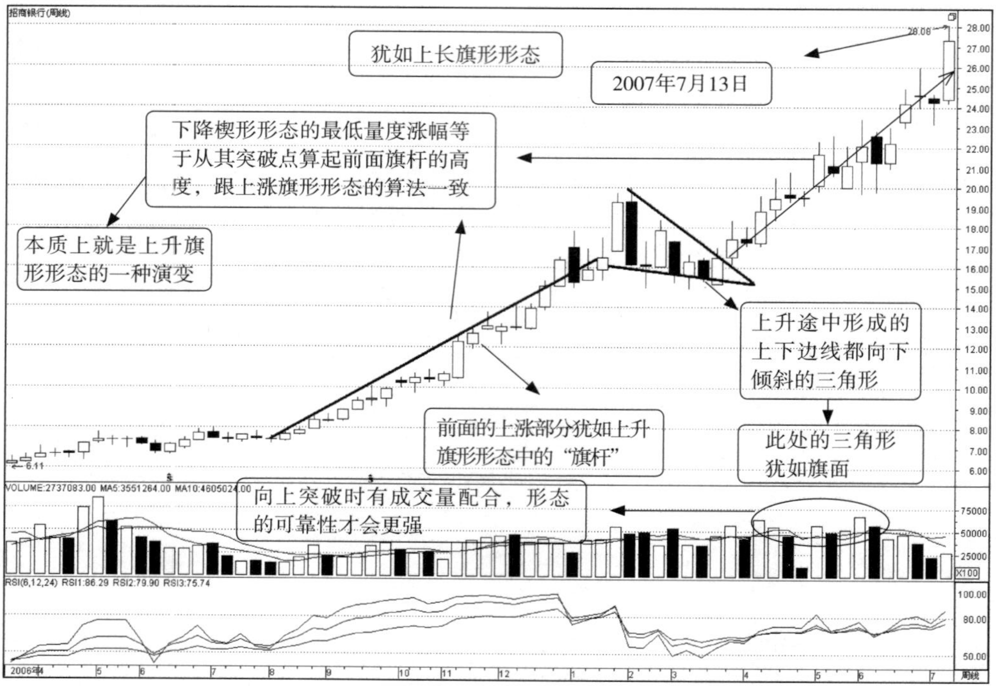

图 3-75　下降楔形形态示例（2）

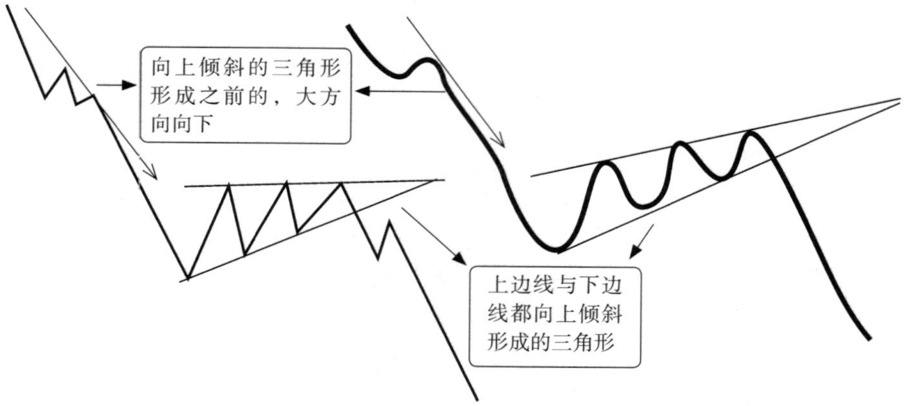

图 3-76　上升楔形形态

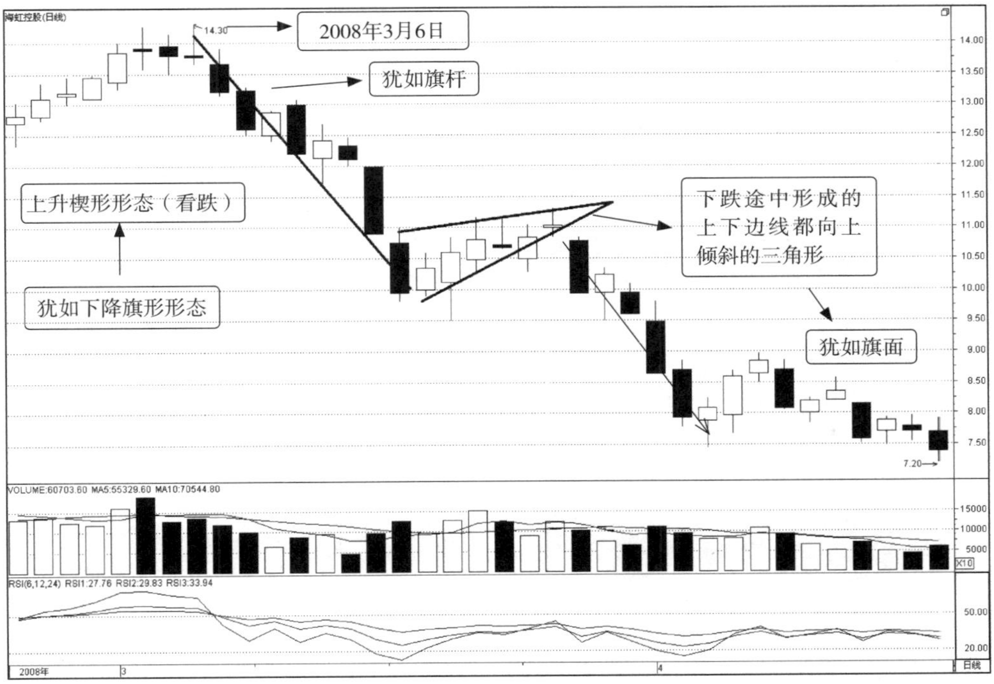

图 3-77　上升楔形形态示例（1）

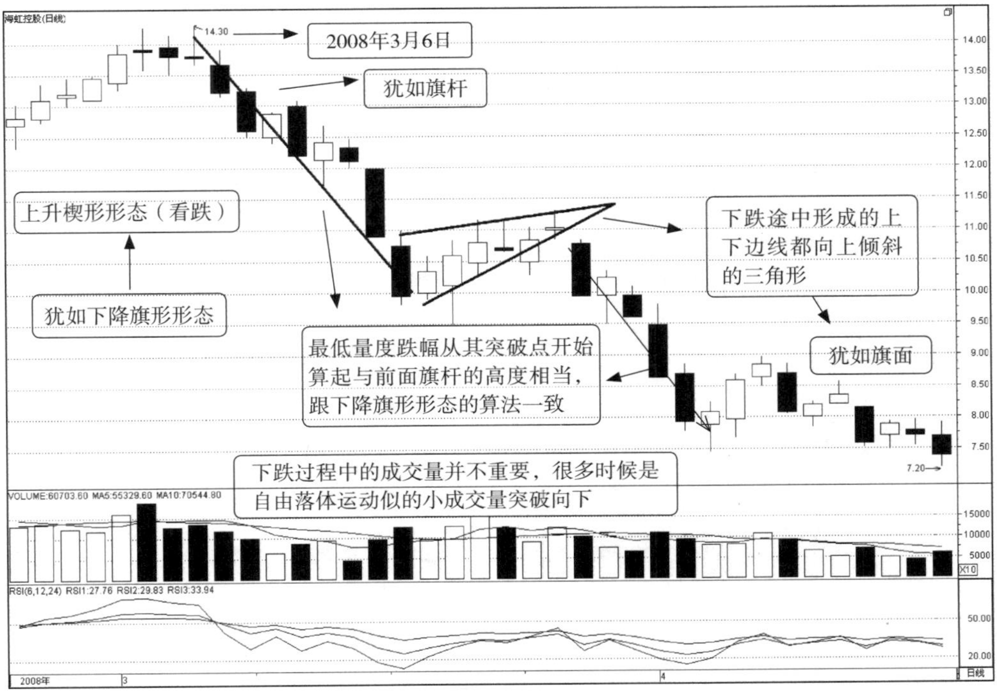

图 3-78　上升楔形形态示例（2）

2. 上升（下降）矩形形态

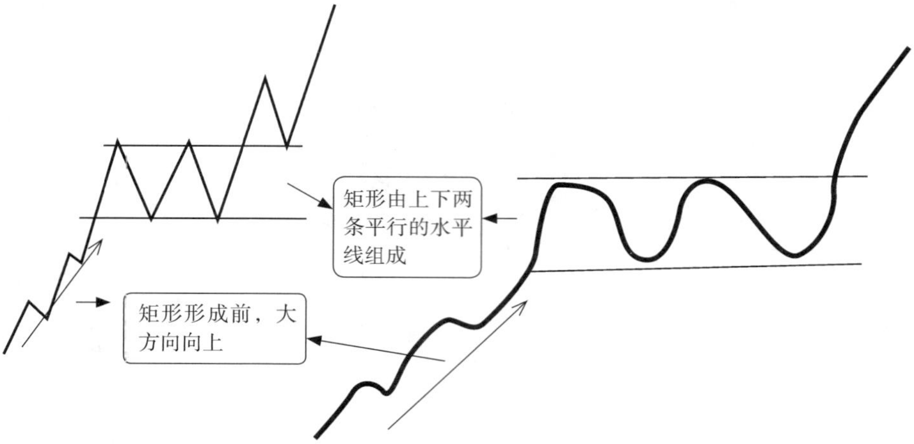

图 3-79　上升矩形形态

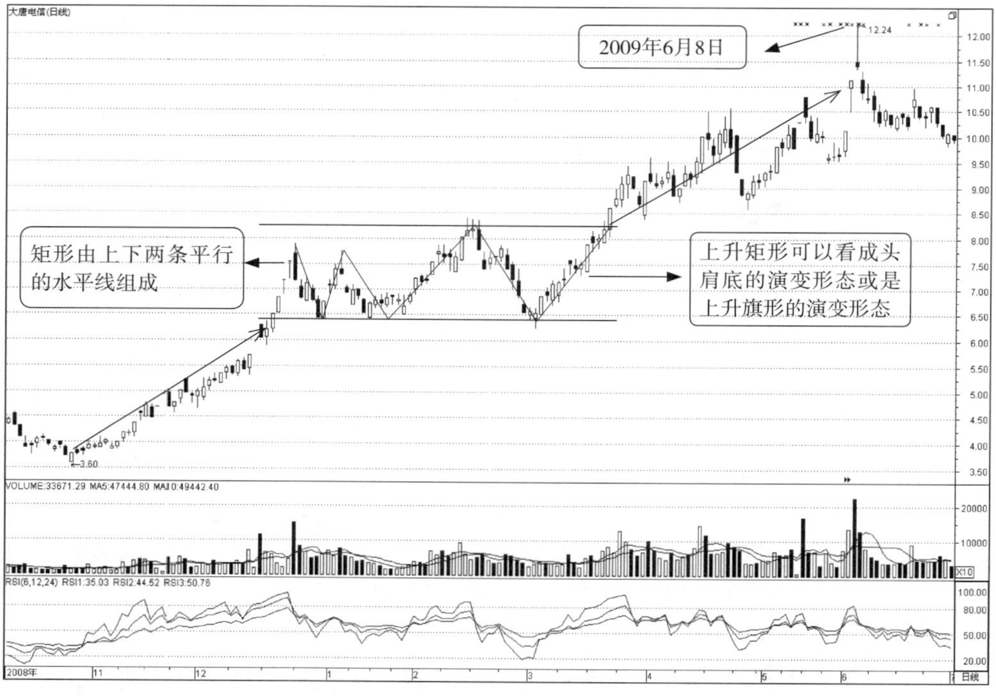

图 3-80　上升矩形形态示例（1）

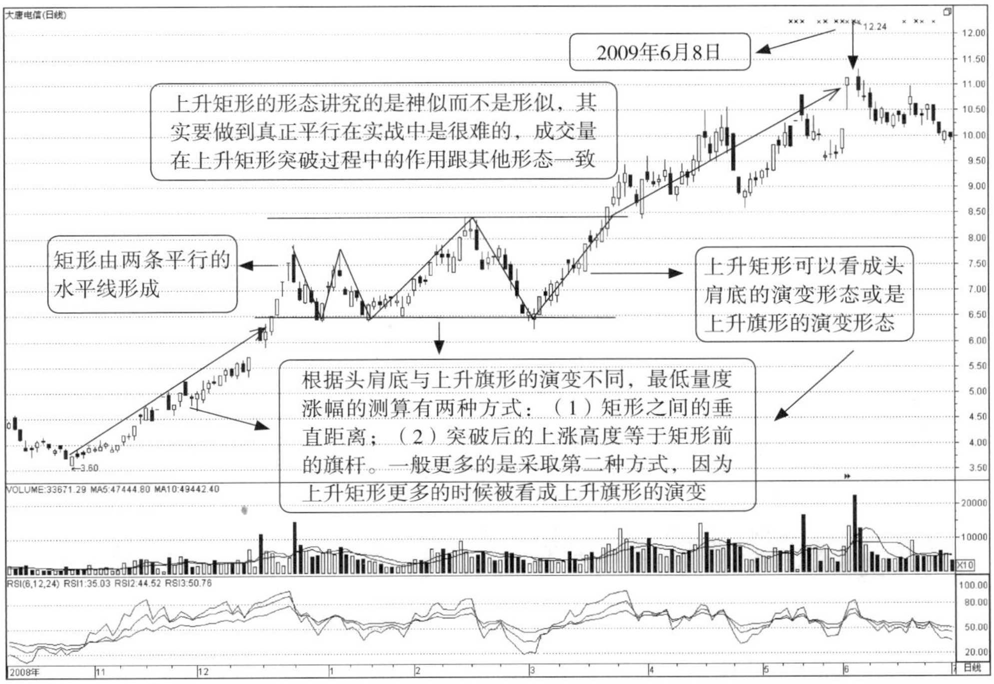

图 3-81　上升矩形形态示例（2）

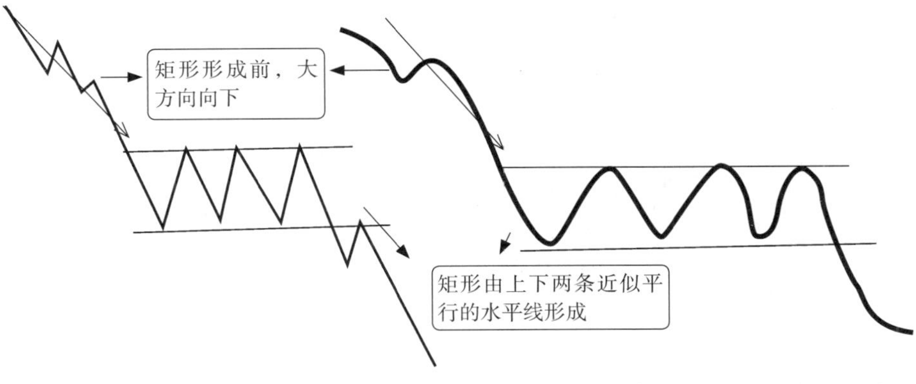

图 3-82　下降矩形形态

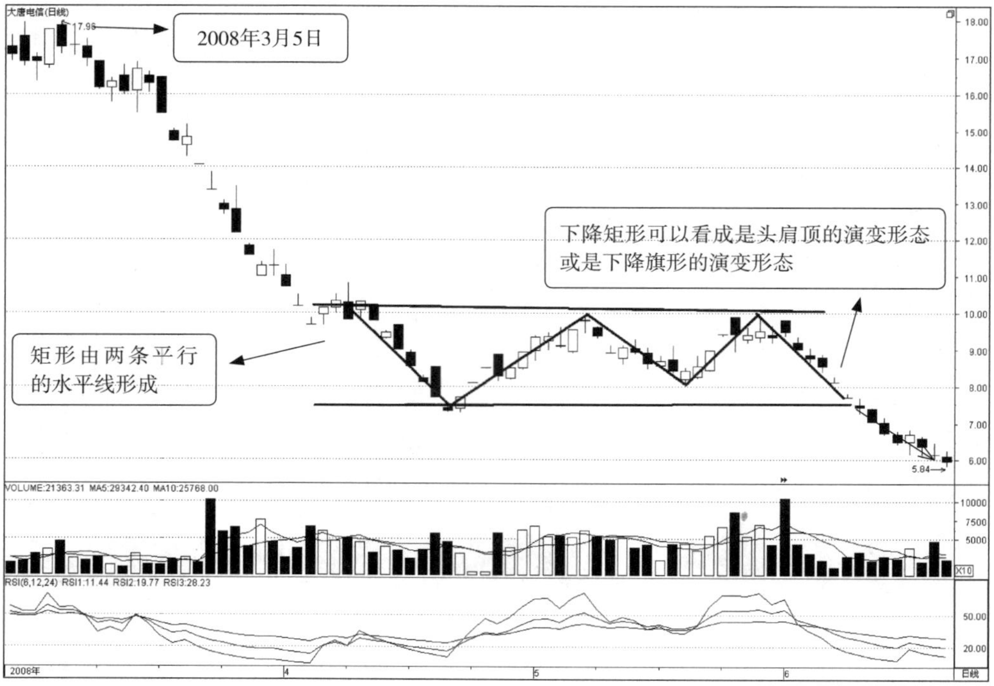

图 3-83　下降矩形形态示例（1）

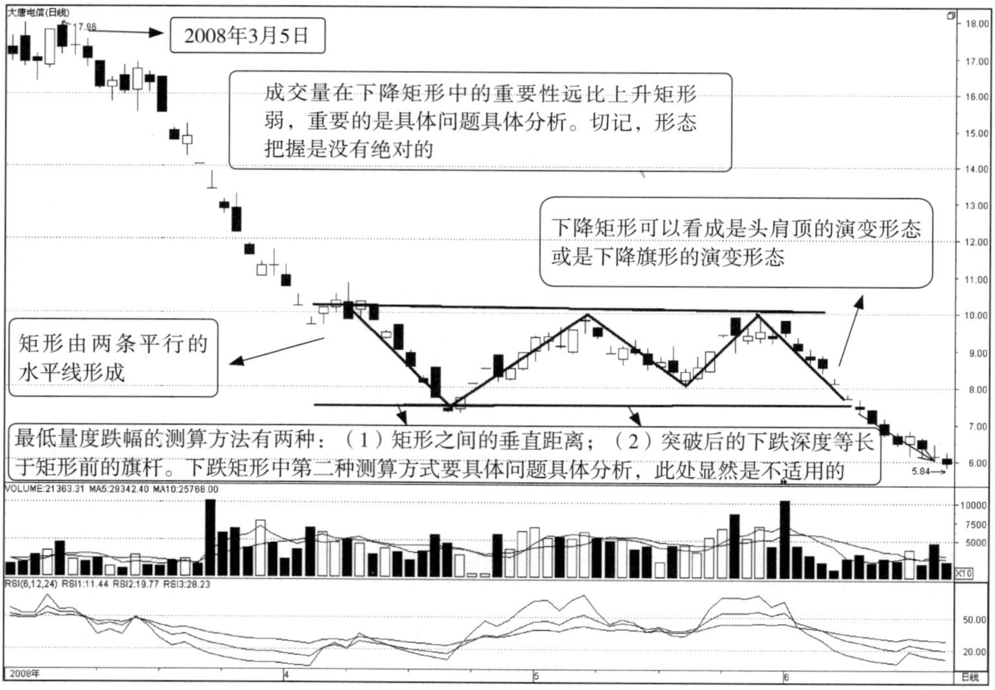

图 3-84　下降矩形形态示例（2）

下降（上升）楔形形态、上升（下降）矩形形态要点总结：

（1）下降楔形犹如上升旗形，其旗面为上下边线向下倾斜形成的三角形；上升楔形则犹如下降旗形，其旗面为上下边线向上倾斜形成的三角形。

（2）下降（上升）楔形形态最小量度涨（跌）幅跟旗形的测量方法一样，都是从突破点开始算起，其涨（跌）幅与旗杆等长。

（3）上升（下降）矩形形态既可看成是头肩底（顶）的演变形态，也可看成是上升（下降）旗形的演变形态。

（4）上升（下降）矩形形态最小量度涨（跌）幅测算方法有两种：①矩形之间的垂直距离；②突破后的上涨（下跌）高度等长于矩形前的旗杆。一般情况下采取第二种测量方式，下降矩形中特殊情况要具体问题具体分析。

（5）下降（上升）楔形或上升（下降）矩形，大方向向上过程中成交量具有一定意义，大方向向下过程中成交量的意义不大。

三、形态在变化：反转形态与持续形态的转化

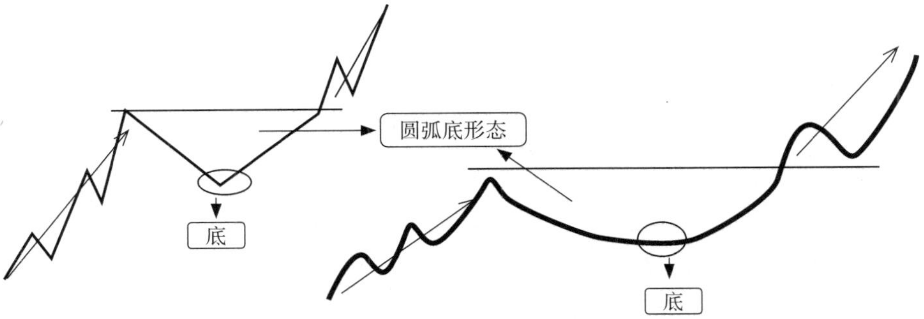

图 3-85　圆弧底形态（上升中续过程）

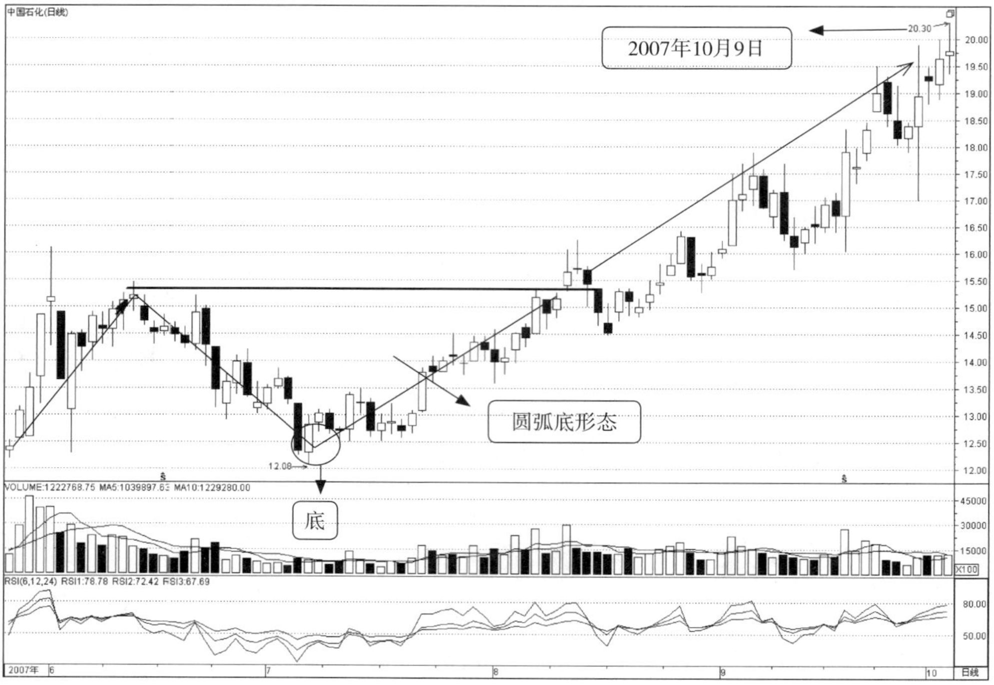

图 3-86 圆弧底形态示例（上升中续过程）（1）

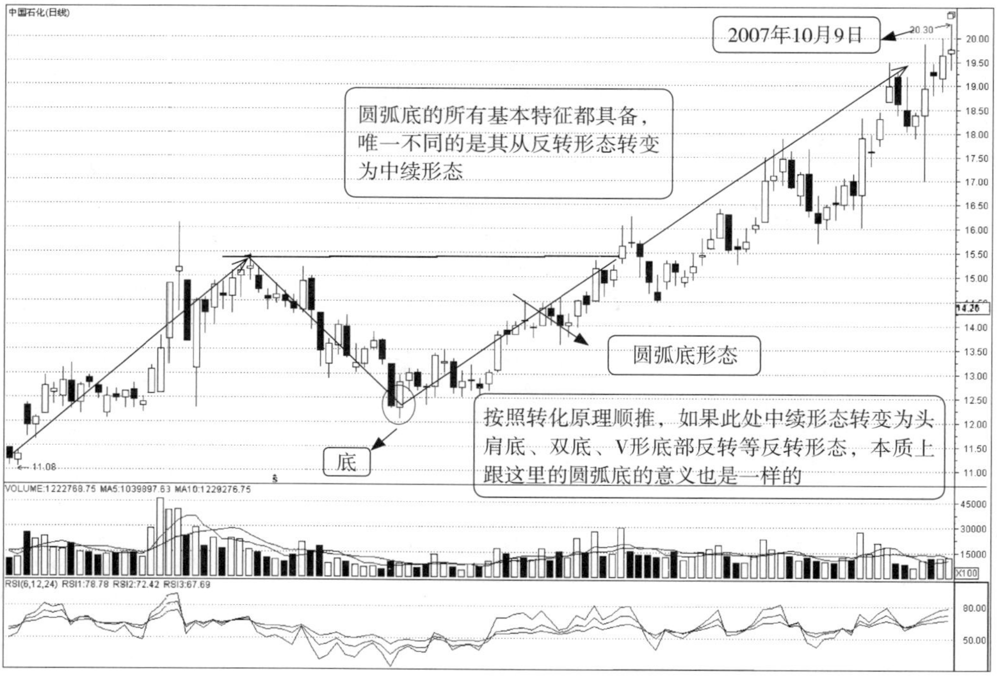

图 3-87 圆弧底形态示例（上升中续过程）（2）

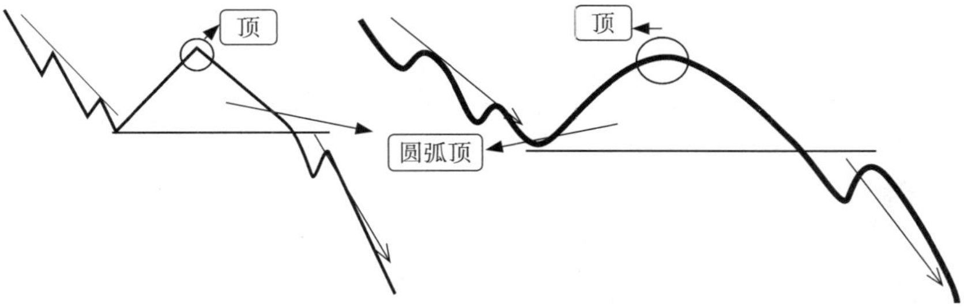

图 3-88　圆弧顶形态（下降中续过程）

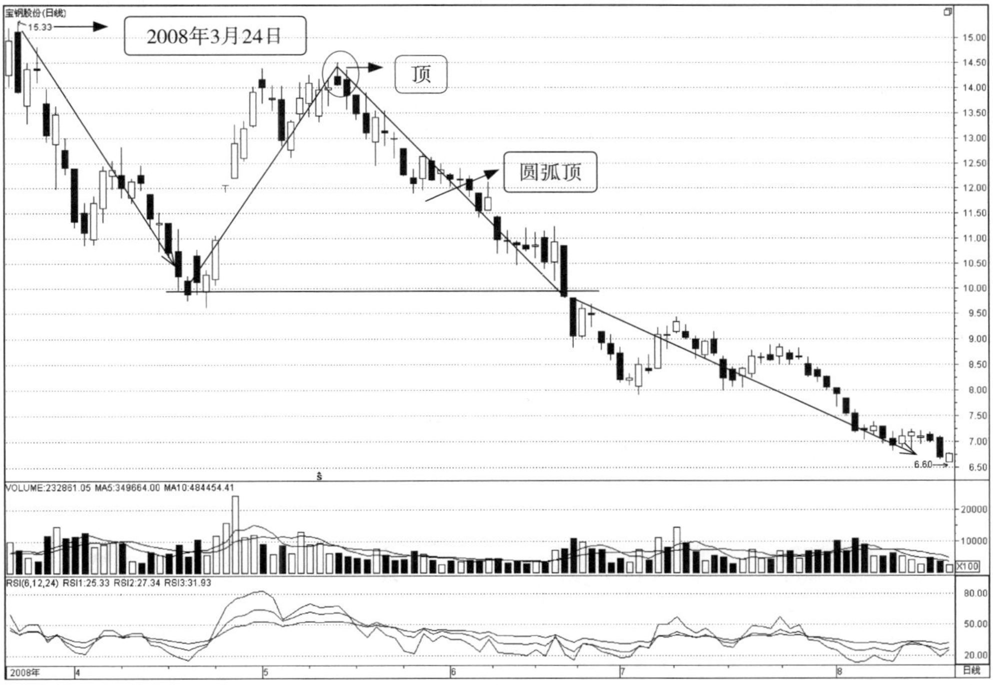

图 3-89　圆弧顶形态示例（下降中续过程）（1）

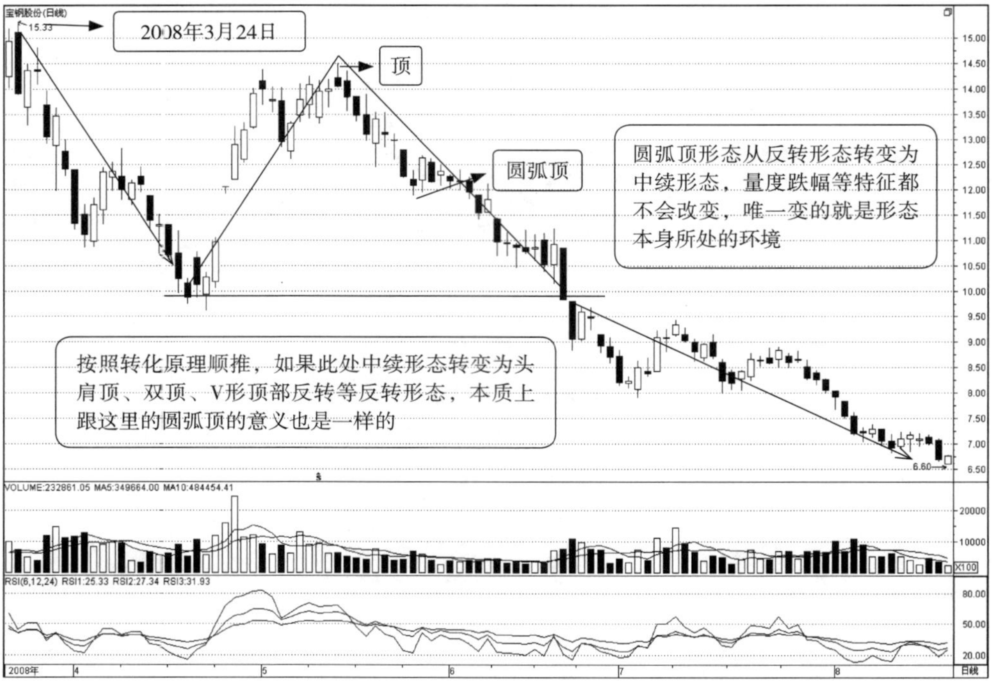

图 3-90 圆弧顶形态示例（下降中续过程）（2）

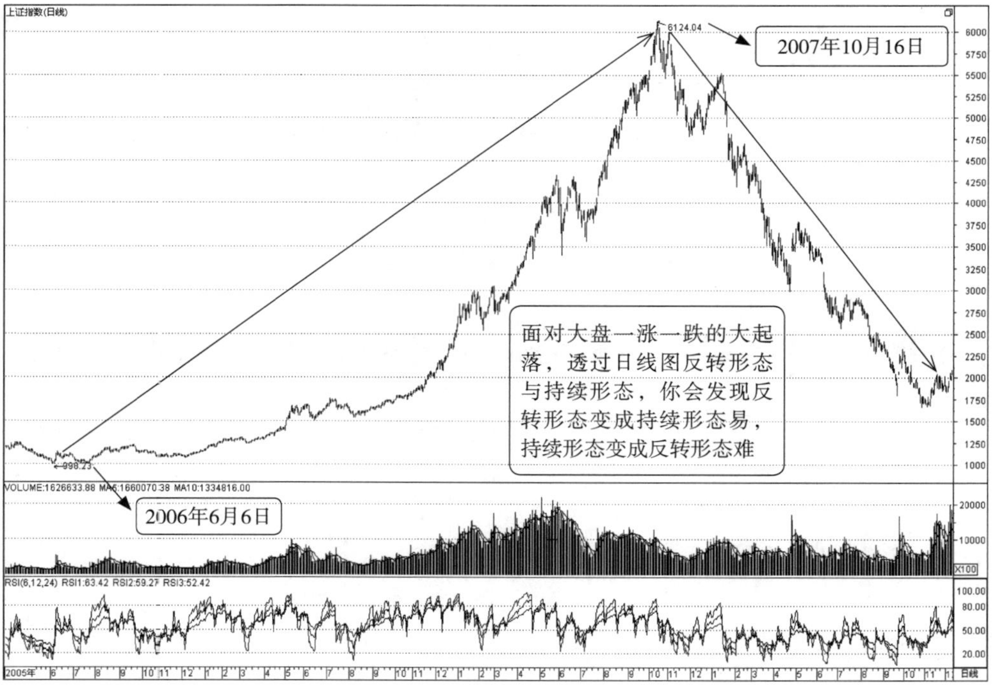

图 3-91 日线图反转形态与持续形态示例（1）

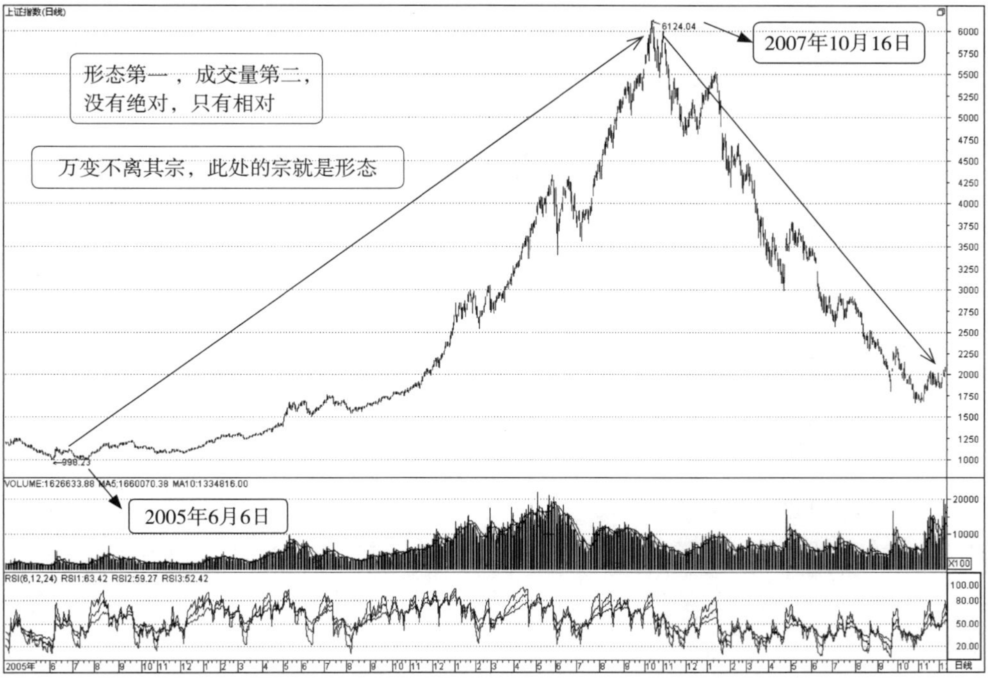

图 3-92　日线图反转形态与持续形态示例（2）

反转形态与持续形态的转化要点总结：

（1）所有的反转形态都可以成为持续形态的一部分，但持续形态却不一定能够都成为反转形态。反转形态变成持续形态容易，持续形态变成反转形态则困难。

（2）反转形态一旦转化成持续形态的一部分，其本身的内涵不会改变，量度跌幅等特征不变，唯一变的是环境。

（3）不管反转形态如何转化成持续形态，其本质是不会改变的，千变万变，不变的只是图形；成交量在形态面前，永远都是第二的位置。

第五节　常见技术指标的应用

一、平滑异动指标——MACD

（一）MACD指标

MACD（Moving Average Convergence / Divergence）的中文为“异同移动平均线”，由Gerald Appel于1979年提出，它是一项利用收盘价的短期（常用为12日）指数移动平均线与长期（常用为26日）指数移动平均线之间的聚合与分离状况，对买进、卖出时机做出研判的技术指标。

MACD指标根据两条不同速度的平滑平均线来计算两者之间的离差状况，以此作为行情研判的基础，实际是运用快速与慢速移动平均线聚合与分离的征兆，来判断买进与卖出的时机与信号。在实际操作中，MACD指标不但具备抄底、捕捉强势上涨点的功能，而且能够捕捉卖点，帮助投资者成功逃顶。

通常情况下，当MACD从负数转向正数，是买的信号；当MACD从正数转向负数，是卖的信号。当MACD以大角度变化，表示快的移动平均线和慢的移动平均线的差距非常迅速地被拉开，代表了市场大趋势的转变。

（二）MACD的应用

MACD指标是基于均线的构造原理，对股票价格的收盘价进行平滑处理（求出算术平均值）后的一种趋向类指标。它主要由两部分组成，即差离值（DIF）、异同移动平均线（DEA），其中，DIF是核心，DEA是辅助。DIF是快速移动平均线（EMA1）和慢速移动平均线（EMA2）的差。

在现有的技术分析软件中，MACD常用参数是快速移动平均线（参数为12）和慢速移动平均线（参数为26）。此外，MACD还有一个辅助指标——柱状线（BAR）。在大多数技术分析软件中，柱状线是有颜色的，在0轴以下是绿色，在0轴以上是红色，前者代表趋势较弱，后者代表趋势较强。

下面我们来说一下使用MACD指标时应当遵循的基本原则：

1. 当DIF和DEA处于0轴以上并向上移动时，属于多头市场。DIF线自下而上穿越DEA线时是买入信号。DIF线自上而下穿越DEA线时，如果两线值还在0轴以上运行，仅仅只能视为一次短暂的回落，而不能确定趋势转折，此时还需要借助其他指标来综合判断是否卖出。

2. 当DIF和DEA处于0轴以下并向下移动时，属于空头市场。DIF线自上而下穿越DEA线时是卖出信号。DIF线自下而上穿越DEA线时，如果两线值还在0轴以下运行，仅仅只能视为一次短暂的反弹，而不能确定趋势转折，此时还需要借助其他指标来综合判断是否买入。

3. 柱状线收缩和放大。一般来说，柱状线的持续收缩表明趋势运行的强度正在逐渐减弱，当柱状线颜色发生改变时，趋势很有可能发生转折。这一观点并不能完全成立。

4. 形态和背离情况。MACD指标也强调形态和背离现象。当形态上MACD指标的DIF线与DEA线形成高位看跌形态，如头肩顶、双头等，应当保持警惕；而当形态上MACD指标DIF线与DEA线形成低位看涨形态时，应考虑进行买入。在判断形态时以DIF线为主，DEA线为辅。当价格持续升高，而MACD指标走出一波比一波低的走势时，意味着顶背离出现，预示着价格可能在不久之后出现转头下行；当价格持续降低，而MACD指标却走出一波高于一波的走势时，意味着底背离现象的出现，预示着价格将很快结束下跌，转头上涨。

5. 牛皮市中指标将失真。当价格并不是自上而下或者自下而上运行，而是保持水平方向的移动时，我们称之为牛皮市道，此时虚假信号将在MACD指标中产生，指标DIF线与DEA线的交叉将会十分频繁，同时柱状线的收放也将频频出现，颜色也会常常由绿转红或者由红转绿，此时MACD指标处于失真状态，使用价值相应降低。

MACD主要用于对大势中长期的上涨或下跌趋势进行判断，当股价处于盘局或指数波动不明显时，MACD买卖信号较不明显。当股价在短时间内上下波动较大时，因MACD的移动相当缓慢，所以不会立即对股价的变动产生买卖信号。

用DIF的曲线形状进行分析，主要是利用指标相背离的原则。具体为：如果DIF的走向与股价走向相背离，则采取具体行动的时间。但是，根据以上原则来指导实际操作，准确性并不能令人满意。经过实践、摸索和总结，综合运用5日、10日均价线，5日、10日均量线和MACD，其准确性大为提高。

买卖原则：

1. DIF、DEA在0以上，大势属多头市场，DIF向上突破DEA，可买入。若DIF向下跌破DEA，只可作原单的平仓，不可新卖单出场。

2. DIF、DEA在0以下，大势属空头市场，DIF向下跌破DEA，可买入。若 DIF向上突破DEA，只可作原单的平仓，不可新买单入场。

3. 股价出现二或三个近期低点而MACD并不配合出现新低，可买入（底背离）。

4. 股价出现二或三个近期高点而MACD并不配合出现新高，可买入（顶背离）。

5. 高档两次向下交叉大跌，低档两次向上交叉大涨，可买入。

“一个指标一条均线一个技巧”：

一个指标：MACD。

一条均线：30日均线。

一个技巧：周线二次金叉抓大牛股。

（三）买“小”卖“小”

买“小”卖“小”是运用MACD捕捉最佳买卖点的一种简易方法。这里的“大”和“小”是指MACD中的大绿柱、小绿柱和大红柱、小红柱。在操作时，对于图中DIF和DEA这两条白色和黄色的曲线，一般是视而不见的，我们只注重红绿柱的变化。

当经历一波下跌后，股票处于最低价时，此时MACD上显现的是一波“大绿柱”。我们首先不应考虑进场，而应等其第一波反弹过后（出现红柱），第二次再探底时，在MACD中出现了“小绿柱”（绿柱明显比前面的大绿柱要小），且当小绿柱走平或收缩时，就意味着下跌力度衰竭，此时为最佳买点，这就是所谓的买“小”（即买在小绿柱上）。

显现上涨也一样。当第一波拉升起来时（MACD上显现为大红柱）我们都不应考虑出货，而应等其第一波回调过后，第二次再冲高时，当MACD上显现出“小红柱”（红柱比前面的大红柱明显要小）时意味着上涨动力不足，这时我们方考虑离场出货。这就是所谓的卖“小”。

当市场“一鼓作气”时，无论是上涨还是下跌，都应保持观望；当市场“再而衰”时，方考虑进场或减仓；当“三而竭”时，应重仓追涨，或者杀跌出货。当然也可将此方法用在分时系统里来进行买卖。

（四）“周线二次金叉”抓大牛股

实战操作的最高境界就是“大道至简”。所以在实战操作中各个周期只设一条均线：30日均线。只用这一条均线来进行大盘或个股的分析和买卖。

当股价（周线图）经历了一段下跌后反弹起来突破30周线位时，我们称为“周线一次金叉”，这只不过是庄家在建仓而已，不应参与，而应保持观望。当股价（周线图）再次突破30周线时，我们称为“周线二次金叉”，这意味着庄家洗盘结束，即将进入拉升期，后市将有较大的升幅。我们应密切注意该股的动向，一旦其日线系统或者分时系统（60分钟，30分钟）发出买信号（如MACD的小绿柱买点），应该毫不犹豫进场买入该股。另外也可以延伸出“月线二次金叉”产生大牛股的条件，可以说90%的大牛股都具备这一条件。

多周期主要指的就是月、周、日、60分钟、30分钟、15分钟、5分钟这7个周期。月、周可划为一个周期，60分钟、30分钟可划为一个周期。多周期共振的含义就是指任何一个买点或卖点都必须有两个或两个以上的周期发出买点或卖点（当然越多越好），方能考虑进场买入或卖出，一个周期发出的买卖点是不予考虑的。

具体来说，就是当月线图或者周线图发出买卖点时，它的日线图或者分时系统（60分钟，30分钟）其中之一也要发出买卖点（比如MACD的小红、小绿的买卖点，或者30日均线发出买卖点），方能考虑买入或卖出。如果日线或分时系统没有买卖点，那么即使月线或者周线发出买卖点也不应考虑，必须有两个或两个以上的周期发出买卖点，方能考虑进场。

如果是做短线，就是当60分钟图或者30分钟图发出买卖点时，它的15分钟图或者5分钟图其中之一也要发出买卖点（比如MACD的小红、小绿的买卖点，或者30日均线发出买卖点），方能考虑买入或卖出。如果15分钟图或5分钟图没有买卖点，那么即使60分钟图或者30分钟图发出买卖点也不应考虑，必须有两个或两个以上的周期发出买卖点，方能考虑进场。

当然，如果月线图和周线图都有买卖点，那么说明后市的力度将会很大，一旦其日线图或者分时系统发出买卖点，应重仓长线持股。分时系统也一样。

（五）MACD指标实战运用图解

1. MACD由4个元素组成（图3-93）：动能柱、0轴线、快线、慢线。

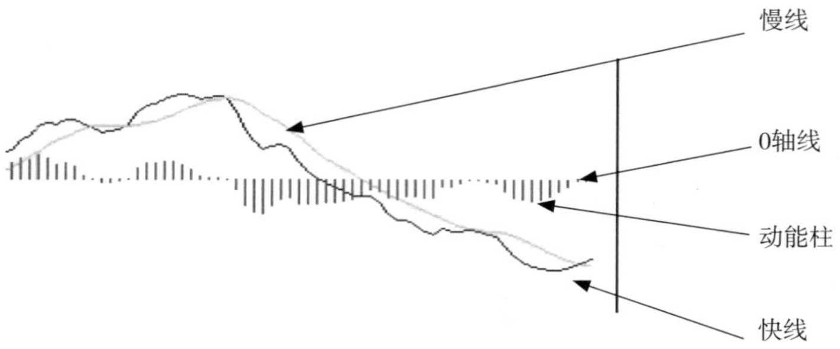

图 3-93　MACD 指标 4 个元素

（1）动能柱：向上的一根根参差不齐的直线。

（2）0轴线：介于红柱与绿柱之间的横线。

（3）快线：也叫DIF线，是波动最频繁的线，一般原始颜色是白色。

（4）慢线：也叫MACD（DEA）线，是波动慢的那根，一般原始颜色是黄色。

2. MACD一般划分为5个区域（图3-94）：0区域、强区域、弱区域、超强区域、超弱区域。

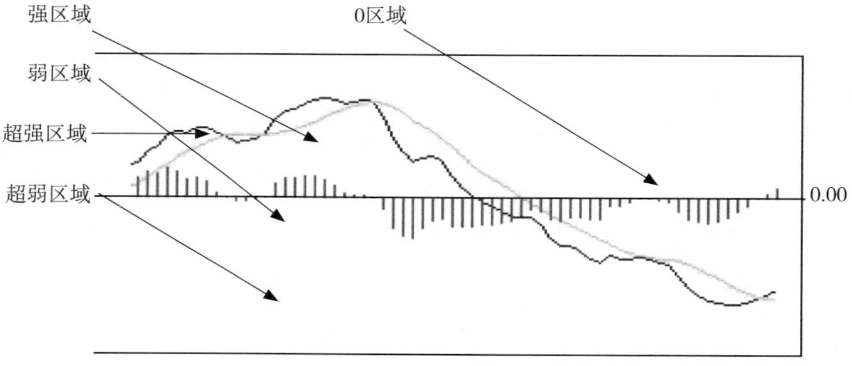

图 3-94　MACD 指标 5 个区域

（1）0区域：指0轴线。

（2）强区域：指0轴以上到上一个横线之间的区域。

（3）弱区域：指0轴以下到第一个横线之间的区域。

（4）超强区域：指强区域以上的部分。

（5）超弱区域：指弱区域以下的部分。

3. 4元素5区域是MACD的基本结构，下面是基本应用原理，记住只是基本原理。

（1）双线应用原理。

DIF与MACD（DEA）简称为双线。

①双线在0轴上方：如果在0轴上以金叉方式（快线在慢线上方）出现是良性上涨，如果在0轴上死叉（快线在慢线下方）出现就是强势振荡。

②双线在0轴下方：如果在0轴下死叉（快线在慢线下面）是良性下跌，如果在0轴下金叉（快线在慢线上方）出现是弱势振荡。

③如果在0轴上死叉穿越0轴线下行，强势下跌；0轴下金叉穿越0轴线上行，强势上涨。

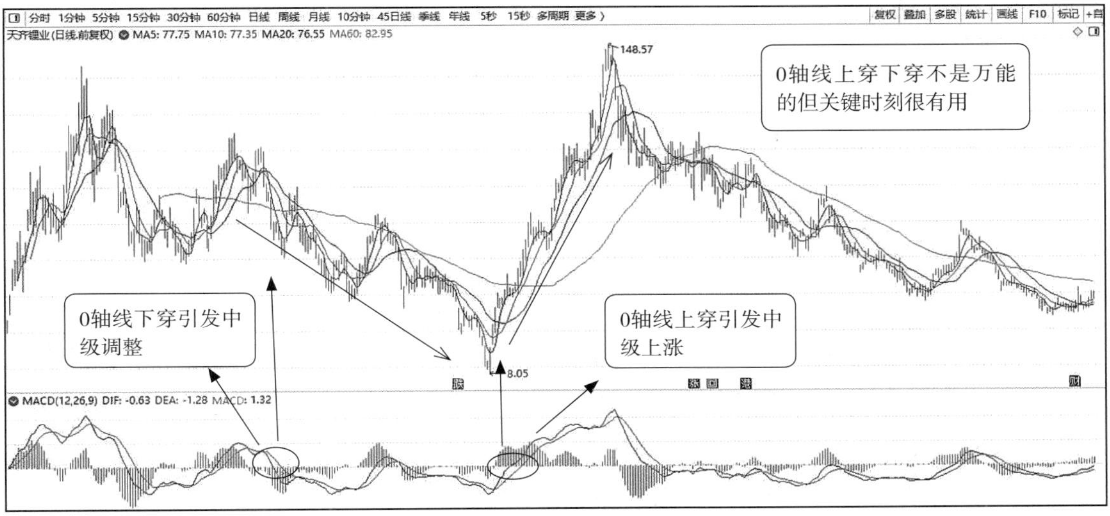

图 3–95 双线应用示例

（2）双线在0轴间的意义。

如果双线在0轴间与轴基本黏合或接近后基本保持走平的话，往往是大行情的信号。即使不是大波段，也是很激进的短线。

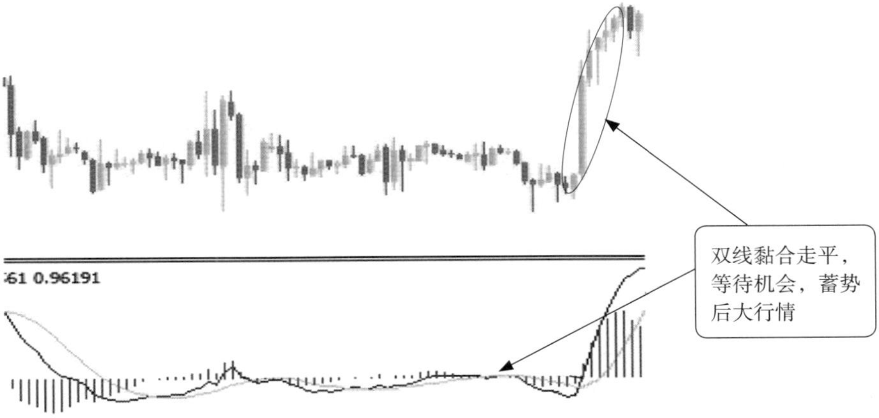

图 3–96 双线在 0 轴间示例

（3）在超强区域或超弱区域的性质。

一般在超强区域是表明价格走势很强，在超弱区域是表明价格走势非常弱。在超区域中往往是背离的开始。所谓背离，就是双线方向开始逆转但价格方向却没变。这种现象在强区域或弱区域一般不会发生，只有在超区域中发生。超强区域或超弱区域内的指标反向运动千万别当成要反转的开始，只要不是在强区域或弱区域反向就还会继续维持原来的方向。

（4）应用原则。

①双线在轴上不做空。

②双线在轴下不做多。

③超弱区域不能抢反弹，超强区域不能抢回调，那往往是背离的开始。

二、K、D、J指标

（一）K、D、J代表什么

K、D、J指标中文名叫随机指标，是一种技术分析指标，主要用于股票、期货等市场的短期波动分析，衡量股票和期货等市场超买超卖情况和价格趋势的强度，由K线、D线、J线组成。在实际运用过程中，K线为快速确认线，D线为慢速主干线，J线为乖离线（方向敏感线），K线与D线配合J线组成K、D、J指标来使用。三条线里面J线的反应最快，K线其次，D线则最慢。当股指向上攀升，K、D、J线由低点向100方向走；股指向下跌落，K、D、J线由高点向0方向走。

K、D、J指标以最高价、最低价及收盘价为基本数据进行计算，得出的K值、D值和J值分别在指标的坐标上形成一个点，连接无数个这样点，就形成一个完整的、能够反映价格波动趋势的K、D、J指标。

（二）K、D、J指标的具体规律

1. 80～100为超强区，表示技术超买，买盘强盛，这是即将迎接短线顶部的标志。

2. 20～80为整理区，表示股价或指数振荡，这种状态适合观望，等股票选择方向时再动手。

3. 0～20为超弱区，技术超卖，代表卖盘沉重，是短线即将见底的标志，操作上可以逐步买入；

4. 0或负值区域，代表指数或股价即将见底，可大胆买入。

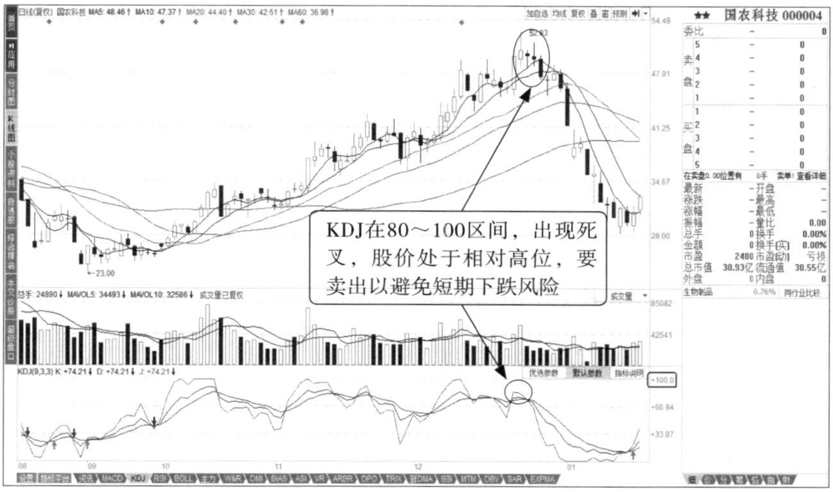

图 3-97　超强区示例

（三）随机指标的评价

随机指数是一种较短期敏感指标，分析比较全面，但比强弱指数复杂。随机指数的典型背离准确性颇高，看典型背离区注意D线，而K线的作用只在发出买卖讯号。在使用中，常有J线的指标，即3乘以K值减2乘以D值（J＝3K−2D），其目的是求出K值与D值的最大乖离程度，以领先K、D值找出底部和头部。J值大于100时为超买，小于10时为超卖。

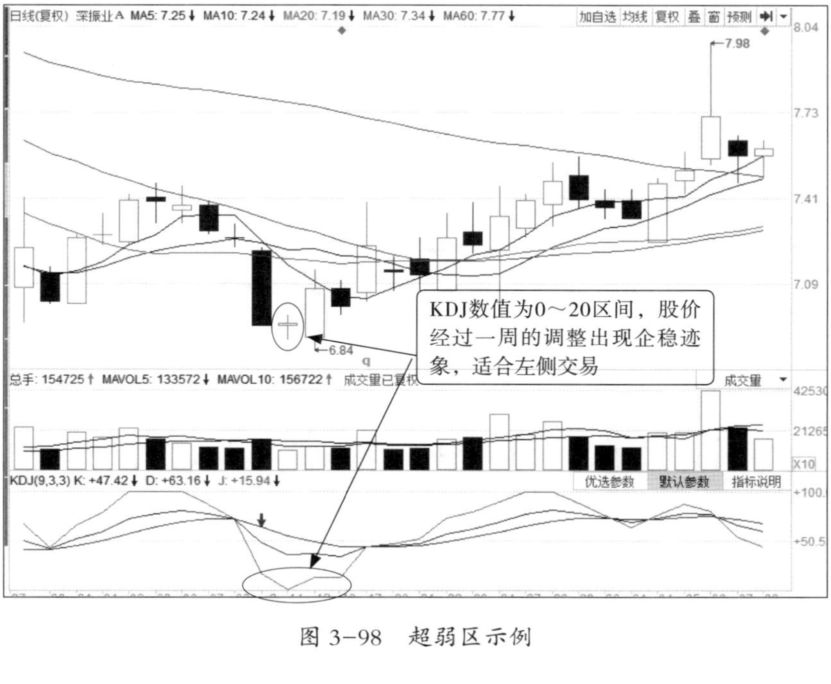

图 3-98　超弱区示例

（四）K、D、J钝化的定义和操作策略

由于K、D、J向上波动极限位置是0～100，而向下极限波动位置尽管可以达到负值，但都会出现钝化的巨变，顶钝化一般发生在超强区域，而底钝化大多发生在超弱区域。当底钝化时，不可杀跌，不要急于买进，等到K、D、J金叉才能买进。顶钝化时，不可追高，不要急于出场，等到死叉就要考虑卖出。

通过K、D、J与股价背离的走势判断股价顶底：

1. 股价创新高，而K、D值没有创新高，为顶背离，应卖出。

2. 股价创新低，而K、D值没有创新低，为底背离，应买入。

3. 股价没有创新高，而K、D值创新高，为顶背离，应卖出。

4. 股价没有创新低，而K、D值创新低，为底背离，应买入。

K、D、J顶底背离判定，只能和前一波高低点时的K、D值相比，不能跳过去相比较。

（五）K、D、J指标实战法

1. 金叉买入法和死叉卖出法

金叉买入法：K线由下往上与D线形成交叉时，并且K＜D转换成K＞D，属于短线买入信号。

死叉卖出法：K线由上往下与D线形成交叉时，属于卖出信号。

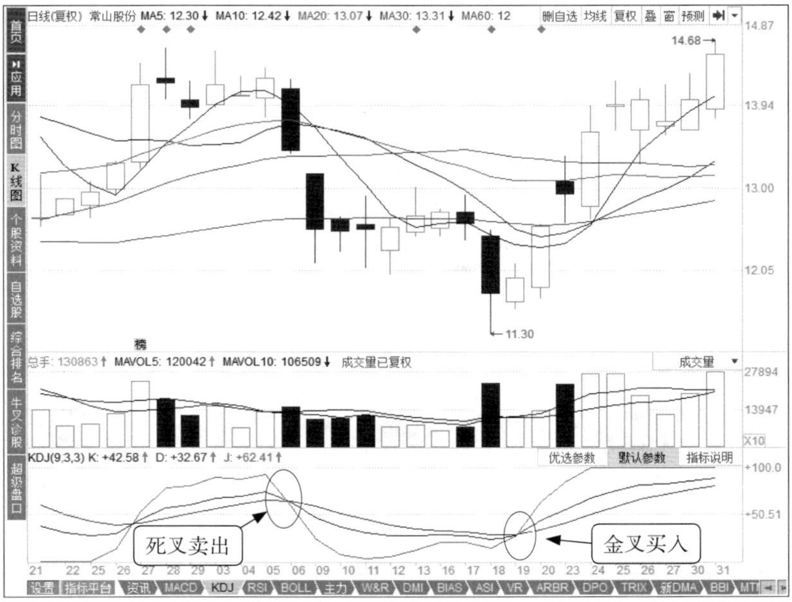

图 3-99　金叉买入法和死叉卖出法示例

2. 蛟龙入海卖出法：规避大跌

是指当K、D、J指标在高位80附近出现2次死叉时，这表明短期内大盘或个股已经确认跌势，操作上应当果断卖出规避不确定性的风险。如葵花药业002737两次死叉后的暴跌。

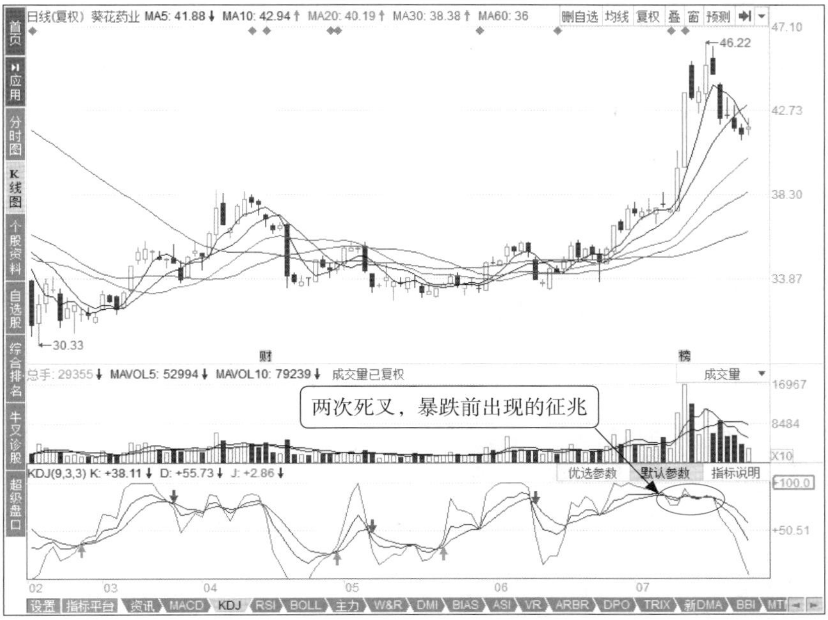

图 3-100　蛟龙出海买入法示例——葵花药业

3. 蛟龙出海买入法：捕捉黑马

K、D、J指标在低位（最好是弱势区0～20区域）形成两次金叉，这代表指数或个股涨势开始确认，短线可买入。如紫光国微（002049）[①]的K线图。

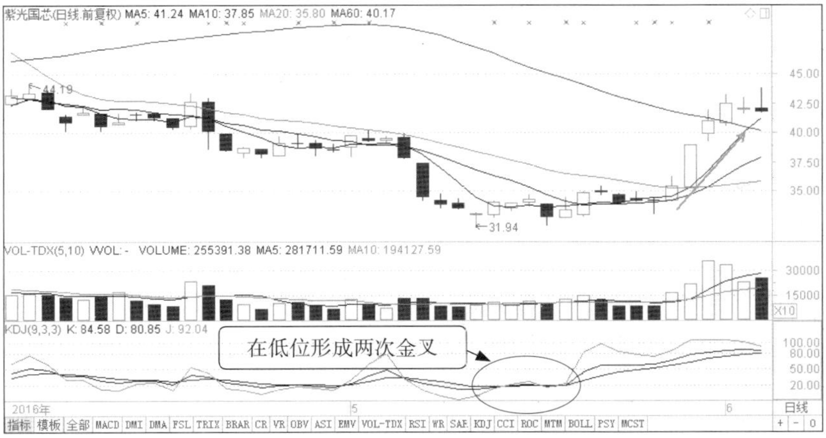

图 3-101　蛟龙出海买入法示例——紫光国微

① 截图于2016年，紫光国微2016年6月至2018年4月曾用名为“紫光国芯”。

当天出现一次金叉，操作上不能当天不顾一切地买进，这只是一个关注信号；在后面出现第二次金叉时，我们可以快速买进，就算买早了，这样的安全性也会比较高。

4. “水上漂”观望法

K、D、J在20～60区域进行徘徊振荡，并且在短时间内出现多次交叉信号，由金叉到死叉，又由死叉到金叉，这个时候操作上就需要观望了，一定要等到大盘或个股方向明确再做处理，否则就属于赌博性质。如海王生物（000078）的趋势图所示。

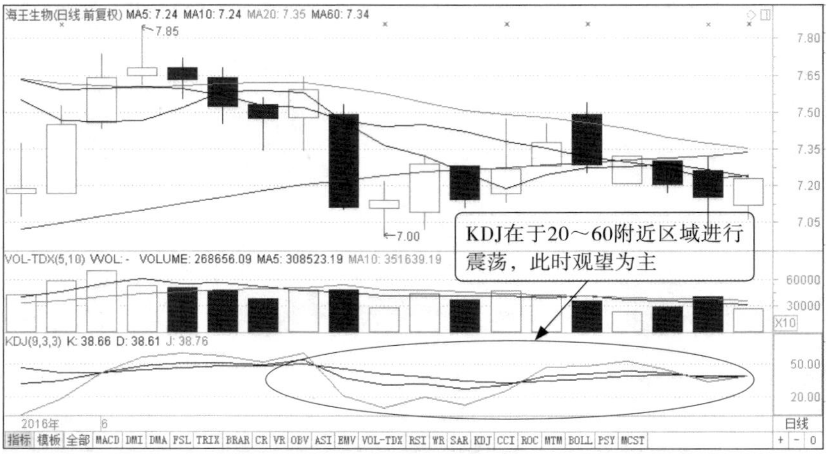

图 3-102 “水上漂”观望法示例——海王生物

这个时间周期内，该股保持箱体振荡，没有很大的突破，也没有很大的跌幅，所以基本保持平衡，而K、D、J来回进行交叉，并且在20～60区域进行徘徊，这个时候属于盘整行情，只能观望，不要冲动入场，一旦形成明确的金叉或死叉才可以买入或卖出。

5. 海底捞月买入法：捕捉短线底部买点

当K、D、J的指标线J值保持在0或负值，这个时候操作上可逐步入场，短线买入，如金陵药业（000919）的趋势图所示。

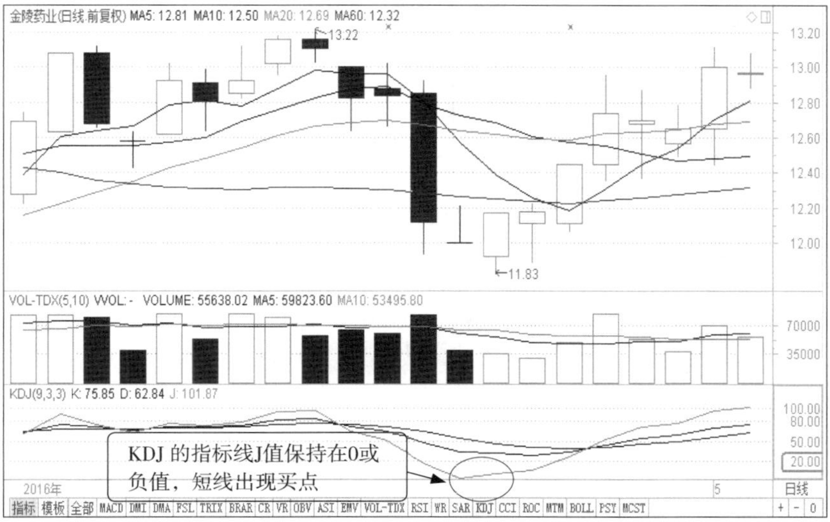

图 3-103　海底捞月买入法示例——金陵药业

当天指标J线下探到负值区域，而后反身向上发散，形成金叉时就是买点的信号，这种状况属于超卖，代表短线抛压已经消耗完毕，市场等待买盘入场推动股价或指数上涨。

6. 饿狼出林卖出法：规避股票短线调整

K、D、J指标线的J线，由于股票前面出现一波上涨完成了一轮多头行情，当指标线J达到100值时，属于超买状态，短线操作应该逐步分批出局，有利润可以立刻抛出。如东方创业（600278）的趋势图所示。

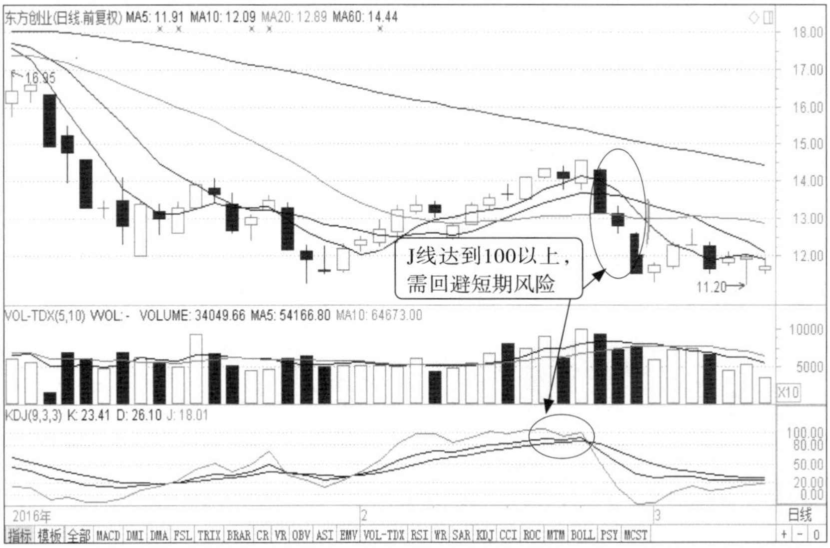

图 3-104　饿狼出林卖出法示例——东方创业

当天该股在高位形成死叉，当天应该卖出。后面该股开始调整，出现连续3天的中长阴调整浪。

7. “不死火凤凰”买入法：捕捉短线买点

一个无效死叉叫“拒绝死叉”，两个“拒绝死叉”叫“不死火凤凰”，死叉越多代表股票涨得越高，“不死火凤凰”买入法是指K、D、J即将形成死叉时（上涨过程中抛压导致K、D、J修复到位）出现多头连续反击，形成了拒绝死叉的态势，属于暴涨信号，操作上可买进。下图为西部矿业（601168）的K线走势图。

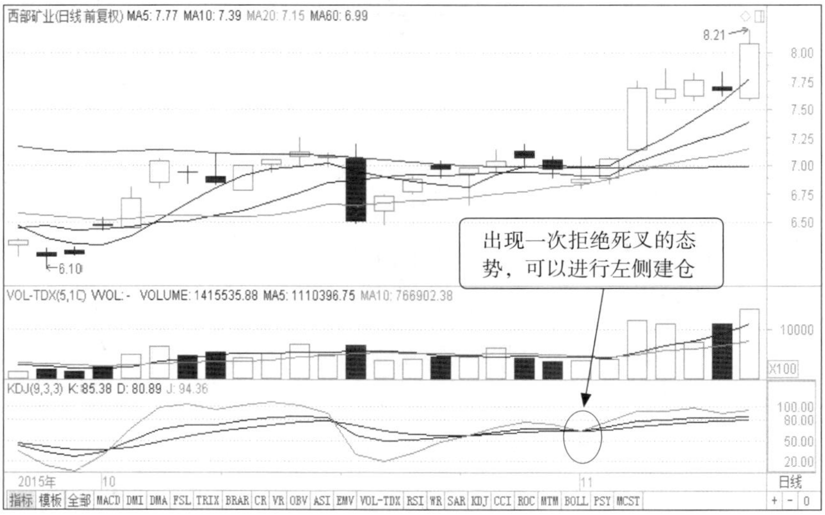

图 3-105 “不死火凤凰”买入法示例——西部矿业

看看上图，本来快要形成死叉了，但由于多头反击，结果死叉无效，这就是拒绝死叉，而拒绝死叉实际上就是相反的走势。

（六）K、D、J指标看盘实战中的选股方法

日线K、D、J敏感，变化快，随机性强，经常发出虚假的买、卖信号。运用周线K、D、J与日线K、D、J共同金叉选股法可以过滤掉虚假的买入信号。周线K、D、J与日线K、D、J共同金叉选股法的买点选择如下：

1. 第一种买入法：打提前量买入法

在实际操作时往往会碰到这样的问题：由于日线K、D、J的变化速度比周线K、D、J快，当周线K、D、J金叉时，日线K、D、J已提前金叉几天，股价也上升了一段，买入成本已抬高。激进型的投资者可打提前量买入，以求降低成本。

打提前量买入法要满足的条件是：

（1）周线收阳，周线K、J两线勾头上行将金未金。

（2）日线K、D、J在这一周内发展金叉，金叉日收放量阳线（若日线K、D、J金叉当天，当天成交量大于5日均量更好）。

2. 第二种买入法：周线K、D、J刚金叉，日线K、D、J已金叉买入法

3. 第三种买入法：周线K、D两线“将死不死”买入法

此方法要满足的条件是：

（1）周K、D、J金叉后，股价回档收周阴线，然后重新放量上行。

（2）周线K、D两线将要死叉，但没有真正发生死叉，K线重新张口上行。

（3）日线K、D、J金叉。

第四章

新手学炒股——心态篇

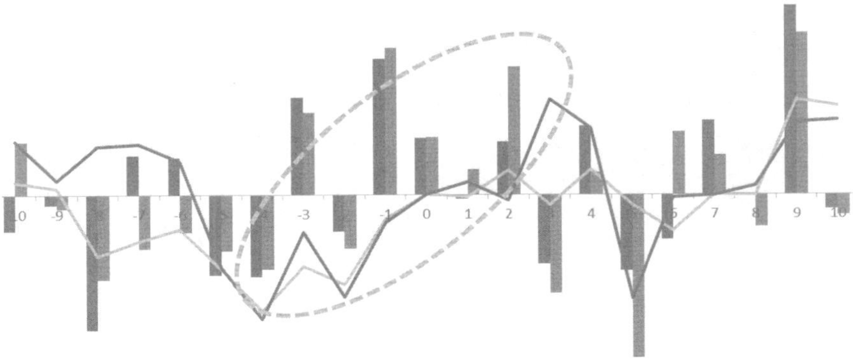

导读

股市风险是时刻存在的，无论股市处于任意时期，投资者都需要具有风险意识，并且有控制风险的准备，特别是股市新手。股市新手由于自身的经验尚浅，没有自己的交易系统，很容易追涨杀跌造成不必要的亏损。风险源于不确定性，在股票市场，风险是不可避免的，但却可以控制，即股民通过自身的操作降低风险。

新手入市投资这一行为本身就充满了风险，通过持续的用心学习，新手可以成长为羽翼丰满的成熟交易者并从市场上获得丰厚的利润。股票市场的风险之一，就是投资者所犯的错误使其失去了在股市中继续拼搏的资本。鉴于此，新手最需要思考的问题不是赢利，是在股市中生存下去这个第一要务，而亏损的最高原则是每一次的亏损都在投资者可承受的范围内，对此投资者在买卖股票时要合理评估自己的承受能力。

股票投资与心理学的关系是十分密切的。股票投资的主体是人，而人的任何行为都会受其心理活动因素影响，人们总是花费大量时间来研究股票投资市场，而对如何克服自身的心理弱点却考虑得很少。把金钱变成金融资产，进行融通增值，在心理上就会变得非常感性。在金钱面前，任何偏见都可能表现出来，所以必须通过自我控制努力保持心理平衡，从而以正确心态对待股票投资的重点，这体现在控制恐惧心理与贪婪心理两方面，只有使心理趋向平衡，才能以客观冷静的态度应对股票市场的起伏。

刚入市不久的股民除了要提高心理素质、克服不良的心态，还要掌握专业的知识，理解“主力”的操盘手法以及面对股票盈亏时的应对策略，止盈止损也非常重要。

第一节　克服恐惧心理和贪婪心理

如何正确地认知风险是新手入市必上的第一课，其实，对于股市新手而言，风险主要在于自身。由于专业知识的缺乏、经验技巧的不足以及心理素质的不过关，新手基本不具备在股市稳定赢利的能力，所以，投资者首先要克服自己的不良心理，然后总结交易经验，才能在股市中立足。

一、恐惧心理

各种因素会促使投资者在进行投资时出现两种担忧，一种是害怕招致金钱损失，另一种是害怕失掉赚钱机会（即害怕“踏空”）。这两种担忧受“投资气氛效应”的影响尤为明显，即市场的交易气氛影响投资者的行为，投资者的行为又影响股价的效果。

害怕招致金钱损失的担忧心理出现在当市场投资气愤不活跃、利空表现多的情况下，投资者往往担心股票本身价值的损失，而选择放弃继续持有股票，但最终结果往往是亏损，由于缺乏主观判断，操作上犯了从众心理。当投资者周围的人纷纷对某个利空消息做出卖出的反应时，更多的投资人会相信消息的可靠性。相反，如果同样的突发消息并没有引起人们显著的反应，那么，投资者也许就不会陷入这种大众心理陷阱之中，也不会有害怕招致金钱损失的心理。

害怕失掉赚钱机会的心理表现为害怕“踏空”。这种现象常常发生在股票价格大幅上扬之后，如果伴随着大规模的剧烈波动，但股市依然上扬，而投资者没有采取投资行为的话，那么，就会有错失机会的感觉，以致这种“踏空”的恐惧不断加强，这常常会使投资者不顾一切地投入，失去正确判断股票市场的契机，并可能进行错误操作。实际上，这种害怕踏空的恐惧感会使投资者的头脑处于“真空”状态，以致投资者忘掉市场中还有其他的机会存在。“踏空”的恐惧还有其他的一些表现形式，例如，一方面我们会在心理上拒绝承认一些使市场恶化的事实，从而只集中于所谓的利好消息，因为投资者希望市场能回稳；另一方面，对利空消息却加以漠视，尽管后者可能更有意义，但这种拒绝的结果往往可能导致灾难性的损失。

二、贪婪心理

贪婪是人类的本性，也是影响投资者心理平衡的另一个重要因素。特别在股票交易市场中股票价格的波动迅速，因此，股票交易市场对于那些试图快速致富的投资者的确极具诱惑。正因为这个心理因素左右着投资者，才会招致更多的紧张感，从而容易失去对股票操作交易的客观性判断。贪婪的心理因素所反映出来的现实投资行为有很多种，由于投资人的信心会随着股票价格的上涨而增强，随着股票价格的下降而减弱，所以，贪婪这种心理常常会以三种较常见的投资行为作为表现。

（一）盲目追高行为

在一个上升市道中，当投资者购买了一只待涨的股票，而后果然一涨再涨，这时，投资者内心的贪欲也会随之膨胀，总是希望在下一次更高的价位再脱手。

（二）过度期望低吸行为

在下跌市况里，伴随着价格的下挫，投资者的信心也遭受打击，其打算购买的欲望大为降低，常常会期望出现更低的价格再购买，结果却是屡屡错失良机。

（三）突发获利消息进而操作行为

市场上遍布各种所谓的专家解盘、小道消息等利好或利空的消息，由于投资者对消息内容是否真实掌握不充分，一时会被获利的贪婪心理影响，从而不假思索地进行投资操作，结果却是亏多盈少。

第二节　理智止盈止损

一、理智止盈，落袋为安

投机市场里有句俗语——“会买的是徒弟，会卖的才是师傅”，讲的就是止盈的难度和重要性。投资者在操作中经常会碰到这样的情况：由于不能恰当地止盈，致使账面盈利大面积缩水甚至扭盈为亏；或者是过早地止盈从而错过了一大段行情。很多文章都在不厌其烦地强调止损如何重要，其实止盈同等重要。坚决止损可以保你不“死”，正确的止盈才能使你赚到钱。

止盈，也称停利、止赚，止盈的概念在于见好就收，不要盈到最高。同止损一样，止盈的核心在于寻找一个关键点或者有效的跟踪系统。当行情反转突破这个点或系统时，投资者有理由相信趋势已经发生了变化，如果不立刻止盈出场就要遭受损失。

止盈的方法包括静态止盈和动态止盈。

（一）静态止盈

静态止盈是指设立具体的盈利目标位，一旦到达盈利目标位时，要坚决止盈，这是克服贪心的重要手段。许多投资者总是担心，如果卖出后可能会失去后市行情中更高的卖出价格。这种情况是客观存在的，在实际操作中很多时候会出现卖出后还有更高卖出价的情况。但是，投资者如果贪心地试图赚取每一分利润，则是不切实际的，因为没有谁能预测市场变动，想吃完上涨波段的全部，风险是很大的。

静态止盈位就是所谓的心理目标位，其设置的方法主要依赖于投资者对大势的理解和对个股的长期观察，所确定的止盈位基本上是静止不变的，当股价涨到该价位时，立即获利了结，不贪心幻想未来的上涨行情。

这种止盈方法适合中长线投资者，即投资风格稳健的投资者。进入股市时间不长、对行情研判能力较弱的新手，通常要适当降低止盈位的标准，提高操作的安全性。

（二）动态止盈

动态止盈是指当投资的股票已经有盈利时，由于股价上升形态完好或题材热点轮动等原因，投资者认为个股还有继续上涨的动力，因而选择继续持股，一直等到股价出现回落，当达到某一标准时，投资者采取获利卖出的操作，这种方法就是动态止盈。这种止盈方式对新股民的专业要求较高，投资者要有自己的判断。

动态止盈位的设置标准：

1. 价格回落幅度

股价与最高价相比，减少5%～10%时止盈卖出。这只是一种参考数据，如果投资者发现股价已经见顶，即使没有跌到5%的标准，也要坚决卖出。

2. 均线破位止盈

在上升行情中，均线是尾随股价上升的，一旦股价掉头击穿均线，将意味着趋势转弱，此时投资者要立即止盈，保住胜利果实。

3. 技术形态止盈

当股价上升到一定阶段，出现滞涨，并且构筑各种头部形态时，要坚决止盈。

止盈中最重要的心理要求就是要有卖出的决心，当股价出现滞涨或回落时，处于盈利阶段的投资者不可能无动于衷，也不可能不去了解止盈的重要性，所缺少的正是止盈的决心。因此，投资者在止盈时不能犹豫不决而贻误时机，一定要进行停止继续盈利的操作。如果说，止盈是保证资金市值稳定增长的基础，那么，决心就是有效实施的基础。

图4–1中的浪莎股份在高位见顶的信号是较为明显的，在高位出现长阴线，并且量能放大，当时的大盘处于横盘期，总体压力不大，但是浪莎股份在连续两天下杀之后，重新上涨显得无力，在高位的时候要考虑好止盈，坚决果断的决策才能保住收益。

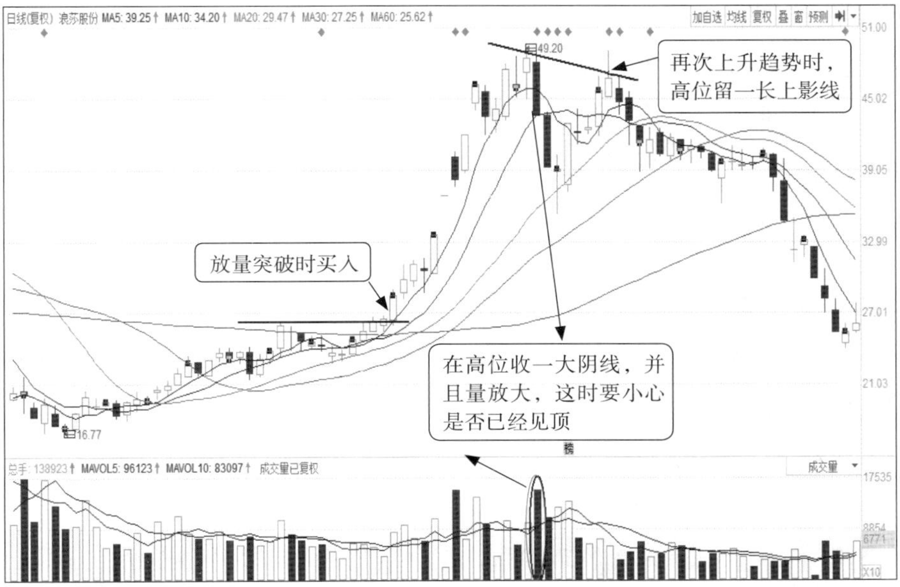

图 4-1　浪莎股份高位见顶信号示例

二、理智止损

止损也叫“割肉”，是指当某一投资出现的亏损达到预定数额时，及时斩仓出局，以避免形成更大的亏损。其目的就在于投资失误时把损失限定在较小的范围内。股票投资可通过止损把损失限制在一定的范围之内，同时又能够最大限度地获取成功的报酬，换言之，止损使得以较小代价博取较大利益成为可能。股市中无数血的事实表明，一次意外的投资错误足以致命，但止损能帮助投资者化险为夷。

理智止损，保住本金交易的核心法则是顺应趋势的方向，截断损失并让利润奔跑。其中截断损失的意义在于通过可控范围的亏损，形成坚持而绝不疏忽的习惯，以避免一朝倾覆的灾难。恰当地设定止损位需要丰富的经验和技巧，可谓经验与技巧的艺术性结合。无论何种状况，止损都需坚持其最大原则——止损应在投资者可以承受的风险能力范围内，超出将无任何意义。

设定止损位的基本方法是在支撑和阻力位附近设止损位。

止损应与资金管理相结合，参考仓位的轻重设定可承受亏损价位，切忌重仓操作。一般而言，一次交易的亏损不能超过总资金的10%。

止损的方法主要有三种。

（一）期望值止损法

期望值止损法是最简单的止损方法，它是指将亏损额设置为一个固定的比例，一旦亏损大于该比例就及时平仓。它一般适用于两类投资者：一是刚入市的新手，二是风险较大市场（如期货市场）中的投资者。这种止损的强制作用比较明显，投资者无须过分依赖对行情的判断。

（二）技术止损法

较为复杂一些的是技术止损法。它是将止损设置与技术分析相结合，剔除市场的随机波动之后，在关键的技术位设定止损单，从而避免亏损的进一步扩大。这一方法要求投资者有较强的技术分析能力和自制力。技术止损法相比期望值止损法对投资者的要求更高一些，因为投资者很难找到一个固定的模式。一般而言，运用技术止损法，无非就是以小亏赌大盈。例如，在上升通道的下轨买入后，等待上升趋势的结束再平仓，并将止损位设在相对可靠的平均移动线附近。就沪市而言，大盘指数上行时，5天均线可维持短线趋势，20天或30天均线将维持中长线的趋势。一旦上升行情开始，可在5天均线处介入而将止损设在20天均线附近，既可享受阶段上升行情所带来的大部分利润，又可在头部形成时及时脱身，确保利润。在上升行情的初期，5天均线和20天均线相距很小，即使看错行情，在20天均线附近止损，亏损也不会太大，这些均线都存在支撑，所以股价一般不会快速杀跌，不给止损的时间。

在关键的技术位设定止损单，可避免亏损的进一步扩大。技术止损法没有固定的模式。其主要的指标有：①重要的均线被跌破；②趋势线的切线被跌破；③头肩顶、双顶或圆弧顶等头部形态的颈线位被跌破；④上升通道的下轨被跌破；⑤缺口的附近被跌破。

（三）无条件止损法

不计成本、夺路而逃的止损称为无条件止损法。当市场的基本面发生了根本性转折时，投资者应摒弃任何幻想，不计成本地杀出，以求保存实力，择机再战。基本面的变化往往是难以扭转的，基本面恶化时，投资者应当机立断，砍仓出局。例如，遇上股灾时，止损要果断，犹豫不决很容易被套在高位。

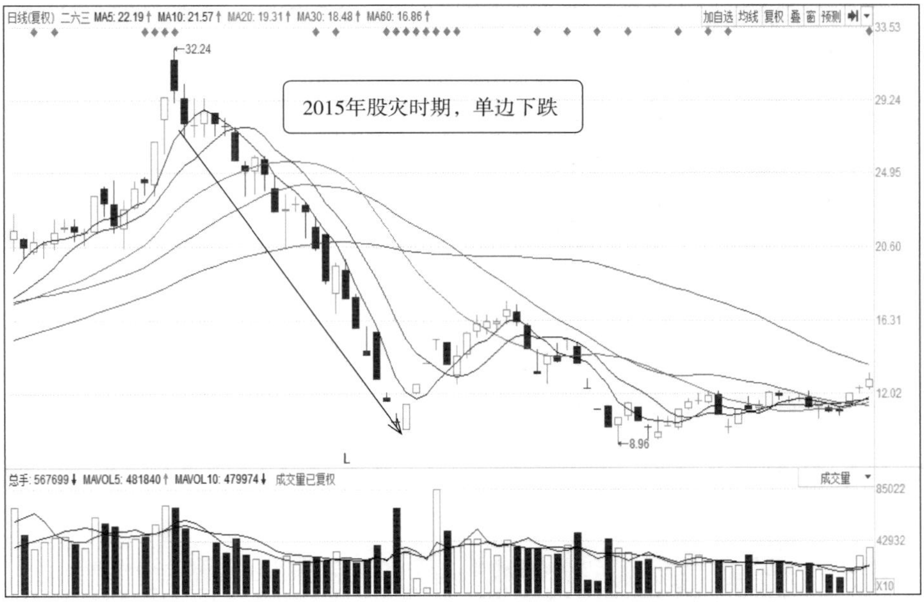

图 4-2　2015 年股灾时期——二六三（1）

图 4-3　2015 年股灾时期——二六三（2）

在股灾时期，止损要坚决，从二六三的基本面来看，该公司具有互联网通信题材，经营良好，但是在股灾面前，一路单边下跌，所以这时候止损很重要。在股市中不乏这种大跌的情况，关键是要减少损失，保住本金。如果从高位一直拿着，中间幻想股价止跌反弹，被腰斩的概率极大。这种损失对于新股民来说是很惨重的，要弥补回来需要很长的时间。

止损是控制风险的必要手段，如何用好止损工具，投资者应各有风格。在交易中，投资者对市场的总体位置、趋势的把握是十分重要的。在高价圈多用止损，在低价圈少用或不用，在中价圈应视市场运动趋势而定。